「静岡地域学」事 始^{ことはじめ}

～静岡県・静岡市・浜松市の特性と課題～

小櫻義明

はじめに

　本書は川勝平太知事の静岡県政、田辺信宏元市長の静岡市政、鈴木康友元市長の浜松市政を分析・考察した論考集です。私の研究は、県政・市政を政治学・行政学の視点のみで見るのではなく、自然や地形、産業経済、住民意識、生活文化などあらゆる分野との関連から分析する手法を採っています。つまり、静岡県・静岡市・浜松市という個別具体的な地域を、学際的・総合的に研究する「地域学」の立場から、県政・市政の評価を行っているのです。それゆえに、本書のタイトルも〈「静岡地域学」事始〉としました。

　「事始」と付けたのは、「地域学」自体がまだ始まったばかりの研究分野であり、本書はその最初の試みであるからです。冒頭の論考で述べているように、これまでの地域研究の大半は、何らかの学問分野からの問題意識に基づくものであり、地域の一部分・一断面を分析しているに過ぎませんでした。地域全体を対象とする研究や調査もありますが、多くは異なる専門分野からの分析・考察を並べただけのものとなっています。

　私は 1974 年に静岡大学に赴任して以来、学問分野にこだわらず地域住民の立場から問題の解決を目指す「静岡地域学」の構築を目指してきました。地域に飛び込み、住民と一緒に地域づくりの活動も行ってきましたが、それは「学問は人々の暮らしを良くするためにある」という信念があったからです。

　地域住民は行政の施策の「対象者」であると同時に、それに対して発言し、何らかの行動を起こすことができるという「主体者」でもあります。「静岡地域学」は、静岡県という地域についての知見を集約するだけではなく、住民に対して地域を良くするための行動を求め、その助けとなることを目指しています。静岡市や浜松市は静岡県の一部であり、静岡県は日本という国の一部です。つまり、自分が住んでいる地域を良くすることは、国全体を良くすることにもつながるのです。

　本書に収録している論考の内、「今がチャンスだ！飛べ静岡！」と「どうした浜松、どうなる浜松！」は 5 年前に書いたものです。これに 11 年前に執筆した「川勝平太と静岡県」を加え、いつか本にまとめようと考えていました。しかし 43 年間介護していた妻の容態が悪化したため、手を付けられずにいました。そして妻は亡くなり、私は体調が悪化して本も読めない、文

章も書けない状態に陥ってしまいました。さらには静岡県政と静岡・浜松の市政に失望していたこともあり、出版は諦めかけていました。

　しかし体調が回復し、川勝県政の混迷と静岡・浜松の両市長の引退の報道に接すると、私の中に激しい怒りの感情が湧き上がってきました。それは混迷する県政、低迷する静岡・浜松の市政を変えていく政策論議がなされていないことによって増幅されました。このままでは静岡県も静岡・浜松の両市も低迷が続き、やがて安楽死の状態に陥るかもしれないと真剣に考えました。

　78歳になった私にとって残された時間は多くありません。だからこそ、自分の命がある限り、これまで自分が考えてきたこと、行ってきたこと、提言してきたことを書き残しておくべきと、強く思うようになりました。それが本書の出版の動機です。

　もしかしたら、私にとって最初の著作である本書は、最後の著作としての遺言になるかもしれません。しかし静岡県という地域の問題を学際的・総合的に研究する「静岡地域学」は継続されるべきと考えます。本書が次代を担う方々の目に留まり、今後の地域学、さらには地域そのものの発展の一助となることを願っています。

目次

125　今がチャンスだ！　飛べ静岡！
～静岡市の地域特性と「総合計画」～

207　どうした浜松、どうなる浜松！
～浜松市の地域特性と総合計画～

「静岡地域学」と「川勝県政」の
特徴・問題点

「静岡地域学」とは？

　私は1974年に静岡大学に赴任した時から、「静岡県」という地域を生涯の研究対象とすることを決意しました。それは私にとって「静岡県」が暮らす場所になり、働く場所になったからです。だから他大学から誘いがあった時も、断っていました。先輩に「お前は、生涯、静岡から出られないぞ」と叱られたこともありました。しかし私は「そのつもりです」と答えていました。

　私は大学院に進学する時、経済学の理論研究を志していました。しかし進学が決まった時期の前後からアルバイトとして地域のミニコミ誌の記者をしており、そこから「地域」に関心を持つようになりました。そして大学院に入ってからは、経済学の視点から地域・自治体を研究対象とすることにしました。ただその頃、私が関心を抱いた「地域」とは、生活の拠点である大阪と、大学がある京都を指していました。

　私が大学院の博士課程のころ、京都府による大規模な学際的調査が組織され、その事務局に関わることになりました。当時、京都府の知事は学者であった蜷川虎三氏であり、その蜷川府政が「京都民主府政」として高く評価されるようになったためです。その調査には、関西在住の研究者を中心に多くが組織され、実施されました。このなかで事務局にいた私が最も苦労したのが、異なる専門分野間での研究者の意見調整でした。

　参加した研究者の多くは京都民主府政を評価する立場であり、皆が協力して円滑に調査が進むと思っていました。しかし、いくつかの部会に分かれていた研究者が互いに異なる意見を言って、まとめることが大変になったのです。異なる意見が出ることは健全であり、正々堂々と話し合えば分かり合えると思っていました。しかし陰で悪口を言うだけで、まともに議論しようとしないのです。

　そして私が所属する大学院のゼミ仲間からは、「お前は誰の味方なのか」と詰問され、自分の指導教官と異なる見解を持っていると激しく批判されました。私の見解を文章にしようとすると、「君には、そんな能力はない。余計なことはやるな」と言われたのです。発表された私の見解への批判ならわかるのですが、それを発表する以前に、その内容を知っていない先輩から批判されたことにショックを受けました。

「そんなことをしていると、就職の時、推薦状を書いてもらえないので、大学に就職できないぞ」とも言われました。民主的で革新的な立場に立つ人たち・グループから、そのような批判がなされたことに私は反発しました。この理不尽な批判を受け入れてまで、自分は大学教員になりたくないと思いました。そして私は、自分の見解を発表することはできなくなり、自分の将来について悩むことになります。

　その頃、調査の中でも研究者間の意見の対立が問題となり、全体をまとめる責任者が仲介に乗り出すことになりました。そして私も、自分の意見を文章にまとめるように言われました。しかし、それも取り上げられませんでした。理由を聞くと「君の主張は正論過ぎる。これでは調査に参加している大先生の面子がつぶれる。しばらく我慢してくれ」と言われました。

　その後、その仲介者は事あるごとに私を案じて、活動をサポートしてくれました。しかし私は大学の研究者に疑念を抱き、研究者の道を断念することさえ考えました。その時、地域調査で出会った高校の先生に「大学の教員に期待することは何か」と伺いました。すると「自分が分からないで困っている時、大学の先生のアドバイスで目の前の霧が晴れたような気がするときがあります。その時はありがたいなと思います」と言ってくれました。

　私は、このように評価されるのであれば、大学の教師・研究者になりたいと思いました。指導教官の教えを忠実に守り、アカデミズムの中で評価される学者になるよりは、地域で生活する普通の住民に評価される研究者になりたいと思ったのです。しかし私は自分の決断が正しいと思っていた訳ではありません。でも自分のような研究者がひとりでもいて良いのではないかと考えたのです。

　それは「地域」の調査の中で、特定の専門分野にこだわっていては、全体像は理解できないと痛感していたからでもあります。そこで私は学問分野にこだわらない地域研究を、地域で生活する住民の視点から行おうと決意しました。そして幸運なことに、私の書いた論文を評価してくれる大学が現われ、指導教官も推薦状を書いてくれたおかげで、私のような人物でも大学教員になることができました。

　図1で示したように、それぞれの研究分野では設定された課題・問題意識に応じて「地域」が研究対象とされています。例えば政治学には「地方政治学」があり、そこで「静岡県」という地域を対象とした研究がなされています。行政学では「地方行政学」があり、同じように経済学には「地域経済

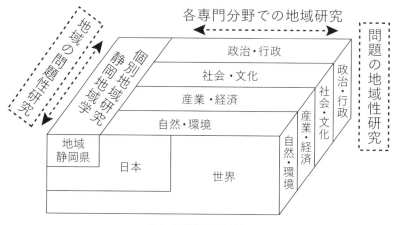

図1　地域学の研究対象

学」があり、そこでは静岡県を含む「地域」の産業・経済の分析がなされています。

　さらに「自然・環境」の研究分野では、静岡県における自然・環境に対する膨大な研究・調査がなされています。しかし、それらは各専門分野での地域研究であり、異なる分野での地域研究をまとめる研究はありません。実際「自然・環境」と「産業・経済」「政治・行政」の関連、そこからの「生活・文化」への影響について考察した研究を読んだことはありません。

　今から考えると京都府政の調査で意見が分かれたのは、異なる専門領域によるものであり、それぞれが他の分野について知らないから議論ができなかったのだろうと思います。しかし、それはまた学際的で総合的な地域研究の遅れを示すものです。実際、先の京都府政調査でも「京都府」という地域・自治体の全体像は明らかにされず、それぞれの分野から研究報告が並べられただけのものとなっています。

　私は、各専門分野からの地域研究を、「問題の地域性研究」と呼ぶことにしました。そこでは設定された問題・課題に応じて対象の地域の一部が研究・調査されます。これに対して、特定の地域を学際的・総合的に研究するのは「地域の問題性研究」となります。両者は共に「地域学」となりますが、研究としては前者が圧倒的に多いのが実態です。後者の研究は少ない上に、事実を取集して並べただけのものが多くなっています。

　私が「静岡地域学」を志したのは、静岡県という地域が抱える問題を学際

的・総合的に解明するためであり、「地域の問題性研究」となります。前者は研究者による研究者のための研究となりますが、後者は対象とされた地域で生活する住民の問題を解決することが目標です。両者は異なるものではありますが、研究の内容においては密接に関連しています。

　私が「地域の問題性研究」にこだわるのは、京都府政調査で地域住民に聴き取った時、「以前、大学の先生がやってきて色々調べたようだが、自分には分かりません。その調査報告も見たことがありません」と言っていたからです。私は、異なる学問で行われた調査研究の成果を地域住民に分かりやすく説明する必要性を感じました。だから自分は専門分野にこだわらず、違う分野での研究調査も洗い出し、それを住民に伝えることを決意したのです。

　さらに私は、京都を対象とした調査研究であっても、それが京都ではなく、東京に多く存在することに驚きました。つまり地域の調査研究が「中央集権的」なのです。それは地域の調査研究が、「地域を支配し統治するため」であったことを示します。それも私が「地域の問題性研究」に取り組む一因となっています。ちなみに研究者と行政職員は、異なる分野・部門に分かれることで、地域の全体像が見えなくなっているという点が共通しています。

　これに対して住民は、生活の中で地域の全体像を皮膚感覚で把握しています。しかし他地域のことは知らないので、自分の地域の特性が分かりません。自分たちの生活している地域のどれが良いのか、何が問題なのかが分からないのです。この点で「問題の地域性研究」が大きな意味・役割を持っています。「地域の問題性研究」において、「問題の地域性研究」は必要不可欠なのです。

　私は、地域研究者は仕事として地域研究を行っており、「地域をメシの種」にしている存在だと思っています。これに対して住民は「地域でメシを食う」存在であり、両者は問題意識や知識の量で大きな違いがあります。しかし研究者も住民であり、地域で暮らしています。だから「地域をメシの種」にする研究者は、自分の生活する地域を研究対象にすべきと思い、私は「静岡地域学」の研究を決意しました。

　「静岡地域学」とは、静岡県という地域の「問題性研究」となります。しかし静岡県という地域を知るためには、他の地域との比較・日本や世界の中での静岡県を考えねばなりません。つまり「問題の地域性研究」の成果を踏まえなくては、「地域の問題性研究」も深められないのです。地域学には「問題の地域性研究」と「地域の問題性研究」という二つがあり、前者と後

者の連携が求められます。

　私も経済学という専門分野から地域研究を始め、そこから経済学以外の専門分野の地域研究を学ぶという経路をたどっています。出発点は「地域経済論」であり、静岡県の産業経済の実態を調べ、そこから静岡県の産業経済行政に対象を絞りました。それは私の関心が問題の解決にあり、実態の認識だけで終わりたくなかったからです。

　ここまでは経済学の領域内の研究となります。しかし「静岡地域学」を志向していた私は、経済学から飛びだし、政治学・行政学の政策研究に興味を持ちます。さらに地理学で得た自然的・地理的特質と産業経済の関わりに考察を広げます。そこから社会学の社会運動論を踏まえ、静岡県における政治的対立の歴史的考察を行いました。それは私が住民運動に関心を持っていたからです。

　私は静岡大学に赴任する以前から、静岡県で展開された「三島・沼津石油化学コンビナート誘致反対運動」についてもっと知りたいと思っていました。当時、三島沼津のコンビナート誘致反対運動のリーダーも健在で、私は彼らとの懇談で意外なことを知らされました。それは「自分たちは自然科学に基づく運動であったが、社会科学に基づく運動にはならなかった。先生には社会科学に基づく運動を教えて欲しい」というものでした。

　話を聞くと、三島・沼津ではコンビナート誘致を阻止したものの、その後は運動も沈静化し、以前の状態に戻っただけのようです。その当時、コンビナート誘致といった「外発的開発」の行き詰まりが顕著となり、「まちづくり・むらおこし」に注目が集まっていました。それを背景に「地域主義」が盛んに議論され、「内発的発展論」も登場していました。反対だけの運動が時代遅れであることは明らかでした。

　静岡県内では、三島・沼津の住民運動の勝利に刺激されて様々な住民運動が起き、それが東部で革新自治体の誕生に繋がっていました。それだけに私は住民運動の発祥地での運動が低迷し、「まちづくり」運動に展開していないことに疑問を感じました。その頃、私の関心は住民運動から「地域づくり」に移っており、反対に終始する運動を「既得権擁護型」と名付け、それを「市民的半熟」として批判しました。

　何故なら自分の権利を主張するのであれば、他人の権利を守る責任・義務もあると思っていたからです。当時、静岡市でも静清バイパス建設反対運動でバイパスの工事が遅れ、静岡駅前の国道１号線の渋滞が深刻化していまし

た。この問題の解決策を反対運動のリーダーに質問しましたが、答えは「対案は考えていない」というものでした。それは、静岡市の「大型店特にコンビニの進出反対の小売業者の運動」も同じです。

　私は中小小売業者の「営業権を守る」ための反対運動に賛成でしたが、同時に「消費者の権利を守る」ために、中小小売業者が商店経営や商店街振興に努力すべきと訴えました。自分の権利を守るために、他人の権利も守るべきであり、そこに責任・義務が発生すると思ったからです。互いの権利を守り合うのが「地域づくり」であり、大型店進出反対運動も「まちづくり」運動に展開していくべきと考えたのです。

　私は自分の考えを法学・政治学・行政学の教員に伝え、権利の主張と責任・義務の関係について質問しました。しかし責任・義務を主張することは戦前の日本の軍国主義やナチスドイツと同じであり、危険であると批判されました。国民は自己の権利を主張し、それを実現する責任・義務は政府にあるというものでした。だから「反対に徹する運動で良い」というのが専門家の考えでした。

　しかし私は、その見解に強い違和感を覚えました。確かに政府・国家には国民の権利を守る責任・義務がある。しかし国民が互いに権利を守り合うことも大切であり、それがなければ運動は支持されることなく敗北すると訴えたのです。実際、静岡市の中小小売業者の運動も、全国で最も厳しい出店規制を勝ち取りましたが、それはやがて解除され、コンビニの出店が相次ぐことで、商店街は衰退し、商店の廃業が相次ぎました。

　反対だけの運動では限界があることは明らかであり、私は反対だけの運動との関わりを断ち、「地域づくり」の研究調査に集中していきます。私が住民運動に関心を持っていた時、労働組合や革新系とされる団体・活動家と多く接触しました。しかし地域づくりに関心が移行すると、企業の経営者や行政との関係が多くなり、私は政治的に対立する革新系と保守系の双方から呼ばれることになります。

　その中で感じたのは保守系の団体の活動の強さや影響力の大きさであり、革新系の活動の歪み、地域での影響力の低さでした。地域で問題が発生して反対運動が起こると、まず駆けつけるのが革新系です。彼らは反対派を支援し、推進派を批判します。反対派は味方であり、推進派は敵とみなされます。そして反対派を政治的に取り込みます。私は、それを「争点提示による組織化」と呼びました。

これに対して保守系は、日頃から地域に密着し責任を持っている人が多いために、対立点よりも共通点を探し、そこから反対派の切り崩しを行います。それを私は「共通点重視による包摂」と呼びます。その結果、最初は反対で支持を得た革新系が強くても、次第に保守系に主導権が移っていきます。それは革新系が問題が起きた時だけやってきて、問題がなくなるといなくなるからであり、革新系への住民の不信感が背景にあります。

　革新系は、日常の生活において誰もが一致してやるべきことに参加しない傾向があります。問題が起きても、自分たちが政権を取らなければ真の解決はできないと思い込んでいるようです。そして自分たちの政治活動を優先します。これに対して保守系は与党であり、日常から地域や行政との結びつきが強く、常時、地域にいます。争いが生じた時だけやってくる革新系とは、住民からの信頼感が違うのです。

　革新系は昔、「左翼」と呼ばれ、現在は「リベラル左翼」と呼ばれています。しかしリベラルとは「自由に生きる」ことを最大限に尊重する考え方です。左翼は「国家権力の奪取による社会変革」が主目的であり、個人の自由は重視しません。両者は異なりますが、「社会の問題は国家ですべて解決する」という左翼の主張によって、リベラルは「自己の欲求充足」だけに専念することが許容されます。

　だから私は、リベラル左翼とは「溺れる人」を見つけた時、自分が「飛び込む＝助ける」ことはしないで、「助けてくれる人を探すことを優先する」勢力と思っています。これに対して「地域づくり」は「助けに行く＝飛び込む」ことを優先し、それから「助けを呼ぶ」ことをします。今、起きている問題を自力で解決しようとするのが「地域づくり」であり、「自力では解決しない」と冷たく言うのがリベラル左翼となります。

　本来、革新系・左翼も、地域や職場で問題解決の努力をしていたはずです。ただ、そこでの努力に限界があることに気づき、社会体制の変革・国家権力の奪取に取り組むようになったのです。ところが彼らはいつの間にか、現在の問題の解決よりも、政治の変革を優先するようになります。「地域づくり」は否定しませんが、そこに参加しても政治活動が優先され、「地域づくり」を利用しようとするので、住民に支持されなくなるのです。

　そこで左翼は自助・互助を嫌い、自己中心主義に徹するリベラルの取り込みを図り、政治的な支持を拡大することで延命を図っています。これに対して保守系は、自分が望む政治体制・支持する政権なので、体制維持のために

「地域づくり」を利用します。問題が起きて駆けつける革新系とは違い、問題が起きる以前から、問題が解決されても地域に存在し続ける。それが「草の根保守主義」となります。

コンビナート誘致反対運動のリーダーであった西岡昭夫氏は、この運動の欠点として「革新政党の指導性の不足」を挙げています。しかし私は革新政党の指導性が不足していたからこそ、住民運動が盛り上がり、勝利したと思っています。また「社会科学的なものへの取り組みが非常に少なかった」と反省されていますが、それは社会批判のみを重視し、現実を直視して問題の解決策を提起しなかった政策科学の遅れに起因すると思います。

私は政治における保守・革新の双方から距離を置いています。それは、「地域づくり」とは政治と経済の外にあって、国家や企業が悪いことをした時に批判し、それを正す存在だと思っているからです。だから「地域づくり」は保守系の与党に取り込まれてはならないし、革新系の野党に利用されてもならないのです。そのために「地域づくり」は国家や企業に依存・従属せず、対等・平等な関係を維持すべきです。

静岡県の地域特性と直面する三つの課題

私は「静岡地域学」を政策科学だと思っています。そして私は、これまでの静岡県の特性を踏まえ、これからの方向性として、次の三つ課題を提起しました。第一が「生産現場から生活文化へ」であり、第二が「東西軸から南北軸へ」、第三が「競合から連携へ」となります。これは静岡県という行政区域としての地域の方向性ですが、同時に静岡県という行政機関・自治体の政策課題ともなります。

第一に「生産現場」という言葉を使ったのは、静岡県は工業製品出荷額が突出して高く、「工業県」と言われているためです。ですが、住民は静岡県内で作られたものを知りません。それが他の地域に出荷され、それで静岡県の経済・県民の暮らしも成り立っているのですが、それを地域の人が買って使うことはあまりないのです。このような「生産現場」に留まっていると、賃金の安い他地域の生産現場に負けてしまいます。

そうならないためには、消費者を満足させる付加価値の高い製品を作り続けなければなりません。そのためには自分たちの地域で作られているものを、住民自身が知って協力する必要があります。その典型事例が静岡県西部

の「楽器」、県中部の「お茶」です。そして楽器やお茶を生産していることは知られていても、それを消費する「生活文化」という点では後れを取ったままです。

楽器の場合、「音楽」がその消費行動となります。つまり必要なのは、音楽を地域住民が楽しむ、そのレベルを上げることです。これは「お茶」の場合も同様です。他県から移住してきた人から、こんな話を聞いたことがあります。

「以前暮らしていた地域では、普通の家庭に茶筒がいくつもあった。客用と自宅で飲むお茶は別であり、異なるお茶を日常で楽しみながら飲んでいた。ところが静岡では茶筒はひとつだけで、いつも同じお茶を飲んでいる」

これは静岡が単なるお茶の「生産現場」にとどまっていることを示しています。私は茶産地である山村で生活していますが、「荒茶」まで作るのが農家であり、街中の企業が他地域の茶とブレンドして製品化し、自分の商標で売り出すのが普通です。だから地域の茶農家は、自分が作ったお茶がどのような商品となって、お客さんに飲まれているかを知らないのです。

多くの農家は品質ではなく、売れた値段で自分が作ったお茶を判断しています。自分が作ったお茶の味を知らないようなら、他の茶産地との競争で負けてしまいます。私は前述の話を聞き、茶の生産現場である静岡県には、新たな茶の消費文化の創出が必要であると痛感しました。そこで消費者を茶産地に招き、そこで茶畑を見ながらお茶を飲んでもらうことを考えました。茶産地に野点ができる場所を作ることも行政に提案しました。

これは県内に多くある地場産業も同じです。県中部には家具製造業が多く立地しており、「静岡家具」は全国的にも有名です。しかし静岡県民の多くは「静岡家具」を知らず、買ったこともなければ使ってもいないのです。何を作っているかを知らなくても、それがお金になり、働く場所になれば満足なのです。しかし単なる「生産現場」にとどまれば、やがて他産地との競争で負けてしまいます。

県東部の場合、地場産業として製紙業などもありますが、首都圏の大企業の地方工場が中心となっています。それだけでも地域にはありがたいのですが、本社や企画開発部門は東京の本社に置かれたままであり、こちらも単なる「生産現場」にとどまっています。これからも静岡県が「生産現場」に留まり続ければ、国際的な競争において賃金の安い他の産地に先行されてしまうことは確実です。

ただ県西部では、楽器やオートバイ、軽自動車などは地元企業が中心であり、本社も企画開発機能も存在しています。そこで浜松市ではいち早く「先端技術産業を中核とした産・学・住が一体となった街づくりを促進し、研究開発施設など各種産業基盤の事業整備等の推進を通じて、地域経済の振興と向上を目指すテクノポリス構想」に取り組んでいます。

　さらに浜松市では「楽器のまち」から「音楽のまち」を目指して、楽器博物館の建設やピアノの国際的なコンクールの開催を打ち出してきました。これらの取り組みは「生産現場から生活文化へ」という課題への先進的挑戦であり、それを全県・全県民に広げていくことが必要です。また豊かな「生活文化」として定着させ、そこからより高度な「ものづくり」を生み出さねばなりません。

　この「生産現場」という特徴は、世界から見れば「日本」という国にも当てはまります。日本も世界の中では「生産現場」として発展してきたのであり、そこからの脱却も日本の課題となります。それはまた「産業経済の発展が先行して、それに付随する形で生活が豊かになる」という「発展途上国型」から、「生活の豊かさが実現して、そこから新たな産業経済が生まれる」という「先進国型」への移行の実現に繋がります。

　モノ不足で貧しい社会であれば、作ったものを売るのは簡単です。しかし豊かな社会になると、消費者のニーズは「物の豊かさ」から「心の豊かさ」へと高度化していきます。消費者のニーズに応えるものでなければ売れない時代が到来したのです。そして消費者のニーズが生まれるのが「生活文化」であり、それは地域に根づくものでもあります。静岡県は「静岡らしい生活文化の豊かさ」を追求すべきです。

　産業経済が高度に発展しているのは、東京や大阪・名古屋などの大都市であり、それと比較すれば地方都市としての静岡県は遅れています。大きな平野に位置する大都市に対抗して、小さな規模の平野に存在する静岡県が追い付き、追い越すのは無理でしょう。しかし静岡県は小さな平野であるが故に、海と山が短い距離にあります。大きな平野の中心にある大都市では、海や山に行くだけで１日かかるような場合もありますが、静岡県に住んでいれば数時間で行くことができるのです。

　そこから私が提案するのが、「東西軸から南北軸へ」という二番目の課題となります。ここでの「東西軸」とは、静岡県における「東海道」を意味します。この東海道は武士の政権が誕生し、その都が鎌倉に置かれたことで大

きく発展したものです。つまり東海道は京都や大阪という西の都と、鎌倉・江戸という東の都を結ぶ街道であり、日本という国を造った街道になります。

　その結果、東海道は時の最高権力者、最先端の情報、最高の品質を持つ物、有り余るほどの金などが行き来するようになりました。静岡県は、そのおこぼれをいただいて発展してきたのであり、「生産現場」になり得たのも、この東海道のおかげです。しかし、それが静岡県という地域の自立も妨げてきたのも事実です。東海道の存在は、静岡県にプラスの効果と共にマイナスの効果ももたらしたのです。

　昔、人々は東海道を歩いていました。馬や駕籠を使っても、基本は徒歩です。しかし近代になると鉄道が敷かれ、戦後になると新幹線が登場します。さらに東名高速道路が完成すると、静岡県は新幹線や東名高速で通り過ぎるだけの単なる通過点＝回廊地帯になっていきます。昔のように東海道に沿って暮らす人々と旅する人たちが出会い、対話・交流することもやりにくくなりました。プラスよりもマイナスが大きくなっています。

　東海道という東西軸が巨大化し、そこでの移動が高速化すると、静岡県は新幹線や東名高速を走る車の窓から眺めるだけの場所になります。さらに飛行機での移動が盛んになると、空から見下ろすだけの地域となります。そのことに静岡県が気づき始めたのは1960年代になってからです。それまで東西軸の巨大化に参加・協力することだけを考えていた静岡県は、方向転換の試行錯誤を始めます。

　最初は東西軸を利用して、静岡県が「自立した工業地域」になることを模索していました。そのために企業の誘致に取り組み、そこから三島・沼津への「石油化学コンビナート誘致」が提起されます。しかし、それは従来の東西軸への依存の強化であり、住民の生活環境を破壊する懸念があると公害反対の住民運動が巻き起こります。結局、コンビナート誘致は中止されるのですが、それは「工業地域」としての自立の断念ともなります。

　東海道は静岡県を東西に横切っていますが、南北に天竜川・大井川・安倍川・富士川・狩野川という大きな河川が流れています。この内、狩野川は南から北に流れ、井川・安倍川は源流がどん詰まりとなっている閉塞型の河川です。県東部の北に富士山が位置し、南の伊豆半島には伊豆山地があります。県の中部・西部の北は南アルプスで、3000m級の山並みが東西に連なっています。

伊豆半島の西側と県中部の沖合は駿河湾、県西部の南は遠州灘となります。東西に長く伸びた遠州灘には天竜川から運ばれた土砂が堆積した砂丘もあります。そのために大きな港が造れません。その結果、遠州灘は長い間、船にとっては危険な海域ともなっていました。大きな港があるのは駿河湾沿岸であり、焼津市・静岡市清水区が港町として発展しています。

　大きな河川が東海道を南北に横切ることで、大雨が降るたびに河川の両岸の宿場町は旅人の長期滞在で賑わってきました。つまり静岡県は昔から東西軸の交通の遮断で栄えてきたのです。しかし明治になって多くの橋が架けられ、移動が高速化していくと、宿場町は衰退していきます。ですが、地域の都合で東海道の交通を遮断することはできません。そこで「南北軸」が、東西軸を移動する人を呼び込むために重要となってきます。

　南北軸は山と海を結び、その魅力を際立たせるものです。実際、静岡県を東西に移動するだけであれば、同じ景色が続くだけで飽きてしまいますが、南北を移動すると、その多彩な魅力に取りつかれてしまいます。ところが静岡県民は生活のために東西を移動することが多く、この南北軸の魅力に気づかないのです。

　それは「生活文化」の豊かさを求める余裕が、静岡県民にはなかったためでもあります。南北軸に存在する海や山という豊かな自然に注目することは、「生活文化」の豊かさに繋がります。それによって東西軸を移動する人たちを呼び込むこともできます。実際、南北軸の魅力に取りつかれるのは県外の人たちです。その人たちは富士山だけでなく、南アルプスや伊豆山地の魅力をもよく知っています。

　広域自治体としての静岡県には、基礎自治体としての市町が多く存在し、比較的規模の大きい都市は東西軸に沿っています。そして東西軸からもたらされるモノ・カネの取り合いで激しい競争を繰り広げてきました。その典型が国立医科大学の誘致をめぐる静岡市と浜松市の争いです。浜松市に医科大学の設置が決まったことで、静岡市の県内における政治的影響力は低下し、現在に至っています。

　東西の都市間で競争は「活力を呼び起こす」という点で良いところもあります。しかし、それが「足の引っ張り合い」になるとマイナスとなります。競合しながら連携することも大切であり、それによって「手の引っ張り合い」とすべきです。これが静岡県の方向性の第三の課題としての「競合から連携へ」となります。この点で突出して規模が大きい静岡市と浜松市という

政令指定都市の競合と連携が重要になります。

　歴史的に浜松市は遠江（遠州）の中心都市であり、現在の静岡県になる前は浜松県が置かれていました。これに対して県中部の駿河は、古代の律令体制下では富士山麓まで含むものであり、その中心が駿府（現在の静岡市）となります。ちなみに伊豆は古代から伊豆国であり、明治になると小田原と共に足柄県になり、その後、小田原は神奈川県、伊豆は静岡県に分かれました。

　現在の静岡県になる時、伊豆と浜松では反対運動が起きましたが、認められませんでした。その理由は徳川家や譜代の家臣の領地が多かったためといわれています。このように静岡県は古代の律令体制下の遠江・駿河・伊豆という三つの異なる地域を含むものであり、一体性が希薄な点がむしろ地域の特性ともいえます。

　一方、県内の都市の多くは東西に並ぶ宿場町から発展し、南北に海と山に挟まれているなどの共通点もあります。また、生産現場として発展したことや、東西軸の整備によって通過点になりつつある点も同じです。したがって３つの課題に対しても連携・協力することは可能であり必要です。ただし、連携とは同質化・一体化を意味するものではありません。多様性や競合を残したうえで推進されるべきであり、それは広域自治体としての静岡県の責任でもあります。

　この「競合から連携へ」という課題は、静岡県で生活する人々にも向けられます。これまでは東西軸を行き交う人から「与えてもらう」ために競っていましたが、これからは互いに「助け合う」ことが求められます。そして、それぞれの個性を尊重し、自分の可能性を引き出し、創造性を発揮して努力していかねばなりません。それは個々がバラバラに努力するだけでは困難であり、「助け合い・支え合い」こそ必要となります。

　他地域と比較すると、静岡県は恵まれています。近くに大都市があり、短時間・低コストで必要な物資を調達できます。気候も温暖で冬の暖房費も少なくて済みます。日本列島の周縁部で企業経営者と話したときも、「こんな恵まれた地域で商売ができない奴は、日本の何処に行っても商売できない」「自分たちの地域ではとっくに倒産している企業が、静岡では多く残っている」と言われました。

　他地域の「地域づくり」を見ていると、まず自分の地域の名前を知ってもらうことから始めています。ところが静岡県の多くの地域は東海道の宿場町

であったことから、最初から全国に知られています。しかし静岡の人は、それを当たり前のことだと思って、努力しません。それが静岡人の特徴でもあります。現状維持の保守的な意識が支配的であり、それが反対だけの住民運動になり、「地域づくり」の遅れとなっているようです。

　昔から支配者は都から派遣される存在であり、任期を終えたら都に帰るか、他の地域に転勤となります。また都で政権交代が起きると、新たな支配者が送り込まれるため、土着の権力者が育ちにくいのが実態です。土着民の中で権力者に成り上がろうとする者が出ても、彼らはすぐに中央権力をめぐる争いに巻き込まれ、勝ち組につくと出世して他地域に移動し、負け組になると他地域に追い出されてしまいます。

　その結果、多くの土着住民は外からやってくる支配者・権力者を抵抗することなく受け入れ、表面的な忠誠心を示します。それに従い、気に入らなくても我慢し、立ち去るのを待ちます。外から来た権力者への表面的な忠誠による自己保身が、昔から住民の平均的意識なのです。そして政治に関心を持ち参加する少数の人と、政治に背を向けて自己の利益・自己保身に専念する多数の人に分かれるのです。

　一般的に静岡県で暮らす人々は、穏やかで大人しいという印象を持たれます。しかし、それは東海道があり、何もしなくてもヒト・モノ・カネが入ってくるという恵まれた環境にあるからです。しかし自分の利益が損われると、激しい反対運動を起こす一面も持っています。だから保守的であっても、「国家に対して忠誠を誓い・自己犠牲・献身を誓う保守」とは異なり、「自己保身で私生活重視の保守」なのです。

　しかし私は三つの課題に取り組むことで、このような県民意識は変わっていくと考えています。それは、静岡県が単なる通過地点・回廊地帯化することで、これまでのような「外来型開発」が困難になっているからであり、地域の内部に存在する資源・住民の自発性に基づく活力に依拠した「内発的発展」に向かわざるを得なくなっているからです。「外発的開発」から「内発的発展」への転換こそが静岡県を変えていくのです。

　ここで戦後の静岡県政を振り返ってみると、すべてが官僚・国会議員出身の知事であり、そこで行われた県の施策・事業も国政に沿うものとなっています。つまり「外発的発展」を県政として推進してきたのです。途中、東西軸の交通の高速化で静岡県が通過地点に陥ることへの危惧が生まれ、「工業県」としての自立として石油化学コンビナートの誘致を試みましたが、住民

の反対で頓挫します。

　県内の住民運動の広がりと県東部での革新自治体の誕生で静岡県の保守県政は危機に陥ります。しかし1974年に知事に当選した山本敬三郎氏は、接戦となった知事選での危機感から、前任者の後継として指名されたにもかかわらず、それを継承しないことを明言し、県政の転換を打ち出します。それが「福祉」の重視であり、東海大地震の発生に備えた「危機管理」という手法の導入となります。

　これによって自民党県政は県民の支持を回復し、危機からの脱出を実現します。しかし山本氏による県政の転換には自民党内からの反発も大きく、4期目を目指した山本氏は自民党内の知事候補の指名争いで斉藤滋与史氏に敗れてしまいます。そして知事となった斉藤氏が打ち出したのが、従来型の大規模プロジェクトとして「静岡空港の建設」となります。ですが、空港建設を提起した斉藤氏は、体調を崩して2期を終えた後、辞任します。

　そして自治省の官僚であった石川嘉延氏が知事に就任し、斉藤県政から引き継がれた空港建設を進めます。3期目の選挙では、空港建設反対の元西武百貨店社長であり衆議院議員の水野誠一氏が対抗馬として立ち塞がりました。しかし石川氏は水野氏を破り勝利しました。ただ、空港建設で予定地に残されたままの立ち木の処理をめぐって紛争が生じ、石川氏は空港建設と引き換えに知事を辞任します。

　石川知事にとって空港建設は斉藤県政からの置き土産であり、従来の「外来型開発」には限界があると考えていたようです。そこで石川氏は、自民党政権のブレーンとなっていた川勝平太氏の「富国有徳論」に目を付け、それを静岡県の新たな理念にするとともに、川勝平太氏を浜松に設置した静岡文化芸術大学の学長として招きます。それは明らかに「外発的開発」からの転換を川勝氏に期待したからと思われます。

川勝平太氏と「富国有徳論」

　川勝平太氏は、歴代の静岡県知事の中で初めて学者出身であり、同時に野党の推薦で誕生した知事でもあります。しかし川勝氏と前知事の石川氏との関係を考えれば、川勝氏が石川県政の継承者として立候補してもおかしくありません。実際、川勝氏は与野党の相乗りの候補者として名前が挙がっていました。しかし、その時点では川勝氏が辞退することで、自民党・公明党は

副知事であった坂本由紀子氏を推薦することになります。

　ただ川勝氏は最初から石川氏の意向に従うことを明言しており、その後に川勝氏が態度を一変させて民主党・国民新党・社会民主党の推薦・支持で立候補したこととの関係については不明です。そして知事選挙は国会議員の海野徹氏も加わることで、三つ巴の闘いとなります。それはまた県東部を支持基盤とする坂本由紀子氏と県中部で支持が強い海野徹氏、そして県西部を支持基盤とする川勝氏という地域間の争いにもなっていきます。

　結果として野党推薦の川勝氏が当選するのですが、それは県西部の候補の勝利という面も持っています。この点で、何故、川勝氏が野党推薦となったのか、詳細は分かりません。ただ川勝氏が石川県政の継承者とも見られていたことが、川勝氏の野党色を弱めることになり、それが川勝氏の勝利の要因の一つとなったということはできます。野党推薦でありながら前県政の継承という面も持っており、それが４期に及ぶ川勝県政を可能にしたのです。

　この知事選の後、総選挙が行われ、政権は自民党から民主党に移ります。これも与党と野党の両面を持つ川勝県政にとって、有利な影響を及ぼします。さらに川勝氏が提起した「富国有徳」が、石川県政の時代においても抽象的で分かりにくく、政治的な争点になりにくかったことも、川勝県政にプラスとなったようです。この「分かりにくさ」という点は、川勝県政の批判をやわらげる効果がありましたが、その後、マイナスにもなっていきます。

　そもそも川勝氏が提唱した「富国有徳」は、1998 年に誕生した小渕恵三内閣総理大臣が「富国有徳を 21 世紀の国づくり」の理念とすると表明したことによって知られるようになりました。そして川勝氏は、小渕首相主宰の「21 世紀日本の構想」懇談会の中心メンバーとなります。さらに 2006 年には「美しい国づくり」を掲げた第一次安倍内閣の教育再生会議の委員になり、「美しい国づくり」への賛意を表明しています。

　つまり川勝氏は、この時点で自民党政権を支えるブレーンの一員であり、保守系の知識人と見なされていたのです。だから当時の静岡県知事であった石川氏も、川勝氏の提唱する「富国有徳」を静岡県の理念として採用し、浜松市に新設した静岡文化芸術大学の学長として川勝氏を招くことができたのです。この意味で川勝知事の誕生は、これまでの県政の転換とは言えません。

　「富国有徳」とは、明治以来の日本の国家目標であった「富国強兵」の「強兵」を「有徳」に変えたものです。それは憲法九条の改正を訴え、憲法

への自衛隊の明記や防衛費の増額を訴えてきた自民党の政策とは矛盾するため、小渕内閣で「富国有徳」が取り上げられたことは奇異に思われます。しかし当時、ソ連の崩壊と東西冷戦の終焉が叫ばれて、日本では自民党の単独政権が崩壊するなど激動期の入り口でもありました。

　まさに政治の混乱期であり、それが「富国有徳」を自民党政権が取り入れることを可能にしたと言えます。ただ自民党内でハト派と言われる勢力が弱体化し、安倍晋三氏に代表されるタカ派が台頭すると、憲法の改正や防衛費の増額の意見が高まり、「富国有徳」は次第に政府・与党で議論されなくなります。それでも川勝氏は安倍内閣の教育再生会議の委員になっており、一定の影響力を保っていました。

　それは「富国有徳」が、「日本の伝統文化への回帰」という保守的イデオロギーの側面を持っているためと思われます。その結果、静岡県議会における自民党の会派は川勝知事の「富国有徳」を批判することができなくなってしまいます。県議会で知事与党となった野党も、「富国有徳」をよく分からないまま「知事与党であり続けたい」という思いから、支持を続けることになります。これが川勝知事の４期をもたらしたと言えます。

　今日、中国の急速な経済発展で米中の対立が激化し、国際社会の分断が深刻化し、軍事的な緊張も高まっています。日本でも安全保障が大きなテーマとして議論されるようになり、ロシアによるウクライナへの軍事侵攻が始まると、世界各国は軍事力の強化に向かって走り出しています。日本経済も低迷し、賃金の上昇もなくなったことで、日本経済の復活強化が叫ばれ、それが軍事費の増額とセットで議論されています。

　つまり日本は「富国有徳」ではなく、「富国強兵」へ逆戻りしつつあるのです。しかし、それは「強兵」を「有徳」に替えた「富国有徳」の出番も意味します。現在はウクライナとロシアの戦争での勝ち負けに関心が向いていますが、戦争の終結が大きな課題になると、「有徳」に関心が集まる可能性があると、私は思っています。しかし川勝氏の最近の言動を見ると、その気配は感じられません。

　次章に収録する「川勝平太と静岡県─その評価基準」という論考は、川勝平太氏が知事となった翌年に書いたものです。その翌年、私は静岡県の行財政改革推進委員会・総合計画審議会評価部会の委員になります。この委員会には県の副知事・部局長も出席しており、私は「富国有徳」について全委員の見解を聞きました。返ってきた答えはすべて「あれは知事が言っているこ

となので、私にはわかりません」というものでした。

　確かに「富国有徳」だけであれば、自分が担当している施策・事業との関わりが分からないと思いましたが、気になったのは「富国有徳を理解したい。それを行政施策に生かしたい」という気配がまったく感じられなかったことです。さらに川勝知事自身も、「富国有徳」の施策化・事業化には消極的なように思われました。それは「富国有徳」が前知事の時代から静岡県の理念とされていただけに、私にはショックでした。

　実際、県の行政施策・事業を見ても、石川県政から引き継がれたものが大半であり、他の府県でも行われている類似の事業ばかりでした。それを私は翌年、「『川勝県政』一期目の評価ポイント」という文章にまとめました。しかし川勝県政に対する私の批判的意識が高まり、厳しい質問を続けることで、私は委員としての再任を拒否され、委員会から退くことを余儀なくされます。

　やがて私は、川勝知事に失望し期待もしなくなり、静岡県政への関心を急速に喪失します。その契機は、2013 年の小学校学力テストで静岡県が最下位になった時の川勝知事の反応です。新聞によれば、知事は激怒して県内の学力下位の小学校の校長名を公表すると発言したのです。この発言は、その後撤回されますが、「有徳」の知事であるなら、このような態度は許されないでしょう。

　小学校の学力テストが最下位になったことに対し、知事に直接の責任はありません。知事は県政の最高責任者であり、公の場で校長や教員を責めるべき立場ではないのです。むしろ、まず知事として謝り、現場の教師や校長、教育委員会と共に力を合わせ、学力の向上に努めることを県民に誓うべきです。自分の責任を棚に上げて、部下の責任を公の場で追及することは、指導者として失格であり「有徳」とは程遠い態度です。

　このことで私は川勝知事には「徳がない」ことを知りました。そして川勝平太氏が研究者として主張していることと、実際の行動が合致していないことも痛感しました。大学には民主的で進歩的な発言をしながら、自分よりも弱い立場の学生に対して権力的で抑圧的な態度を取る教員が多くいます。もっともらしい発言をしながら、学内政治の場では人員や予算をめぐって私利私欲をむき出しにした醜い争いが繰り広げられるのです。

　川勝平太氏も同じであり、「有徳」を説きながら、自分は「有徳の人」になろうとしていません。「徳」とは人間に備わるものですが、川勝氏は富士

山をバックにして、知事として存在している自分を「有徳の人」と感じて欲しいだけのようです。日々の暮らしの中で苦労している人々は、ふと見上げた富士山に対し、救われた気持ちを抱くことはありますが、それは単に富士山を見たからでなく、日々の暮らしで頑張っているからです。

　川勝氏の「文明の海洋史観」で評価された学者ですが、それは「海洋」と「大陸」、「西洋」と「東洋」を対比させることで構築されました。ただ彼の関心は「海のむこうからくる」ものでなく、それを「受け入れる」側にあります。その「受け入れ方」の違いで日本では「勤勉革命」、西洋・イギリスでは「産業革命」が起きたというのが川勝氏の説です。つまり「外から」よりも「内から」が重視されており、そこから「徳」も生まれるのです。

　この川勝氏の主張は、日本は「西洋のモノマネ・後追い」で発展したという常識を覆すものであり、アメリカ・ヨーロッパの「西洋」よりも、「日本の独自な伝統文化」を高く評価することに繋がります。そしてヨーロッパのマルクス主義やアメリカの近代化論も「西欧のもの」として批判します。この「西洋より東洋を重視する思想」は日本では保守的な主張・論説と合致し、それが小渕恵三や安倍晋三の内閣での川勝氏の抜擢に繋がります。

　ですが私は、川勝氏には保守派とは異なる面もあり、それが野党推薦の知事に繋がったとも思ってます。川勝氏は私より三歳年下であり、もともと哲学志望だったようです。「専門の経済史ではマルクス『経済学批判』『資本論』や『マルクス・エンゲルス全集』などは基本文献」として読んでいたと述べています。この点は私も同じであり、学生時代に哲学に興味を持ち、マルクス主義の洗礼を受けました。

　それは当時の真面目な学生であれば、普通のことであり、私自身、それによって学生運動に参加しました。川勝氏が学生運動に参加していたかどうかは知りませんが、参加していなくても、当時の学生の多くは反体制側の立場に立ち、反戦平和を掲げる運動に好意的でした。その意識が川勝氏の考えの中に少し残っており、野党推薦を受け入れることに繋がったのだと思います。

　しかし既存の社会主義国が行き詰まり、多くの問題を抱えていることが明らかになると、社会主義への期待や幻想は消えていきます。大学の研究者の中にもマルクス主義や左翼的な運動と決別し、新たな理論構築を目指す人が出てきます。左翼的な論説を述べていた人が、突然、右翼的な主張をする場合もあります。東西の冷戦が終焉すると、既存の理論の見直し・再評価が始

まり、そこで新たな主張・理論も生まれてきます。

　川勝氏の「富国有徳論」も、この混迷の中から生み出されたものと思われます。この点で私が注目するのは、川勝氏が静岡県知事になる前に、鶴見和子氏が唱える「内発的発展論」に出合い、それを高く評価するようになっていることです。これが川勝氏と「地域」との出合いでした。日本の伝統を重視することで日本人の「勤勉性」にたどり着き、そこから「内発的発展論」に出合ったのです。

　「内発的発展論」とは「住民が主体となって、その地域の自然や文化を守りつつ合理的に活用することで持続的な発展を目指す」ことです。それを川勝氏は「生命の生産・再生産」から地域を捉え、そこから社会のあり方を考えるものとして高く評価しました。これに「内発的発展論」の提唱者である鶴見和子氏が喜び、鶴見氏と川勝氏の対談が中心の「『内発的な発展』とは何か」という本も出版しています。

　それは「富国有徳論」と「内発的発展論」の出合いであり、私はこれによって「富国有徳論」が「地域学」として展開されることを期待しました。何故なら「内発的発展」とは、地域の発展を中央政府や外部の企業に委ねる「外来型開発」の対極に位置し、地域住民が主体となって自然や環境を守りながら発展を目指すことだからです。この点で静岡県は「外来型開発」の典型であり、そこからの転換が「内発的発展」ということになります。

　つまり静岡県では、これまでの「外発的開発」が「生産現場」「東西軸」「競合」をもたらしてきましたが、これからは「生活文化」「南北軸」「連携」による「内発的発展」へ移り変わっていくということです。こうして私は静岡県が「外来型開発」から「内発的発展」へ転換することを、知事となった川勝氏に期待したのです。日本人の勤勉性を高く評価し、「有徳」を説く知事であれば、静岡県で「内発的発展」を実践していくだろうと信じたのです。

　鶴見和子氏との対談の中で、川勝氏は次のように述べています。「東京から配信されてくる知識、人、技術を受け入れることが地域の発展だと思っていた時代から、自分たちの地域のもっている特性は何なのか、それをどう生かしていくか、それと自分との関わりはどうなのか、先祖はどうしていたか、子供はどうあるべきかと、地域に立脚して自ら考え、自ら相手に伝えていく自立のしかた、地域起こしが地域を超えて、『学』という」（新版「『内発的発展』とは何か」より）。

これは川勝氏が静岡県知事になる前の発言です。前知事の石川氏も、この発言から「静岡らしい地域づくり」「静岡地域学の確立」を期待して、川勝氏を静岡県に導き入れたと思います。しかし私の期待は完全に裏切られました。彼は知事になって以降、「内発的発展」や「静岡地域学」について語っていません。静岡県政の方向として「富国有徳」を抽象的なまま述べるだけです。

　総合計画でも「総論」に「富国有徳」を掲げていますが、「各論」における施策・事業との関係は不明です。施策・事業の多くは石川県政で始めたものの継続であり、国家の政策として実施するもの、他の自治体でもやっていることが並べられているだけです。不思議なのは、知事になって8年たった時点で鶴見氏との共著の新版が出され、その冒頭に川勝氏が「新版の序」を書いているのに、そこで「静岡県」への言及がまったく無いことです。

　「内発的発展論」に共鳴した川勝氏が静岡県知事になったことで、読者は「内発的発展」が静岡県で実践・具体化されることを期待したはずです。ところがこの点についての言及がまったくなされていないのです。静岡県は2018年の「静岡県の新ビジョン」の基本構想の中で基本理念として「富国有徳の『美しい"ふじのくに"』づくり」を掲げていますが、それは前の石川県政と同じであり、新味はありません。

　「ふじのくに」の前に「美しい」を置いていますが、それは安倍内閣が掲げた「美しい国」という国家像を思い起こさせるもので、ここに「ふじ」以外で静岡県の特性を示すものはありません。目指す姿を「『県民幸福度』の最大化」として「◆生まれてよし　老いてよし◆生んでよし　育ててよし◆学んでよし　働いてよし◆住んでよし　訪れてよし」を提案していますが、それは日本国内だけでなく世界でも共通する目標です。

　ここには静岡県としての特性のかけらも感じませんし、「東京時代から静岡時代へ」というサブタイトルも、地域の実態を考えると実現性はありません。また川勝氏は「富」より先に「人」があるとして、「人づくりで目指すのは富士山のように、気品をたたえ、調和した人格を持つ『有徳の人』です」と述べています。しかし川勝知事は自分を「有徳の人」と思っているのでしょうか。また、そのように評価されていると思っているのでしょうか。

　静岡県知事となってからの川勝氏の発言を聞くと、鶴見氏との共著で発言していた川勝氏とは別人のように感じられます。「誰からも批判されない」、その代わりに「誰の心にも響かない」言葉を自慢げに使っているだけです。

それは川勝氏が静岡県という地域の中で一生懸命に生きている人々に眼を向けていないからです。「遠くから富士山を見上げて喜ぶだけ」で「現実を直視しない・県民に寄り添うことをしていない」からです。

　川勝氏は「『五箇条の御誓文』第一集『広く会議を興し、万機公論に決すべき』を日本の民主主義の根幹と捉えており、万機公論が職員に根づいてきた」と考えており、自分は「『ついてこい』と織田信長のリーダーシップを発揮しているからでない」と述べています。自分が「富国有徳」を具体化した施策や事業をやる気はないようです。実際、私は川勝知事の主導で始まった施策・事業があることを知りません。

　川勝氏が行っているのは、施策や事業の中で「総論」に合致するものを見つけて、自慢しているだけです。ただ川勝知事が知事主導で施策・事業を行えば、県庁内部の所管部署から反発が出て、県内の利害関係者から非難されることも確かです。川勝氏が抽象的な言葉を並べているだけなら、県の職員はそれを聞き流し、通常の仕事ができます。「静岡県は素晴らしい」と褒めちぎっていれば、知事という神輿に乗り続けられるのです。

　川勝氏が世間の注目を浴びるのは、具体的な事例に関わり、そこで失言・失態を演じた時だけです。「富国有徳」の理念を掲げる素晴らしい静岡県知事として話題になったことはありません。沼津駅高架化事業で「貨物駅不要論」を唱え、その後撤回したことも、知事の不勉強さを露呈しただけです。日本航空の静岡～福岡線での運行支払金の拒否も、裁判所の和解で全額支払いとなっており、これも知事の失態です。

　さらに静岡市長との会談で「君」という呼び方を連発し反発されたことも、学術会議の会員任命の拒否で当時の菅首相を「教養のレベルが露呈」「学問をされた人ではない」と言ったことも、川勝知事の「上から目線」を示すものであり、「有徳」を唱える知事の言葉でありません。参議院議員選挙の応援演説で、対立候補が御殿場市長であったことから「あちらはコシヒカリしかない」と発言したことも、「有徳」に反するものです。

　これらは川勝氏の個人的な資質の欠陥に由来するものです。自分の「味方」であれば、悪いことをしていても最後まで擁護し、「敵」と判断すると徹底的に悪口を言い散らす。このような人物は政治家に多いのですが、学者・大学教員にも似たタイプは多くいます。しかし、それは知事として許されるものではなく、なによりも川勝氏が提唱する「富国有徳」の意味・価値を損ねるものとなっています。

私は、そのような人間が知事であれば、これからも「有徳」の実現・具体化は困難と判断し、川勝知事に対しても、川勝県政に対しても、期待しなくなりました。そして私は、浜松市の経済界の人たちとの懇談や静岡市の行政施策の外部評価に取り組むようになります。そして書き上げたのが本書に収録されている「今がチャンスだ！飛べ静岡！」と「どうした浜松、どうする浜松！」という論考になります。

　私は、この二つの論考に「川勝県政に対する評価」を合わせて書籍化することを考えました。しかし、43年間、介護していた妻の容態が悪化し、私は介護に追われる毎日となります。そして妻は亡くなり、私は2年間、本を読むことも、文章を書くこともできない状況に陥ります。ようやく私の体調は回復してきましたが、自分が「後期高齢者になっていること・死が近づいていること」に気づきます。

　そして私は「静岡地域学」の研究成果を活字として残すべきと考えました。私の見解や主張、様々な政策・施策の提案を活字として残しておけば、誰かが拾い上げてくれるかもしれないと思ったのです。そして「地域学」に関して調べ始めたのですが、全国の大学で「地域」関連の学部や学科が多く出来ていることを知りました。しかし、そこで行われているのは、私が数十年前に試行錯誤したレベルに留まっています。

　さらに私が関心を持ったのが、川勝知事のリニア中央新幹線の工事をめぐる言動です。それは全国的に注目され、川勝氏の言動への批判も高まっています。しかし、これらの川勝知事に対する論評・批判は表面的であり、本質を突いていません。今の川勝知事への批判は個人としての言動に集中していますが、私からすれば昔から分かっていたことです。それが川勝平太の本当の姿であり、それを批判しても静岡県は良くなりません。

　私は、川勝氏の知事としての言動が研究者として川勝氏が提唱した「富国有徳」とは矛盾していることを指摘するのが大切だと思っています。そして川勝氏が原点としての「富国有徳」の視点に立ち返ることを願っています。なぜなら人間としての欠点があっても、川勝氏の「富国有徳論」まで全面否定することができないからです。私が提案する3つの課題と川勝氏が賛同した「内発的発展論」が重なっているのも大きな理由です。

「地域づくり」の実践から学んだもの

　私は「地域づくり」に関心を向けて調査研究をする中で、静岡県の「地域づくり」の人材養成塾に講師として招かれ、県内の地域づくり団体の交流会にも参加するようになりました。そして静岡県内の地域づくり団体の組織である「静岡未来づくりネットワーク」が設立されると代表幹事に就きました。また地域づくりに参加・支援している人たちを中心に設立された「静岡地域学会」に参加し、全国地域学交流会も開催しています。

　これらは静岡県の地域振興課と連携しながら行われた活動になりますが、石川嘉延氏が知事になると、県政の重点はNPO法の成立によって、地域づくり団体やボランティア団体の「法人格の認定」に移っていきます。そして認定されたNPO団体への行政からの事業委託が盛んになります。私はNPO推進の委員会の委員長を務め、法人格の認定だけに重点を置く県の姿勢を批判しましたが、無視されてしまいます。

　また「静岡未来づくりネットワーク」の代表幹事として、「地域づくり」団体の全国組織の設立にも関与し、その役員になったこともあります。そこで驚いたのは、地域づくり団体の会合なのに出席しているのは自治体の地域振興の担当者ばかりで、住民の姿を見かけなかったことです。「地域づくり」は行政の中に取り込まれ、その勢いは失われていきます。実際、静岡県内の地域づくり団体の交流会も開催されなくなりました。

　私は現在も「静岡未来づくりネットワーク」の代表幹事ですが、活動の実態はありません。全国的にも地域づくりの運動・活動は停滞しつつあります。そこで私は自らが地域に飛び込み、そこで地域づくりの実践をすることを決意しました。私は地域・自治体問題の専門家として、静岡県内だけでなく全国の地域づくりの人材養成に関わり、助言・アドバイザーとして活動してきたので、それを自らが実践してみようと思ったのです。

　私は多く地域づくりの成功事例・先進事例への視察も実施しましたが、参加した人は感激し、自分の地域・職場に帰れば地域づくりの実践・支援に取り組みたいと感想を語って帰ります。しかし自分の地域・職場で地域づくりの支援・実践をしても、多くは挫折してしまうのです。そこで私は、静岡市の総合計画の専門委員をしていた縁で知り合った静岡市の山間部の限界集落に移り住み、集落の人たちと共に「むらおこし」を始めました。多くの人た

ちが地域づくりで挫折してしまうのはなぜなのかを探ろうと思ったのです。

その頃、移住先には「磨墨庵」というログハウスが行政によって建てられていました。そこで集落の人たちと一緒に地元の農産物を売り、簡単な食事も出すことを始めました。障害者である私の妻も、杖を突きながら、手伝ってくれました。メディアにも取り上げてもらい、多くの人が訪れてくれるようになりました。

最初は空き家を借りていたのですが、そこに家を建てて住むようになりました。町内会の行事にも参加し、行政への陳情にも住民として参加しました。そこでは大学にいては知ることができないこと、本を読むだけでは分からない多くのことを学びました。まず驚いたのが10世帯程度の小さな集落なのに、三人しかいない若嫁さんが一度も集まって話したことがないことでした。

「むらおこし」は若い人たちを中心に始めましたが、「足を引っ張るのは高齢者」だとも言われました。「あの家には気を付けろ。何代か前にあんなことをした・こんなことをしたと高齢者から言われる」という声もありました。また集落の皆がお金を出し合う際に、「自分は多めに出す」と言うと叱られました。その理由は「先生がそんなに出したら、ここはこれだけ出さねばならないから、無責任なことは言うな」というものでした。

集落には昔からの序列があり、住民は「先生をどこに入れるか」という問題で悩んでいました。盆や正月になると村から離れていった人も帰ってきて、「先生はいろいろやってくれているが、そんなに上手くいかない。ここは昔から争いが絶えなかった」とも言われました。外から見ると仲良くしているようでも、まとまりがないのです。他方で「仲が悪い」と思っていると、一緒に仲良くやっていることも多いのです。

この集落には財産区・共有林がないので、何故かと聞くと、「昔はあったが皆で分けてしまった」とのことでした。集落には長い歴史があり、庄屋と小作人の関係や持っている田畑の規模の違いなどが今でも人間関係に影響を与えているのです。これらは、どの地域にも存在していることですが、地域づくりの成功事例において、その辺りの裏事情は完全に欠落して語られているのです。

その原因の一つが「問題の地域性研究」の手法としての「典型地域の典型事例の分析」です。対象の「地域」の全体像を明らかにしないまま、自分の問題意識に沿って「地域」を部分的にはぎ取って分析しているのです。つま

り「地域の問題性研究」になっていないということです。さらに「地域」内の人間関係は他人には話したくない部分が多く、ひとりの人から聞いたことを違う人に聞くと異なる場合も多いのです。

　私は集落内の新参者でしたから、別々の人から相談を受け、調整役のような役割を演じていました。これは集落内に住み着いたからできたことであり、それでも集落の裏事情を知ることができたのは移住してから数年後のことです。それまでは「いつまでここに居るのか」「まだ出て行っていないのか」とよく訊ねられました。夫婦で数年活動して「先生は本気だね」と言われ、様々な情報が入ってくるようになったのです。

　障害者である妻は杖をつきながら、私が大学に行っている間、集落の高齢者から昔の話を聞いていました。自分が作る童話の材料にしようとしていたのです。しかし、その妻がクモ膜下出血の再発で倒れ、外に出かけられなくなりました。私も大学の仕事が忙しくなり、「むらおこし」を手伝うことができなくなっていきます。やがて高齢者が次々と亡くなることで、磨墨庵の営業もできなくなりました。

　そのような状況下で、私は妻と高齢の妻の母の介護のために、大学を早期退職します。そしてできた自由時間を使って「縁側お茶カフェ」の開催を提案しました。自分の縁側を開放して、お客を呼び込み、自家製の「お茶」と「お茶請け」を出して、お金をもらうというものです。集落の全世帯が参加してくれたおかげで、街から来た客はお気に入りの家を廻ることができました。メニューはありません。それぞれの家の畑で出来たものが違うからです。

　この取り組みはほとんど宣伝しないのに大評判になりました。全国からテレビや新聞の取材が来て、多くの人が訪れてくれるようになりました。事前に行政に相談はしていません。相談すると様々な条件が付けられるからです。評判になると保健所から電話があり、許可を取っているかと詰問されました。私は「朝市を農家の自宅でやるようなものなので、営業許可は必要ないだろう」と主張しました。

　そして話し合う中で「抜け道」を教えてくれました。「柏餅を作ってお皿に入れて出すと営業許可が必要だが、縁側に柏餅を置いて、客が勝手にとって食べるのであれば営業許可はいらない」とのことでした。そこで私は休憩料として 300 円を頂き、「お茶」や「お茶請け」は無料のサービスとしました。静岡市には「縁側お茶カフェ」に営業許可を出しているのかという問い

合わせが殺到していたようですが、このやり方を説明したそうです。

　さらに、私が大学を早期退職したことを聞きつけて、民生委員・児童委員を引き受けてくれという依頼が来ました。私は妻のこともあるので、それを承諾しました。そして3期・12年も民生委員・児童委員を務めることになります。そこで私は福祉ボランティアとして「買い物ツアー」を始めました。自動車に運転ができない高齢者を、私のクルマに乗せて一緒に買い物に行くというものです。

　高齢者は大変喜んでくれましたが、ある日、「今日はいかない」という人が出ました。事情を聴くと「買い物に行けば5000円は使いたい。でも5000円は高齢者にとって負担が大きい」ということでした。そこで買い物ツアーに参加している高齢者と相談し、自分の畑で作ってる野菜を売って、それから買い物をしようという案が浮かびました。そこで私は野菜を売る場所を探すことになります。

　その結果、買い物に行く先の地区社協が主催している「おしゃべり会」というデイサービスの会場で野菜を売らせてもらうことになりました。私は、それを「福祉朝市」と名付け、野菜の販売を始めました。喜んでくれたのはデイサービスの利用者である高齢者とボランティアとして手伝っている主婦でした。「私たちの街には大型店は多くあるが、八百屋は一軒もない。だから朝、畑で採れた新鮮な野菜を買えるのが嬉しい」とのことでした。

　「買い物ツアー」は片道だけで1時間半かかります。クルマの中は井戸端会議の状態になりますが、ある日、会話が途切れた時に昔の流行歌を流したことがありました。すると90歳近いおばあさんが「東海林太郎の歌を聞いたのは何十年ぶりで嬉しい」といって一緒に歌い出したのです。そこで私はプロジェクターとスクリーンを買って、昔の映画と流行歌を楽しんでもらうイベントを集落で開催しました。これも大好評でした。

　これらの活動には行政からの支援は一切ありません。地域で住民たちが工夫すればやれることはいっぱいあるのです。私は、これこそが「内発的発展」だと思っています。高齢者たちが「助け合い・支え合い」を行えば元気になるし、医療・介護のための費用も削減できます。昔の映画や流行歌を聞くのも、認知症予防の心理療法としての「回想法」「音楽療法」になります。「徳」も、このような活動の中で育つはずだと思いました。

　しかし、このような活動に対する市役所の対応は冷たいものでした。行政に依存しない活動は無視・放置されるのです。「縁側お茶カフェ」も始めて

10年後に、静岡市として取り上げてくれましたが、言われたのは「先生がやることは10年早すぎた」というものでした。私は「静岡市の対応が10年遅れているだけだ」と答えました。行政は自分がカネを出し、自分の言うことに忠実な市民は大切にするが、そうでない市民は煙たがるようです。

　私は地域住民が必要だと思えば、それについて調べ、実現の方策を考えます。それは私の研究における専門分野とは無関係です。だから私は「学問のための学問」とは最も遠い存在だと思っています。すべての研究者が私のようになると学問は崩壊します。私はこのやり方が正しいと思っていません。ただ自分のような研究者・大学教員がひとりくらいいてもよいと思っているだけです。

　私は大学教師となって一年目の授業で、受講する学生数の減少に悩んだことがあります。学生を叱り、出席を取るぞと脅かせば出席者は増えるかもしれません。しかし私自身が熱心に授業に出る学生ではなかったので、教師になったからと言って「権力」を振りかざして学生に出席を強要する気にはなれません。そこで私は学生の下宿巡りを始め、学生と酒を飲みながら話を聞くことにしました。

　「自分の講義は面白いか」と聞くと、大部分が「面白くない」と答えます。そこで「何故、面白くないのか」と聞くと、逆に「何故、先生はあんなことを面白いと思うのか」と質問されてしまいます。そこで自分が、何故、大学の教員になったのかという話になり、人生論になっていきます。そこから私は、多くの学生から恋愛についての悩みの相談を受けることになります。

　私は学生が「社会」に関心を持たなくなっていることが問題だと思い、学生から話を聞くことを始めました。しかし学生が強い関心を示したのは「社会」ではなく「恋愛」だったのです。だから私は自分の恋愛の体験を語りながら、そこから社会へ関心を持つようになった経緯を話しました。そして学生の恋愛の事例から、現代の「学生論」を語り、それを「若者論」に繋げてみました。それを講義で話すと受講者は一気に増えました。

　企業からも講演の依頼がありました。その際、理由を尋ねると、「静大出身の社員に最も人気のある授業をする先生は誰かと聞いたら、あなたの名前が出た」というのです。私の「恋愛論」は現代の「学生論」「若者論」として、企業にとっても意味があると受けとめられたのです。メディアから取材されることも増え、テレビの番組に出演し、著名なタレントと対談したこと

もあります。

　しかし周囲の教員からは「恋愛は学問ではない」「科学ではない」と陰口を言われ、私は学内で孤立することになります。私が地域に出て「地域づくり」に関わることも、「あいつは地方の名士になろうとしている」「小遣い稼ぎばかりしている」と言われてしまいます。しかし私は、社会貢献も大学教師の仕事の一部であり、学生が「社会」に関心を持つためには身近な問題から考えるべきと思い、批判・陰口は一切無視しました。

　私の「恋愛論」は「愛」と「恋」の違いから始まります。「愛する」とは相手を「幸せにする」ことであり、「つくす」ことになります。これに対して「恋」は自分が「幸せになる」ことを「求める」ことであり、それは相手に「愛される」ことで実現します。つまり相手を「幸せにする」ことが「愛」であり、自分が「幸せになろうとする」のが「恋」となります。「愛」とは「つくし合い」であり、「恋」とは「むさぼり合い」なのです。

　学生からの恋愛相談は、ほとんどが「愛されたい」と願っているだけでした。それは「恋」なのですが、求めているだけで相手に「つくす＝愛する」ことをしないのです。だから私は「愛されたい」と願うのなら、相手を「愛するべきだ」「愛することができない人間は愛されることもなくなる」と学生に訴えました。しかし多くの学生は「愛されたい」と願うだけで「求める＝恋」の段階にとどまり、そこで悩んでいるのです。

　でも互いに「求める」ことが一致すると、「恋」は成就します。しかし長く付き合っていると、互いに「求める」ことが違ってきます。すると簡単に別れて、違う相手を探すようになります。それを繰り返していると、互いに疲れてきます。そこで結婚でもするかとなるのですが、最初から「諦め・シラケ」の結婚生活となります。互いに「求める」だけの生活となり、我慢できなくなると結局別れてしまいます。

　人間はひとりでは生きていけない存在です。「助け合い・支え合い」の中でこそ生きていけます。助け、助けられる関係が必要であり、「愛する」と「助ける」ことは同じようなものです。「助ける」ときは相手のことだけを考え、相手の要求を叶えようとします。その間、自分は我慢することになります。でも人間は、それによって成長することができます。相手が喜んでくれていることを見て、自分に自信が生まれます。

　しかし「助けられる」だけだと、成長することができません。自分に自信が持てなくなり、自己不信に陥ります。恋愛も同じだと思います。「愛され

たい」と願うだけだと、相手に依存することになり、自立ができません。自分に対する自信も生まれませんし、自己肯定感は低下していきます。しかし「愛する」と「相手を幸せにする」ことを一生懸命に考えていくと、自立することを迫られます。

　相手を「幸せにする」ために、自分に何ができるかを考えます。それが「自己分析」であり、相手が何を望んでいるのかを読み取ることが「他者分析」となります。しかし人間は神様とは違って「愛する」だけでは疲れてしまいます。その疲れを癒やしてくれるのが「愛される」ことです。そして互いに「愛し合う」関係になると、疲れることなく関係は続いていきます。

　私は自分の体験から、恋愛によって成長できた、自信が持てるようになったと思っています。だから学生に対しても「恋愛の中で人間として成長する」ことを求めました。恋愛の中で人間として成長できたなら、たとえ結ばれなくても後悔しません。恋愛が上手くいかなくて別れることになっても、傷つきません。「いい恋愛であった」と相手に感謝することもできます。「愛する」ことで傷つきますが、元気になることもあるのです。

　しかし多くの学生は「愛されたい」と願うだけであり、テクニックを駆使して、自己の欲望を充足しようとするだけです。それは恋愛だけでなく、友達関係においても、家族に対しても、自己の欲望充足を求めるだけの行為に繋がっていきます。それが「いじめ」となり、「セクハラ」「パワハラ」「虐待」となっていくのです。そうならないためには「助け合い・支え合い」が必要であり、「やさしさ」と「いたわり」の心を持たねばなりません。

　それが私の「恋愛論」「若者論」であり、そこから私は「女性論」に興味の対象を移し、フェミニズムの本を読み漁ることになります。それはフェミニズムが「プライベートな領域での男女平等」を求め、社会に対する発言では男女平等を訴えながら、家に帰ると妻や娘に「飯を作れ」「風呂をたけ」「外に出るな」と女性を抑圧する男性を厳しく批判していたからです。そしてそれは、大学で学生に対して強権的に振る舞う男性教員への批判にも繋がります。

　私は女性会館で「女性講座」を担当し、フェミニズムについて講義をするようになりました。私の「女性論」は「恋愛論」「若者論」の延長線にありましたが、やがてフェミニズムにも失望していきます。なぜなら男性への非難・家父長制批判から家族解体を主張するものの、あるべき家族像を提起しないからです。つまり、男性と同じように女性も自己の欲望充足だけを求め

るようになったのです。

　やがて私は就職委員長となり、学生の就職指導を行うようになります。そこで驚いたのが「自己分析をやったことがない」「考えたこともない」という学生の多さです。当時、企業は採用において面接を重視していました。企業の採用担当者から学生に「自分は何ができるのか・何をしたいのか」と質問しても、まともに答える学生が少なくなっていると言われたことがあります。

　学生が自己分析できないことは、恋愛相談の中でも感じていたことでもあります。そこで私は総合科目として「就職概論」という講義を始めました。自分は「どんな人間であるのか」を、人生を振り返ることで考え、知ることの必要性を訴えたのです。私が「恋愛論」「若者論」「女性論」で話してきたことをまとめたところ、多くの学生が受講してくれました。

　そして大学退職後の現在は、生涯学習センターの高齢者学級で講義しています。自分が高齢者になっていることを自覚し、高齢者についての最近の研究動向を調べ始めたことがきっかけです。講義では私自身が学んだことを高齢者に伝えているのですが、ある老人福祉センターでは半年6回の「健康長寿」の講座を務めました。そこには毎回、最前列で熱心に聞く90歳の女性がおり、私に向かって「自分は90歳になり、生きる意欲を失っていたが、この講座を受講して頑張ろうという気になった」と言ってくれました。

　これは私にとって大きな喜びであり、これまで自分が頑張ってきたことがすべて報われた思いでした。さらに私は、「介護」「福祉」についても勉強しています。それは妻がくも膜下出血で倒れ、介護が必要な障害者となっていたからであり、民生委員・児童委員として12年間活動してきたからです。そして私は43年に及ぶ妻の介護体験を踏まえ、「介護恋愛論」という本を書きました。現在は続編として「福祉恋愛論」を考えています。

　私は大学教員でありながら、最も大学教員らしくない人間であると自認しています。私は普通の人の悩みを聞き、話を聞いた人が「目の前の霧が晴れた」「元気になった」と喜んでくれることを願って生きてきました。そして、それは人間の生きる意欲を引き出すという点で内発的発展・有徳の具体化にもなると信じています。

「富国有徳」「内発的発展」の再生・実現のために

　「内発的発展」とは地域住民の「助け合い・支え合い」から始まると思っています。それは「やさしさ・おもいやり」の心に基づくものであり、そこから「徳」が生まれ育っていくはずです。だから行政は住民に「助け合い・支え合い」を呼びかけ、それを支援する施策・事業を行えばいいのです。それによって行政の無駄な支出も抑えられますし、住民は自信を持つことで行政と対等に渡り合えます。

　ただ気を付けねばならないのが、「助け合い・支え合い」「やさしさ・いたわり」の対極にある「強兵・軍事」との関係です。「強兵・軍事」とは設定された敵に対して怒りや憎しみの感情を煽り立てて、それを殺し合いにまで発展させるものです。軍事大国としての「大きな政府」は、時として「助け合い・支え合い」を「強兵・軍事」に利用する危険があります。

　日本政府が以前、戦争の遂行のために国民に節約・我慢を強要したことが、その典型です。「助け合い・支え合い」によって作られた「小さな政府」は、「強兵・軍事」の「大きな政府」を支える役割を負わされる可能性があります。この点で「富国有徳」が「富国強兵」に代わるものとして提起されたことを忘れてはなりません。そこで私は、静岡県に「富国有徳」を根付かせるために何をすべきかを考えてみました。

　まず必要なことは、「富国有徳」とは阪神淡路大震災の瓦礫の中で「経済至上主義の国土計画への猛烈な批判」から湧き出た「言霊」であり、南海トラフ巨大地震や富士山の噴火によって深刻な被害が予想される静岡県にとって需要な意味を持つ理念であることを分かりやすく県民に説明する必要があります。さらに、それはロシアによるウクライナ侵攻で起きた戦争を批判し、同じよう戦争を決して起こさない理念であることも強調します。

　そして「憧れを集め、誇りの持てる生き方なり暮らしの立て方」を目指すものとして「富国有徳」の具体的内容と実現のための手段を県民と共に考えることを呼びかけます。それは県知事から示すものではなく、県民一人ひとりが「自分がやりたいこと、求めていること」から始まるものとします。それと同時に行政としての支援の内容についても、意見を出してもらいます。

　そのために、まず「『有徳の人』発見事業」を行います。みんなのために一生懸命頑張っている人を「有徳の人」として取り上げ、その活動の内容を

紹介すると同時に県知事から表彰してもらいます。それによって県民が考えている「有徳の人」の具体像が明らかとなり、「有徳」という理念が県民に理解・浸透するようになります。その次に「有徳の人」の活動を行政として支援する事業の実施にも取り組みます。

　この「有徳の人」の発見・支援の事業は、地域を良くするのは行政ではなく、個々の県民の努力であることを示すものであり、県民こそが主役の県政を目指すというアピールになります。目的は、県民の意識を「行政へのおねだり」から「自分で努力し創意工夫する」ことに変えていくことにあり、努力する県民を応援し支えるのが行政であることも示すものとなります。これが「富国有徳」の具体的事業の第一段階となります。

　その際、参考になるのが明治に行われた「地方改良運動」です。そこでは「故人や故事にまつわる伝承や史実が数多く紹介され……偉人や偉業の功績に交じって、貧民救済や土木開墾、殖産勧業など地元の公益に尽くした人物・事績」が示されました。そして「人々の共同や団結による活動の成果が高く評価され……教育と産業の伸長は……究極の目標」とされ、「道徳と経済の調和のとれた発展こそが理想とされていた」ようです。

　これは日露戦争後の荒廃した地方社会と市町村の改良・再建を目指す官製の運動でしたが、幕末から静岡県を中心に盛り上がった二宮尊徳の「報徳運動」の伝統を継承するものでもありました。ただ「地方改良運動」は「富国強兵」を側面から支えるものとして実施されたものであり、それを令和の「平和を守り、住民主導による地域づくり運動」に転換させる必要があります。

　現在、ロシアのウクライナ侵攻によって世界的に軍事力の増強がなされていますが、目指すべきは「戦争を止めさせる」「起こさせない」ことにあります。戦争が終わり、荒廃したウクライナやロシアの復興が大きな課題となった時、「強兵」に代わる「有徳」が高く評価される時代が訪れます。それを見据えて、静岡県で「有徳」の精神に基づく地域づくりを運動として展開すべきです。

　さらに、それは少子高齢化による人口減少と低迷する経済で引き起こされる財政破綻が生じた際も、行政の無駄な支出を抑制する手法として注目されるようになります。何故なら「地域づくり」は住民が「助け合う・支え合う」中で展開していくものであり、そこでの住民の「自助」「互助」が行政の無駄な支出を抑え、「小さな政府」の実現となるからです。主役は住民で

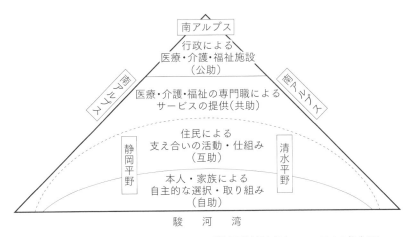

図2　市民や高齢者が主役・行政は黒子の「静岡型地域包括ケアシステムの概念図」

あり、行政は住民の「自助」「互助」の支援に徹するべきです。

　図2は「静岡型地域包括ケアシステムの概念図」として静岡市に提案したものですが、それを静岡県に当てはめて考えてみます。この図では、山は富士山ではなく南アルプスとなっています。それは静岡県の西部や中部の住民にとっては南アルプスこそが生活になじんだ山だからです。この点で私は石川知事の時代から静岡県を「ふじのくに」と呼ぶことに違和感を持っています。

　この図では山の「頂上」にいるのが川勝知事となっています。山頂付近で行われるのが「公助」としての医療・介護・福祉の行政施策であり、それをサービスとして提供するのが医療・介護・福祉の施設で働く職員となります。それが山の中腹で実施される「共助」となり、山麓で生活する県民を対象に行われます。そして多くの人は山頂と中腹で行われる「公助」「共助」を医療・介護・福祉と捉え、その対象が山麓で生活する住民であると単純に考えています。

　しかし「公助」「共助」の対象となる前に山麓の住民が行う「自助」「互助」は、頂上や中腹での医療・介護・福祉の内容・規模を決定づける重要な意味を持っています。住民が「自助」「互助」によって健康的な生活ができれば、行政から提供される医療や介護・福祉のサービスに依存しなくなり、「公助」「共助」からの支出を削減できるのです。「公助」「共助」の支出の増加は「自助」「互助」の機能低下に起因するのです。

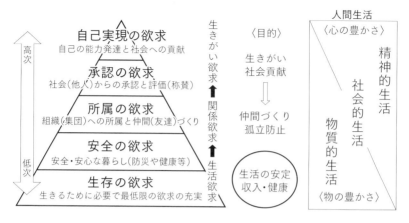

図3 マズローの欲求5段階説

　これまで「公助」「共助」は「自助」「互助」ではできない部分を補うという考えが支配的でした。それによって「公助」「共助」が肥大化するのは必然とされていました。確かに日本が貧しい時代で生存や安全が脅かされておれば、「公助」「共助」が大きな役割を演じるのは必然です。しかし日本が経済的に豊かになり、多くの国民の生存・安全が保障されるようになれば、その考えは改める必要があります。

　図3で示しているように、マズローの人間の欲求五段階説によれば最も基本的なものが生存と安全の欲求となります。それが充足されなければ人間は生きていけないので、そこでは「公助」「共助」による支援が絶対に必要となります。今日でも世界の多くに生存・安全が脅かされている人がいます。しかし経済的に発展した日本では、生存・安全が脅かされている人は少数に減っています。

　その代わりに高まっているのが「仲間が欲しい・自分を認めて欲しい」という所属・承認の欲求となります。そこでは「自助」「互助」が重要になり、その支援が「公助」「共助」の役割となります。私が地域づくりに参加して感じたのは、それによる生存・安全の確保ではなく、多くの仲間ができたこと、互いに認め合える関係が持てたことの喜びの大きさです。

　行政は住民の生存・安全には100％の責任を持つべきですが、所属・承認の欲求充足では「自助」「互助」による関係づくりを重視すべきです。それによって「公助」「共助」による支出を削減すべきです。医療や介護・福祉

の分野は生存と安全に関わるので「公助」「共助」での支出の削減は極力避けるべきです。しかし、そこでも「自助」「互助」による「公助」「共助」の負担軽減は可能です。

　これに対して人口の減少・少子高齢化の問題では、「自助」「互助」による所属・承認の欲求充足を重視すべきです。それは地域住民に対して生き方を問うことになり、同時に問題解決に対する責任・役割の自覚を促すものになります。それは命の教育としてなされるべきであり、人間の命は個人では限りあるものの、それがバトンタッチで受け継がれることで永遠に継続されることを教えるべきです。

　それを最も自覚しているのが高齢者であり、命の教育に高齢者が参加することで子どもや若者と話し合うべきです。そこで世代間交流がなされることで、子どもや若者は命の大切さを学びます。これは時間のかかることであり、短期に成果は出ませんが、人口減少・少子高齢化を阻止するために欠かせないこととして取り組むべきです。

　人口減少・少子高齢化は、個々人の自由な生き方から生じたものであり、「公助」「共助」の力では解決不可能です。個々人が自分の生き方を考える中で、自分の命には限りがあること、だが命は引き継がれていくものであり、それは「自助」「互助」の中で可能となることを学ぶべきです。そのためには「自助」「互助」の中での所属・承認の欲求の充足が重要になります。

　ところが政治家の多くは「自助」「互助」を促すことには消極的です。何故なら与党の政治家の多くは、行政からカネを引き出して配ることで当選してきたからです。それを批判する野党も、同じです。自分は弱いものの味方であることをアピールし、「公助」「共助」のよる弱者支援を重視しているからであり、「自助」「互助」は弱者の切り捨てになると批判の対象とするからです。

　日本の左翼は伝統的に生活に密着した活動を行っておらず、弱者同士の「助け合い・支え合い」よりも「公助」「共助」からの支援を重視する傾向があります。その典型が戦後の学生運動であり、政治課題だけに特化した運動を展開し、それが破綻した後、学生自治会そのものがなくなっていっています。そのような状況の中で学生が成人になっても、地域の自治会や町内会での活動参加には消極的なままでしょう。

　欧米の介護福祉施設を調べた時、そこには入居している人たちの自治組織が必ずあり、自分たちに関わる事柄について意見を述べ、自分たちでできる

ことはやるのが普通となっています。ところが日本の介護福祉施設に自治会があるとは聞いたことがありません。助けてもらえば、助けてくれた人の言うことに素直に従うべきと思っているようです。その結果、介護は「自助」「互助」でなされる家族介護と、「公助」「共助」でなされる施設介護に分化し、二者択一の選択になっているのです。

こうして、政治は行政からカネを持ち出し配るだけになり、その配布対象と方法をめぐる対立が政治の世界だけで激しくなっています。福祉や環境の分野での問題解決を重視するのが革新・左翼と呼ばれる野党であり、産業経済の振興や軍事・防衛を重視するのが保守・右翼の与党です。これまで両者は激しく対立してきましたが、経済が低迷し、財政状況が悪化すると、別の政治勢力が台頭してきました。

それは行政に支出そのものを抑制し、「小さな政府」を志向することで税などの負担を軽減せよと要求する勢力です。この主張に賛同する人の多くは、行政からの支援を必要としない人たちであり、生活に困っていても自力で解決することを志向する人たちです。彼らは行政からの支援に依存し努力しようとしない弱者へ怒り・憎しみの感情を抱いており、弱者支援の支出の削減も要求します。

私は大学を早期退職した後、12年間、民生委員として活動してきましたが、行政からの支援を拒む人の多さに驚きました。支援の条件を満たしているにもかかわらず、申請をしないのです。引きこもっていた50歳代の男性に民生委員として支援することを伝えた時も、自分は支援される人間ではないと拒否されました。その男性は、結局、孤独死して発見されることになります。

彼らは行政からの支援だけでなく、隣近所の人やボランティアからの支援も拒みます。支援が必要な状態に陥っても「助けて」を言わない、言えない人が増えているのです。そして彼らの多くは、生活が苦しい中で必死に生きています。他人から支援されないことが、その人の誇りであり、生きる力になっているようです。他方で行政から支援を受けると、人が変わったように何もしなくなる人が多いことも気になりました。

行政からの支援によって自助努力することを断念し、支援に依存した生活の継続だけを願うようになっているのです。このように同じ生活困窮者であっても、支援を拒否して「自助」で頑張る人と、支援を受け入れて「自助」をしなくなる人に分かれているのです。それは「自助」が可能であれば

「公助」はしないという行政の仕組みがもたらしたものであり、両者の対立・溝を深める要因になっています。

「公助・共助」は「自助・互助」を補うものであることが、これまでの常識でした。「自助・互助」が困難になったから「公助・共助」が必要となると誰もが信じていたのです。ところが現実は「公助・共助」が「自助・互助」を弱体化し、それが「公助・共助」を肥大化させているのです。「公助・共助」を大きくするだけでは問題の解決はできないのです。「自助・互助」を支援し強化する「公助・共助」を考えていかねばなりません。

私が「公助・共助」と「自助・互助」に関心を持ったきっかけは、障害者となった妻の介護を43年続けてきた体験からです。私は大学を早期退職し、自宅で妻と高齢になった妻の母の二人を介護していました。そして家族が介護することの辛さ・苦悩を体験します。やがて妻がくも膜下出血を繰り返すことで麻痺が進行し、自宅での介護ができなくなりました。妻の母も要介護の状態となり、二人は同じ特別養護老人ホームに入所します。

それによって私は介護から解放されましたが、私は二人が入所した特養に毎日通い、介護には他人でもできるものと家族にしかできないもの、家族だからできるものがあると気づきました。他人でもできる介護とは施設で職員が仕事して行う介護であり「公助・共助」としての介護となります。これに対して家族だからできる介護は「自助・互助」としての介護となります。

施設に入れば食事や排せつ・入浴などは職員が高度なスキルでやってくれます。しかし妻が好きな食材を買ってきて食べさせること、妻の好きなテレビの番組を録画して見せることは、長年共に生活してきた家族だからできることです。妻が何よりも喜んでくれたことは、毎日、面会に行って傍にいることでした。自分のことを最も知っていて、自分を助けてくれる人が傍にいることが妻への精神的な介護となったのです。

ところが特養に毎日訪れて世話をする家族は私だけです。多くの家族は面会に来ることすらしないのです。私が自宅で行っていたのは他人でもできる介護でした。それだけで精一杯になってしまったため、家族だからこそできる介護を自宅で行わなかったことを反省するようになりました。私は、他人でもできる介護を「仕事介護」、家族だからできる介護を「家族介護」と名付け、両者の違いと関係を図4にまとめてみました。

「仕事介護」とは「公助・共助」であり、「家族介護」が「自助・互助」となります。両者が連携すれば素晴らしい介護となります。そこで両者を交流

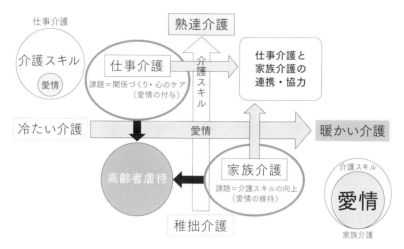

図4 「仕事介護」と「家族介護」の違い

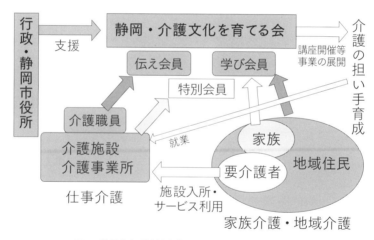

図5 静岡市を「地域介護力・日本一」する施策・事業

させることで静岡市を「地域介護力・日本一」にする施策・事業を提案することにしました。それが図5となりますが、静岡市は「静岡・介護文化を育てる会」を立ち上げ、「仕事介護」を「伝え会員」とし、「家族介護」を「学び会員」として参加させ、交流させるのです。

　これは介護施設の協力と市民の介護に対する関心がなければできないことです。そのために介護施設の側には介護職員の確保という狙いがあり、市民

には自分が行っている介護のスキルの向上という実利が保障されます。「公助・共助」をバックにした介護職員は市民との交流で施設の入居者についての情報を得ることができます。他方で市民も介護施設での介護職員に教えてもらうことで介護が上手に行えるようになります。

　これまで「自助・互助」と「公助・共助」をひとつのグループにまとめて話してきましたが、「自助」と「公助」を繋げる役割を持っているのが「互助」と「共助」となります。共に「助け合う」という意味ですが、「共助」は介護保険のように制度化されたものとして公助に近くなっており、身近な人たちの間で助け合う「互助」とは大きく異なります。

　ここで問題なのは、現代は「互助」が弱体化して機能しなくなっている点です。それは家族や地域の中での人間相互の繋がりが希薄化しているからです。自治体が施策・事業を展開する上で「自助」は放置しておいても行ってくれますが、「互助」の支援がなくなっていることで「自助」そのものも弱くなっています。そこで新たな「互助」づくりとして提案しているのが「ともだち福祉推進事業」となります。

　この施策を考えたきっかけは、環境問題で活動している主婦グループから聞いた話です。その内のメンバーの一人が、「先日、急に高熱を出して寝込んだけど、近所の人と日常的な交流がないから、助けを求めることに躊躇した」と話してくれました。「自分は環境問題で多くの友人がいて交流しているけど、地域での近所の人との交流は少なく、子どもたちも成人して遠く離れたところで暮らしており、助けを求めることができない」というのです。

　そこで私は環境問題で交流している人たちを「助け合い・支え合い」の関係に高めていき、それを「友達縁」として「地縁・血縁」と連携させることを自治体の事業・施策にすることを考えました。それは、日常的に交流している友人同士が電話やネットで安否確認をし、それができない事態になった時、遠く離れた家族に連絡しつつ、隣の家や自治会長・民生委員にも声をかけてもらうことができるようにするのです。

　それを示すのが図6となりますが、その目的は既存の「血縁・地縁」と「友達縁」を連携させることで、新たな福祉の新たなあり方を目指すものになります。この「ともだち福祉」という言葉は検索しても出てこないので、それを理念として掲げ、施策・事業にしている自治体は存在しないようです。それだけに実施する上で多くの困難が出てきますが、その構想を提起す

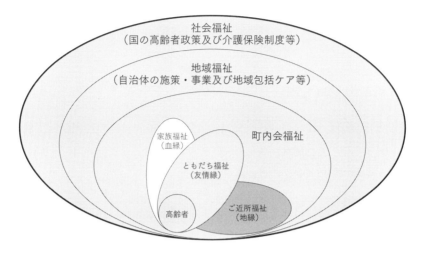

図6 「静岡市ともだち福祉推進事業」概念図

「一人暮らし高齢者世帯への大学生下宿サポート」事業（案）

〈シェア静岡・CCRC・ともだち福祉推進事業〉

静岡市政策・施策外部評価委員会委員長　小桜義明

　「一人暮らし高齢者世帯」が増加しており、社会的な孤立による健康状態の悪化等が懸念されている。静岡市においても一人暮らし高齢者への生活支援が課題となっているが、個々の高齢者が置かれている状況は多様であり、一律の支援は困難な状況である。そこで地域の状況や高齢者の生活実態に応じた生活支援として、大学生が一人暮らし高齢者の家に下宿し、共に生活・交流することで孤立を防止することを提案する。

　高齢者が一人暮らしとなり、居住スペースで余裕が出来れば、学生に部屋を貸すことが可能となる、もし学生が下宿してくれれば、防犯や病気・事故の対応において支援してもらうことができる。学生も、一人暮らし高齢者と同居し、交流することで人生に必要なことを学び、また一定の生活支援をすることで住居費を安く抑えることが可能となる。

　そこで大学と静岡市が「一人暮らし高齢者世帯への学生下宿支援」の協定を結ぶ。そして大学は一人暮らし高齢者の家への学生の下宿を斡旋・紹介し、静岡市は一人暮らし高齢者が学生を下宿させることが出来るようサポートすることとする。そして高齢者と下宿学生との相互の生活支援の契約において仲介・調整を行うこととする。

図7 「一人暮らし高齢者世帯への大学生下宿サポート」事業（案）

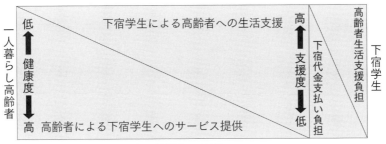

図8　一人暮らし高齢者と下宿学生の生活相互支援契約の概念図

るだけで地域の好感度は上がるはずです。

　さらに私はすぐにできることとして「一人暮らし高齢者世帯への大学生下宿サポート」事業も提案しています（図7・8）。これはフランスのパリで酷暑によって一人暮らしの高齢者が自宅で亡くなったことをきっかけに、高齢者宅に若者を同居させる運動が始まったことからヒントを得たものです。それは将来、介護の仕事を希望する学生を一人暮らしの高齢者の家に下宿させるもので、高齢者と学生の「助け合い」を目的にしています。

　高齢者が健康であり食事も提供できるのであれば、それは「まかない付きの学生下宿」となります。しかし高齢者の健康状態に不安があり、支援が必要な場合は学生に「住み込み型」のヘルパーのような役割も果たしてもらいます。もちろん介護の専門職ではないので、学生が行うのは同居する家族と同じような生活支援となります。ただトラブルが起きることも予想されるので、大学と静岡市が両者を仲介して協定を結ぶことになります。

　これによって一人暮らしの高齢者の孤立防止になり、下宿する学生にとっては安価に暮らす場所を確保できます。さらに将来、介護の仕事を目指す場合、高齢者との同居の経験は仕事に役立つことになります。これは高齢者と若者の両者にメリットがあり、「互助」の新たな形態と言えます。ちなみに北欧の高齢者介護施設では、共に食事をしたりテレビを見て会話することを条件に、無料で学生に施設の部屋を提供しているところもあるようです。

　これは住民のニーズとニーズを結び付け「助け合い・支え合い」にしていくものであり、行政は仲介するだけです。探していけば、このような可能性は多く見つかります。そのために必要なのは地域の住民が何を求めているか

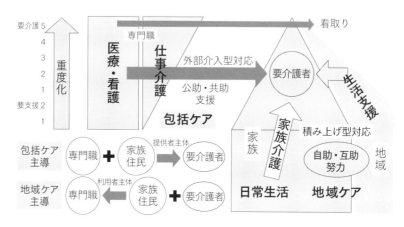

図9　専門職主導「包括ケア」と家族・住民主導「地域ケア」の関係

を知ることです。ところが多くの自治体は住民が求めていることより、国から降りてくる指図や命令にのみ気を使って、その実行のために住民に協力させたり利用したりすることだけを考えているようです。

　それを痛感したのは、田辺元静岡市長が「静岡型地域包括ケアシステム」を提案した文章を読んだ時です。なぜなら、何度読んでも「静岡型」が指すものが分からなかったからです。言及しているのは「静岡市には健康な高齢者が多い」「健康寿命が長い」ということぐらいです。そこで私は国が推進する「地域包括ケアシステム」を図9のように整理し、そこから静岡市が目指すべき「静岡型」を提案することにしました。

　図で示されているように日本の「地域包括ケアシステム」では、医療・介護・福祉の専門職が連携・協力する「包括ケア」と、地域住民の助け合いとしての「地域ケア」の一体的推進が提案されています。欧米では違うものとされている「包括ケア」と「地域ケア」を一緒に行うというのが特徴なのです。しかし実態は「公助・共助」を担う専門職に、地域の民生委員や町内会長などが協力するだけのものとなっています。

　例えば私が生活している静岡市の山間地で静岡市からモデル事業として提起されたのは、末期の癌患者を地域で受け入れる体制作りでした。しかし長期に入院して地域との人間関係もなくなった癌患者に対して、地域で受け入れ態勢を作れと言われても困惑するだけです。これは本来仕事として行われるはずの医療・介護・福祉に、地域住民が無償で協力することを迫るもので

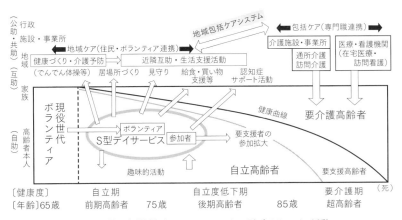

図10　静岡市地域包括ケアシステムとS型デイサービス活動

あり、上手くいくはずがありません。このような図式を、私は先の図で「包括ケア主導型」と名付けています。

　要介護者が本当に求めているのは、自分の家族や周りの住民が専門職に対して正確な情報を伝え、適正なサービスが提供される「利用者主体型」の態勢です。これを実現するには、家族や地域社会での地域ケアの存在と充実が前提となります。

　ところが地域社会の現実は、「自助・互助」を行うべき家族や地域の人間関係の希薄化が進んでいます。そのような状況下で専門職から一方的に協力を求められても、地域として対応できないことは明らかです。地域で密かにいわれているのは、「地域の絆を福祉が壊す」という言葉であり、その意味に専門職の人たちも行政に気付いていません。彼らは対象である地域社会や要介護者の実態を知らないのです。

　私も「地域の絆を福祉が壊す」という言葉を聞いた時、初めはその意味が分かりませんでした。しかし、住宅団地の高齢者が「朝、多くのデイサービスの送迎車が来るようになったが、そのおかげで高齢者同士の井戸端会議ができなくなった」と聞かされて納得しました。共にゲートボールを楽しんでいた人が施設に入った、または入院したと聞かされても「かわいそうだね」と言うだけで、見舞いや面会に行くこともしないのが普通になっているのです。

　静岡市の場合、社協の地域福祉活動として「地域ミニデイサービス（通

称：S型デイサービス）」が実施されています。地区社協の主催で、主婦などのボランティアによって運営されており、身体の不自由な高齢者や一人暮らし、閉じこもりがちな高齢者を対象に、生きがいづくり、孤立の解消、健康づくりの体操などを行っています。私も車の運転ができない高齢者を連れていく「買い物ツアー」でこの会場を訪れ、野菜を売らせてもらっています。

　私は、このような活動こそ「地域ケア」を支えるものになると思い、図10で示しているような活動の拡大・展開を提案しました。先述のデイサービスを運営している人たちが、行政からの規制や高齢者のニーズの変化によって、活動のあり方に悩んでいると聞いていたからです。静岡市では、これ以外に「でんでん体操」の活動も広がっており、地域福祉の他の活動とも連携することも必要と考えたのです。

　しかし静岡市や社協は、このような提案には消極的であり、採用されることになりません。これまでのやり方を踏襲することだけを主張するのです。同じ福祉行政であっても、地域包括ケアシステムと地域福祉活動の担当は異なり、両者の連携は行われないのです。国から降りてきた政策は実行しようとするが、地域の実態に応じて具体化させる取り組みが弱いのです。

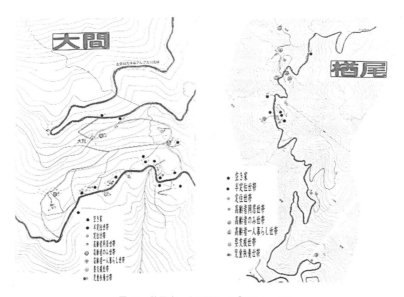

図11　静岡市・大川地区の「福祉マップ」

せっかく住民主導の「自助」「互助」の活動が行われていても、それを柔軟に発展させる・広げることには消極的なのです。自治体の職員の中には地域の実態を把握し、住民に寄り添う仕事をしようとする人も出てきますが、そのような職員の多くは出世コースから外されていきます。「自助」「互助」は住民が行うものであり、国からの指導は降りてこないし、降りてきても実行は不可能です。

　そこで私は民生委員ということもあって、私が暮らす静岡市の山間地の大

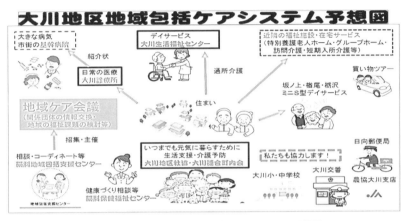

図12　大川地区における地域包括ケアシステムの予想図

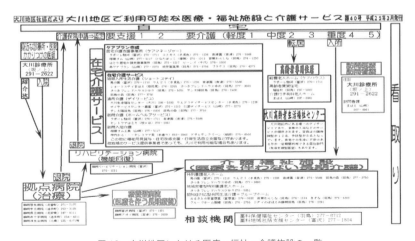

図13　大川地区における医療・福祉・介護施設の一覧

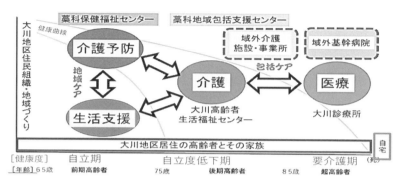

図 14　大川地区における地域包括ケアシステムと地域課題

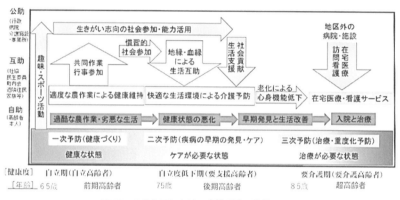

図 15　大川地区における介護予防の特徴と課題

川地区で次のような取り組みを行いました。その最初が住宅地図に集落ごとに定住・半定住・空き家・高齢者世帯・一人暮らし・子ども養育世帯などを書き込んだ「福祉マップ」となります（図11）。この図は個人情報に関わるので詳細が不明のぼやけたものとなっていますが、実際の図は誰もがひと目で分かるものであり、それを大川地区の八つの集落を対象に作りました。

　そして、この図を見ながらすべての集落で住民に老後の暮らしや医療・介護・福祉について話し合い、考えてもらいました。このような活動は、市長が提起している静岡型の「地域包括ケアシステム」の構築を目指すものであり、それを実験的に行ったのです。そして私は、この図は市役所にも持っていきました。それは、このような図を全市的に作成することを推奨し実行し

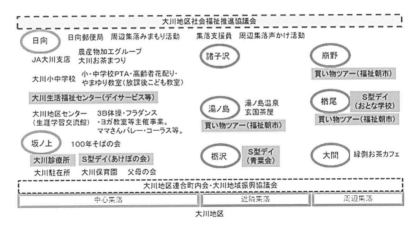

図16　大川地区における地域づくり活動と社会資源の配置図

てほしかったからです。

　この「福祉マップ」の作成は、私が自宅で妻と妻の母の介護をしながら個人的に作成したものです。やる気になれば誰でも出来ることです。しかし私には、これを全市に広げる活動をする余裕はありません。結局、私の取り組みは大川地区以外に知られることなく、個人的な取り組みとして終わりました。このように個人の自主的で主体的な取り組みには、行政は冷淡であり、何もしてくれないのです。

　この福祉マップづくり以外に私が作ったのは、大川地区における地域包括ケアシステムの分かりやすい予想図（図12）であり、さらに大川地区の住民が利用可能な医療・福祉・介護施設の一覧（図13）も作成しました。また大川地区における介護予防の取り組みの特徴と課題、大きくない地域づくり活動の一覧と社会資源の配置図も作り、大川地区社協だよりに掲載し、それを地区内住民全員に配りました。

　これ以外にも私は大川地区の住民に医療・介護・福祉の実態を知ってもらうために多くの図（図14・15・16）を作成し、住民に配布しました。これが「地域ケア」に必要不可欠と思ったからです。さらに、これが「防災マップ」になり、災害時の住民の「助け合い・支え合い」に利用されることになると信じていました。しかし静岡市は一般的・抽象的に支持するものの、その具体化は地域に委ねたままであり、責任を住民に押し付けるだけです。

おわりに

　2023年春に行われた統一地方選挙では、静岡市と浜松市で新たな市長が誕生しました。両市ともに官僚であった人が市長となりましたが、政策についての論争・議論は低調なままでした。特に静岡市長となった難波喬司氏の場合、静岡県の副知事としてリニア中央新幹線問題で苦労した人であり、「○○をやりたい」という政策での論争を否定し、「こういうやり方で結果を出す」ことを政策として押し出したことが注目されています。

　私も、抽象的・一般的な言葉だけでは政策とならず、候補者間の違いが分からない状態での論争は無意味だと思います。それは抽象的な言葉を念仏のように唱えるだけで、個別具体的な政策は職員に任せ、その結果だけで職員に厳しく当たる川勝知事の下で難波氏が働いていたことを考えると理解できます。しかし住民を巻き込み、参加させる政策であれば、政策の提起は可能であったと私は考えます。

　既存の行政の枠内で政策を考えれば、似通った政策となり、抽象的で不毛な政策論争になることは明らかです。しかし有権者に「自助」「互助」の努力の必要性を訴え、それを組み込んだ政策を提起すれば、有権者も巻き込んだ活発な政策論争ができたと思います。それこそが「内発的発展」「富国有徳」を実現する道であり、地域住民を「やる気」「その気」にさせて、問題解決・明るい未来に向かって能力を発揮させることに繋がります。

　そのためには、県民・市民に「静岡県」「静岡市」という地域を良くするために何ができるのか問いかけるべきです。そこから「静岡県」「静岡市」という行政組織が行うことを考えるべきです。行政組織から「何をしてもらうか」ではなく、自分が暮らす地域を良くするために、自分は何ができるのか・何をすべきかを県民・市民・町民に考えてもらうのです。その先頭に県知事・市長・町長が立つのです。

　そして、これからの政策は行政が「お金を出す・使う」ことで終わるのでなく、それを「お金を稼ぐ」ことにしていく発想が必要です。「金をつかうだけ」の失敗事例が静岡県の地震対策です。この問題は次章「川勝平太と静岡県」の中で指摘していますが、1970年代の後半において最も先進的な地震対策を行っていた静岡県が、東日本大震災が発生した時点では大きく遅れていることが露呈したのです。

地震対策から地震産業を生み出し、地震対策の先進地として世界から人を集めることに失敗したのです。そもそも、そのような発想が当時の県知事や県職員にあったかは疑問ですが、今の時点から考えると残念です。私は静岡県や県内の市町は、全国でどこもやっていない先進的で独創的な政策・施策・事業を行うべきと考えていますが、それは私が静岡県に来た当初、静岡県は行政施策の先進地だと言われていたからです。

日本では伝統的に中央官庁の官僚が新たな政策を立案し、それを都道府県や市町村を通じて実施してきました。しかし、それ以前に中央官庁は地方自治体に出向という形で天下り、そこで新たな政策・施策・事業を実験的に行っていたのです。しかし、それは地域の既得権益を乱す可能性があるので、どこでもできるものではありません。この点で既得権益にこだわらない静岡県や市町村はやりやすかったのかもしれません。

天下り官僚は静岡県で新たな政策・施策・事業を行い、それを成功させることで出身官庁に戻り、出世して新たな政策を全国で実施していたのです。新規の政策として、当時、最も優れていたのが通産省です。通産省から天下りで来ていたある商工部長が県内の若手職員を集めて研究会を作ったことがあります。その目的は「県庁エコノミスト」の養成でした。ところが上手くいかないのです。

その商工部長から話を聞くと、通産省では新たな政策立案で若手が激しい議論を行い、そこから多くの政策が生まれている。それを静岡県でやりたかったのだが、研究会を作っても若手の職員間での議論がなされないと嘆いていました。私は静岡大学で学生を見ていたので、その事態には納得しました。新しいことに挑戦しない・楽な仕事を希望する学生が公務員試験を受け、県庁に就職していたからです。

当時、人事を所管していた部長から「県庁の中で圧倒的に多いのが静岡大学出身だが、県庁内では目立った仕事をしていない」と言われたことがあります。私は自治体に就職して役立つことが学べるゼミであると学生を募集していましたが、多くの学生は公務員試験で有利なゼミに集まる傾向があり、私のゼミには公務員志向の学生は来ませんでした。来たとしても公務員にはなってもらいたくない学生ばかりだったのです。

私は静岡県における先進的な行政を「天下り官僚主導型」と名付けました。その頃から自治体の職員研修で「政策立案能力の形成」が課題とされるようになっており、私は静岡県の職員研修で「政策研修」を行っていまし

た。その頃の静岡市の職員研修を調べたことがありますが、政策研修は存在せず、「豊かな公務員生活を送るため」という研修が三つもあったことに驚いた記憶があります。

やがて職員研修における政策立案は、統計数値の分析・加工に重点が移されていきました。パソコンが普及し、そこでの数値分析だけで政策・施策・事業が立案されるようになったのです。それに伴って自治体の職員研修に関わる研究者も変わっていきました。自分の専門分野だけに閉じこもる研究者が担当するようになり、地域の実態を踏まえた政策立案の議論ができなくなってきたのです。

私は研修の講師の間に意見が異なることを受講生に知ってもらうのが大切であると考え、講師を集めてパネルディスカッションを行うことを要望しました。しかし政策研修の担当者から言われたことは、それに賛同する講師がいないということでした。専門分野を超えて意見交換できる研究者がいなくなっているのです。そして地域の実態・現実を知らない自治体の職員が増えていきます。

昔はどの自治体にいっても地域の実態に詳しい職員がいて、首長や天下り職員が提起したアイデアを地域の実態に即して施策化・事業化していました。しかし広域合併で行政区域が拡大し、異質多様な地域が同じ行政区域になると、パソコンで数値だけを見て判断する職員が多くなります。それを促進したのが行財政改革による自治体職員の定員削減であり、それによって立案される政策・施策・事業も安易なものになっていきます。

こうして、全国各地の自治体で同じような政策・施策・事業が行われるようになりました。そのような状況下で「小さな政府論」が台頭し、行政の支出が抑えられる一方で「民間活力の活用」が課題とされるようになります。即ち「公助」「共助」が財政危機で困難に陥り、「自助」「互助」が叫ばれますが、それは「公助」「共助」を補うものであり、「自助」「互助」を活性化することになりません。

この結果、自治体の政策能力も、その効果も低下していき、世界や日本で抱えている問題の解決に貢献するような自治体の新規の政策は出て来なくなります。他方で自治体は低下した行政能力を補うために、地域住民を対象とした人材養成に力を入れるようになります。それは「自助」「互助」の重要視と重なるものですが、実態は「公助」「共助」を「自助」「互助」で補うためであり、「自助」「互助」の支援とはなりません。

静岡市でも 1991 年のヒューマンカレッジの開催以降から人材養成塾を開催しており、現在は「静岡シチズンカレッジ」という名称での開催となっています。市長が学長となっていますが、私が静岡市の政策・施策の外部評価委員となっていた時、その対象年齢が 65 歳程度され、高齢者が事実上排除されていることを知り驚きました。そこで担当課長に即刻取り消すべきと抗議したのですが、聞き入れられません。

　どのような経緯で高齢者が排除されたのか詳細は分かりませんが、そこにコミュニティコースもあり、地域での活動の主力が高齢者になっていることからみても、高齢者の排除は今でも理解できません。担当課長の説明によれば、高齢者に参加してもらっても「高齢だから戦力にならない」というのが理由でした。結局、行政にとって利用しやすいことが優先され、高齢者が排除されているのです。

　私は静岡市の生涯学習を評価対象として取り上げ、行政が利用できる住民の養成にとどまっていることを問題として、図 17 のような改革案を提示しました。この特徴は行政の意向が優先される「社会貢献」と並んで、住民の意向に沿う人生充実目的のコースが併設されている点にあります。まず重視されるべきは住民のニーズであり、それが行政や社会のニーズが合致した時

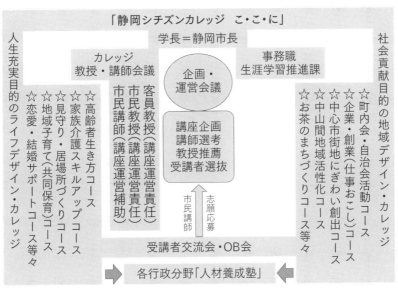

図 17　静岡市における生涯学習の改革案

に「自助」「互助」としての地域づくりが始まるからです。

　ところが住民ニーズを把握しないまま、住民が行政に一方的に協力させられる「人材養成」となっているのです。それは教育委員会所管の「社会教育」から始まったものが、その後に「生涯学習」となり、所管が首長部局に移されることで行政が直面する問題の解決に協力するために現在の「人材養成塾」になったのです。この過程の中で住民の主体的な学習という側面が軽視されるようになりました。

　つまり「人材養成塾」では行政職員が講師となって直面する課題が説明され、それを解決するために協力することが求められるのです。それは住民の自主的活で始まった地域づくりに対する行政の対応の変化にも投影されています。それによって以前は盛んであった地域づくりの活動も低迷し、人材養成塾に対しても参加希望者は減っています。これは全国的な傾向でもありますが、人材養成が「公助」を支えるための「自助」「互助」の強要になっているからです。

　他方で行政は、住民が主体的に行った地域づくりには無関心です。私は「福祉マップ」づくりの以前に、静岡市の中心部に近い「千代田地区」で行った社協による地震防災の調査に参加し、そこで全国的に「防災マップづくり」が行われていることを知りました。そこで静岡県の地震防災センターを訪れ、防災マップづくりの資料をみせて欲しいと頼みましたが、職員は防災マップを知らず、その資料もないとのことでした。

　さらに、この調査に県の防災講座の受講生の参加を呼び掛けるために、静岡市に受講生名簿を見せるように依頼しましたが、「個人情報」という理由で断られました。調べてみると他の都市では「防災マップ」づくりを希望すれば必要な資料・用具の一式が提供され、それを専門とする NPO まで紹介してくれます。ところが静岡市では、地図は自分で買えと言われ、支援はまったくなされません。

　自治体の首長や議員の多くは「自助」「互助」の重要性を認めますが、それを行政への支援としてしか理解していません。しかし行政が命令・強制し、利用するだけであれば、それは「自助」「互助」ではなくなります。行政が重視するのはコントロール下にある住民の活動です。首長も議員も自分の選挙に役立つことであれば、住民のもとを訪れますが、それ以外のことで住民から話を聞くことはしません。

　私はかなり以前から「静岡市隠居文化創造都市」を構想として提案してい

〈静岡型の「CCRC 構想・地域包括ケアシステム」の実現のために〉
「首都圏『介護離職者』誘致事業」構想
首都圏で生活している人たち（現役世代）の中で、家族の介護のために離職せざるを得ない人（既に離職した人・将来離職を考えている人も含む）たちを対象に、中心市街地に近く、開発が可能な土地がある中山間地に、介護をしながら仕事も出来る施設や環境を設備することで、（「介護家族ホーム」や「家族介護社員住宅」等の建設）静岡市への「移住・定住」と「介護と仕事の両立」を可能にし、人口減少抑制と健康寿命延伸・中山間地の活性化を目指す。（静岡型「CCRC 構想・地域包括ケアシステム」の構築）

小桜義明（静岡大学名誉教授）

図 18　首都圏「介護離職者」誘致事業の構想

　ますが、静岡市長も市会議員も乗り気ではありません。理由を聞くと、それでは静岡市のイメージが悪くなる、高齢者の得になる政策を掲げても票にはならないということでした。しかし「隠居文化」とは現役を退いた後も高齢者が社会との関わりを持ち続け、元気に長生きし社会貢献し続けることを意味します。

　それは昔から静岡市はリタイアした後に暮らす街としては最高であると言われているからであり、徳川家の最初と最後の将軍も隠居後に静岡市（駿河）で暮らしていることからも明らかです。徳川家康は岡崎で生まれ、浜松で闘い、静岡で隠居しているのであり、静岡は「隠居」の街として有名になるべきです。ところが静岡市や田辺元市長は岡崎や浜松と同じように徳川家康を持ち上げるだけで、「隠居」について語りませんでした。

　今、世界全体が高齢化しており、静岡市の高齢者が「隠居」した後も元気で活躍すれば「隠居」は国際的で有名な日本語となり、「隠居文化」を知りたい・学びたい多くの人が静岡市を訪れるようになります。それが「世界に誇れる・世界が憧れる静岡市」になるはずですが、それが静岡市や元市長には理解できなかったようです。世界や日本全体を見つめ、そこで求められていることこそ静岡市は行うべきです。

　この点で私は図 18 のような「首都圏『介護離職防止』連携事業」も提案しています。首都圏の大企業では予想される介護離職への対応で頭を痛めています。これは親の介護に直面する世代が企業にとって中枢・中核を担う人材であり、彼らの離職は子育て世代のために離職よりもはるかに大きな打撃となるようです。そこで親の介護で悩む社員を静岡の支店に転勤させ、親の

介護と仕事の両立の便宜を図るのです。

　静岡市のような地方都市には街の中心部や近郊に高齢者介護施設が多くあり、首都圏とは異なり、仕事をしながら介護が可能です。静岡に支店がない企業には、介護施設の近くにオフィスのサテライトと宿舎を作ってもらい、そこで介護と仕事の両立をしてもらい、介護が終われば、再び東京に帰るか海外に行くかで活躍してもらいます。そのようなニーズが東京にあるか、大企業をリサーチすることを提案していました。

　しかし静岡市はまったく関心を示しません。それは首都圏のためであり、静岡市のためにならないと思い込んでいるようです。しかし首都圏が抱える問題の解決に静岡市が協力することは、静岡市を有名にして身近に感じてもらえると同時に感謝されることになります。それは「隠居文化創造都市」も同じであり、マズローの欲求充足の段階論では「所属」と「承認」の欲求充足となります。

　日本では、問題を抱えて困っている人に対して、「憐れみ」や「同情」の心で「優しくする」ことが美徳とされています。特に高齢者に対して、そのように接する人が多くいます。ところが他方では、高齢者の存在を「老害」と呼び、集団自決を薦める人まで出てきています。それは、高齢者を「社会や周辺に迷惑をかけるだけの存在」として扱い、高齢者のための医療・介護の費用が増えることで、「現役世代の過重な負担」を嘆くものです。

　しかし高齢者は「必要にされない」「邪魔な存在」と思われると「心身の状態」が急速に悪化し、その分だけ医療・介護の費用が増大します。それを抑制するためには、高齢者が元気に長生きする必要があり、それを可能にするのが高齢者の社会的な「責任」「役割」の自覚です。「必要とされる」のが高齢者の元気の源であり、「高齢者が活躍できる場づくり」によって高齢者は元気になります。

　高齢者とは「助け合い・支え合い」の中で元気になります。高齢者は「助けられる」存在だけれども、「助ける」存在になることも必要なのです。高齢者が社会に参加し、活躍すること・貢献できることが、「健康長寿」には必要です。そのために私は静岡市に対して「隠居文化創造都市」を提案したのです。それは「ともだち福祉」とも同じ発想であり、首都圏の介護離職対策への支援も介護しながら仕事に頑張ることを支援するものです。

　過疎地に暮らす人々も「憐れみ」や「同情」での施しを求めて「むらおこし」をやっている訳ではありません。「生存」と「安全」のためでもありま

すが、大きいのは自分たちの暮らす場所をほめてもらうことで「承認」の欲求が満たされ、都会の人と友達になれることで「所属」の欲求も満たされるからです。だから強制ではなく、自主的・自発的に「むらおこし」に取り組むのであり、そこで喜びを感じるのです。

　ですが、自主性・自発性を持続するのは困難です。そこで行政からの支援が必要になるのですが、そこで自主性・自発性が否定されると行政支援の効果もなくなります。これは「自助」「互助」と「共助」「公助」の連携・役割分担の問題であり、過疎地域に対する政府・自治体の対策のあり方とも重なります。過疎対策の場合、道路や公共施設の整備が効果を発揮するかどうかは、地域住民の努力次第だからです。

　ところが、これまでの過疎対策を見てみると、両者の連携が不十分のために道路整備や施設建設を行っても過疎化は進行してしまっています。私は国土交通省（当時は建設省）が設置した過疎地域の道路整備に関する委員会の委員長を務めたことがあります。そこには過疎地域の市町村長が多く出席しており、口々に道路整備の必要性を唱えていました。そこで私は、過疎地域での道路整備が外に出ていく人のために使われている現状を指摘し、道路を活用するための地域づくりについての発言を促しました。

　ところが、その途端に発言はなくなりました。道路の整備さえ進めば、過疎を阻止できると思い込んでいるようでした。この状況は、今日においても基本的に変わっていません。「公助」「共助」と「自助」「互助」が切り離され、住民は「公助」「共助」による支援だけを求め、「自助」「互助」の取り組みは行いません。他方で行政も、地域での「自助」「互助」の取り組みの度合いを無視して道路な施設の建設を行ってしまうのです。

　最初に述べたように私は地域住民に役立つ研究者になろうと決意し、特定の専門分野にこだわらない研究を心掛けてきました。担当する講義への学生が少ない状況に対しては、学生の下宿巡りをすることで人気の授業にすることができました。そのことで私は大学の教員・研究者から異端視されるようになりましたが、専門分野に閉じこもっていては知ることができない多くのことを学びました。

　私は知事も市長・町長も地域の中に飛び込み、住民の声に耳を傾けるべきだと思います。その際、自分を批判し反対する住民の声こそ聴くべきです。私自身、私に批判的な学生から話を聞くことで多くのことを学びました。私はゼミ合宿の中で私を批判する学生を夜連れ出し、腹を割って話したことが

あります。ゼミ生は二人が喧嘩することを心配して後をつけていたようですが、私は学生と話し合うことで仲良くなりました。

　自分を支持してくれている人と話すだけでは得るものは多くありません。批判・反対する人と話すことで自分の知らない事実・考え方を聞くことができますし、それによって自分は大きく成長できます。今、多くの自治体の職員は言われた仕事をこなすだけで精いっぱいであり、独創的で創造的な政策・施策・事業を思いつく余裕も能力もなくなっています。抽象的なアイデアを出すだけで、職員が施策・事業化する時代ではなくなっているのです。

　自治体の首長・議員は住民の中から選ばれ、地域の現実を良く知っているはずです。しかし彼らの多くは他地域と比較して足りないことを知っていても、自分の地域の潜在的な能力については知らないようです。足りないものを「上から」「外から」持ってくることに努力しても、足元を掘り起こし、そこに眠っているものを目覚めさせて、育てる・花を咲かせる・実らせることをしないのです。

　これまで静岡県は恵まれた自然的・地理的条件、東海道という太い東西軸の存在によって「上から」「外から」様々なものが取り込まれ、多くの人が訪れてくれていました。しかし、これからは自らが努力して多くの人を引き付ける魅力的な地域にしていかないと、誰も来ないし何ももらえないのです。それは地域の住民が自主的・自発的に取り組むことで可能であり、それが「内発的発展」「富国有徳」の地域づくりになるはずです。

　このことは川勝氏が知事になる前に研究者として主張していたことですが、その実現・具体化に川勝氏は失敗しました。今や「有徳」は「上から」「外から」持ってくる「ごね得」に変わりつつあり、その「ごね得」も失敗して「ごね損」になろうとしています。静岡県知事が「有徳」を掲げていたとは誰も知らず、その言葉を静岡県が使うことすら恥ずかしい事態に陥っているのです。

　地域で欠けているものを「上から」「外から」補うという発想は静岡市や浜松市も同じです。「やらまいか精神」を誇っていた浜松市も、テクノポリス構想以降は「内発的発展」を目指すより「上から」「外から」持ってくることに重点を置くようになりました。都田に知識情報産業を誘致しても、静岡文化芸術大学を造ってもらっても、それを活用して地域の活力を高めることには成功していません。

　鈴木元浜松市長が最後の仕事として、静岡大学の再編を契機に浜松医科大

学と静岡大学工学部・情報学部を統合させることに熱心だったのも、低迷する浜松の再活性化の起爆剤にしたいからと思われますが、それが「やらまいか精神の復活」「内発的発展」に繋がるかは疑問です。浜松市は激しい風を受け舞い上がらせていた凧を、危険回避のために静かに着地させようとしているとしか思えません。

　静岡市も市民意識の中でチャレンジ精神が高まり、「やらざあや精神」の発揮の条件が熟しているのに「飛び立つ」ことをしません。川勝静岡県知事と田辺元静岡市長は厳しく対立していたようですが、私には抽象的な言葉だけを繰り返し、個別具体的な施策・事業では挑戦しない点で同じように思えます。少なくとも田辺元市長には「話せば分かる」という意識があり、それが「徳」が欠落する川勝知事に伝わらなかっただけだと思います。

　私は静岡県や県内の自治体に対して様々な提案をしてきました。ここで紹介しているのは、その一部にすぎませんが、自治体が行うことだけを問題にしてきたわけではありません。むしろ政治や行政を深く知ることで、そこに期待することはできないという思いが強くなり、地域づくりの実践も行ってきました。そして「自助」「互助」の役割・重要性を認識するようになりました。

　「公助」「共助」の内容を決めるのは政治であり、「自助」「互助」は生活の場で行われます。私は政治や経済を監視・コントロールするのも生活の場であるべきと思っており、「自助」「互助」の中で「公助」「共助」のあり方も議論されるべきと考えています。ところが政治家や政党の多くは生活よりも政治を重視し、そこから生活をコントロールしようとしています。それは与党も野党も同じです。

　私は与党を支持していませんが、同時に野党も支持していません。政治は権力をめぐる争いであり、そこに巻き込まれると人は変わっていくことを実感してきたからです。「政治を変える」と改革を訴えた人が政治の世界に入ると見事に取り込まれてしまうのです。それは野党も同じです。自分は政治を批判しているつもりでも、基本的には同じムジナです。なぜなら生活に根づいていないからです。

　経済の担い手である企業をコントロールするのは市場経済における消費者であり、政治の中心である国家をコントロールするのは有権者・納税者であり、それを可能にしているのが民主主義です。だから「自助」「互助」とは民主主義そのものであり、それは生活に密着したものと言えます。ところが

政治が生活を支配下に置き、コントロールしようとしています。それを求める有権者・納税者も多くいます。

　それは企業が消費者をコントロールするのと似ています。それを阻止するのが市場経済であり、消費者のニーズに応える企業でなければつぶれるのが普通です。同じように政治も民主主義によって有権者・納税者の力で政府を代えることができます。だから生活という場で政治や経済を変えていく努力をすべきです。だから私は政治に失望しても、生活の場で政治を変える努力をしてきたつもりです。

　しかし、その展望は見えてきません。生活のために政治に依存し、そこに頼る有権者・納税者が多いからです。だから政治権力を握ると、与党は圧倒的な力を持つことになります。本来民主主義は政権交代を促すものですが、日本では長期の政権の継続を可能にするものとして作用しています。この点で私は野党の責任・あり方に大きな問題があると思っています。その象徴が「自助」「互助」に対する野党の取り組みの弱さ・遅れです。

　野党は「自助」「互助」に限界があるから、自分たちが「公助」「共助」を実現すべきだと思い込んでいるようです。その結果、与党と同じ体質となり、与党に負けてしまうのです。今後は現在の与党・野党の対立とは別なところから政治の変革を求める動きが出てくるのかもしれません。あるいは与党・野党の中に改革派が生まれ、それによって政治が変わっていくかもしれません。

　しかし私が生きている間に、それが実現するとは思えません。その動きに加わる時間的・体力的な力は、私に残されていません。だから私は、いつか・誰かが、この本を読んでくれて、私の思いを受け継いでくれることを期待するだけです。

川勝平太と静岡県〜その評価基準

「旅坊主」川勝平太と静岡「土着人」の出会い

　川勝平太は、「旅坊主」である。彼は 1948 年に大阪で生まれ、京都で育ち、大学は東京の早稲田を卒業している。イギリスのオックスフォード大学に留学した後、母校の教員となるが、その後、京都の「国際日本文化研究センター」に移り、静岡文化芸術大学学長に迎えられる。まさに彼の人生は、大阪・京都と東京という二つの都を行き来するものであり、静岡県を東西に貫徹する東海道を行き交う「旅坊主」のひとりである。

　その彼が、静岡県知事に就任したのである。旅坊主が、静岡県という地域を統括し、導くトップ・リーダーになったのである。何故、彼が静岡県知事になったのかについては、後で述べることとするが、静岡県の地域特性として、彼のような人物が静岡県知事に就任することは、十分にあり得るのである。何故なら静岡県における都市は、街道（東海道）を行き交う「旅坊主」と、川筋に沿って住む「土着人」が出合う場所であり、静岡の文化もそこから形成されているからである。

　東海道とは、日本の二つの都、旧権力である公家の都の京都と、新権力である武士の都の鎌倉、後に江戸を結ぶ街道であり、日本という国を作ってきた街道である。したがって、その時代の最先端・最高水準の知識や技術・文化が、東海道を利用することで静岡県を通過してきた。「旅坊主」とは、この東海道を行き交う最先端・最高水準の知識や技術・文化の担い手の総称である。

　彼らは、東海道中に 22 宿ある静岡県へ一時的に滞在し、川筋に沿って住む土着人と短時間であるが、会話を交わすことになる。土着人は、この短い時間に旅坊主の話に耳を傾け、それを理解・吸収しようとする。それを自らの生活のあり方や資質の向上に生かそうとした。しかし、それは容易なことではなかった。何故なら旅坊主の関心は、日本という国と世界のあり方に向けられており、土着人の生活の場である地域には無関心であり無知でもあったからである。

　それでも土着人は、非常に高邁で広大な旅坊主の話に耳を傾け、自らの生活実態と実感に基づいて、それを理解しようと努力した。それはまた土着人による旅坊主の評価ともなった。この旅坊主は信用できるかできないか、その話を受け入れるか受け入れないか、土着人なりに判断を行ってきた。だが

土着人による旅坊主の評価が、直接、旅坊主に伝えられることはなかった。

　何故なら知識・情報量において、旅坊主は土着人を圧倒しており、言葉の多さと巧みさから、土着人が旅坊主と対等に会話できる条件はないからである。土着人は、旅坊主の話を理解できる範囲で受け入れ、それを生かそうとするが、旅坊主の後を追ったり、あるいは追い出したりすることは決してしなかった。土着人が行うことは、旅坊主が立ち去るのを待つだけである。

静岡の政治特性としての中央権力への忠誠と自己保身

　川勝平太の場合、旅坊主が土着人の頭・首領になったのであるが、それは静岡県という地域の政治的特質から説明可能である。日本という国が誕生して今日に至るまで、静岡県に日本の都が置かれたことはなかった。土着人が住む「地方」は、都にある中央政府から派遣された人物が支配者・統治者となり、土着人の住む地域のあり方・方向を決定してきた。土着人の頭・首領は「上から」「外から」やってくるのが、地方の常識である。

　ただ静岡県の場合、都から派遣された頭・首領が地域に定着し、土着人の本当の頭・首領となることは少なかった。何故なら東海道という二つの都を結ぶ街道が東西を貫いている静岡県の場合、都で政変・中央権力者の交代が行われると、静岡県に派遣された頭・首領も頻繁に入れ替わったからである。土着人と深い関係が結ばれる前に、中央政府の意向で交代させられたからである。

　静岡県では、地方の権力者たちも都を志向すると、直ちに中央権力をめぐる抗争に巻き込まれ、土着人との繋がりを急速に失ってきた。即ち、勝ち組につくと出世して他の地域に移動し、負け組につくと静岡から追放されていたからである。その結果、静岡県の地方権力者の多くは、中央権力をめぐる抗争から一線を画し、入れ代わり立ち代わり都から派遣される人物を頭・首領として受け入れ、忠誠を誓うことで自己保身を図ってきた。

　したがって静岡県内に住む土着人にとって、自分たちの頭・首領は、昔から都より派遣される旅坊主、それも権力を持った旅坊主であった。第二次大戦後、県知事の公選制が実施されても、土着人である県民は中央政府と太いパイプを持つ人物を知事に選んできた。土着人がそのまま知事となることはなく、土着人出身であっても、一度都に出て、都から旅坊主として故郷に帰ってくる人物を知事に選んできた。

都からの「脱出」「脱落」「脱退」と地方の対応

　川勝平太は土着人出身の知事ではない。彼は都から静岡に拠点を移す決意をして、知事となった。土着人を目指す旅坊主である。ただ都から地方に拠点を移す・移り住む人物の場合、そのすべてが土着人にとって歓迎すべき存在ではない。そのタイプを見極めた上で、それぞれに異なった対応が必要とされる。そのタイプとは、一般に次の3つのタイプに分けられている。

　ひとつは「脱出型」であり、都では見つけられないもの・新しいものを目指して地方に移り住むタイプである。第二は「脱落型」であり、都で相手にされなくなり、地方に落ちのびてくるタイプである。第三は「脱退型」であり、都での生活に疲れ果て、地方でのんびりと暮らそうとするタイプである。土着人にとってやっかいなのが、第二タイプである。彼らは、都の権威を見せびらかし、土着人を翻弄するが、考えとしては時代後れの古いものが多く、地域には役立たない。

　第三のタイプは、有能であっても、地域への貢献意識は低いので、あまり期待すると裏切られることになる。結局、土着人にとって役立つ、地域に貢献できるのは第一のタイプである。川勝平太がこのタイプであることは、明らかである。ただこのタイプの問題点は、自らの信念に従って理想を追い求め、東京から脱出してきたために、土着人との間に最初から大きな溝が存在し、相互理解が円滑に進まない点にある。

　「脱出型」の人物は、日本を変え世界を変えたいという強い思いが先行しており、移り住む場所は、それを実現するための手段にすぎない。世界や日本については博識であるが、土着人の生活の場所である地域についての知識は乏しい。地方に移り住んだのは、日本を変えたいという強い思いからであり、土着人の生活の場所を変えることが彼の大きな目標ではない。地方に移り住むことは、自分の理想を実現するための手段であって、目的ではない。

　したがって「脱出型」は、東国原・宮崎県知事のように、成功しても失敗しても、東京に帰ろうとする傾向がある。地方に骨を埋める決意をするときは、自らの夢の実現を断念したときである。土着人の立場からは、このような「脱出型」の人物にすべてを委ねることはリスクが大きい。土着人が主体性を持って「脱出型」の人物が持っている知識や能力を利用するという視点が大切である。「脱出型」と土着人の適度な距離での相互協力の関係構築が

必要である。

地方都市の人間特性と「既得権擁護」の静岡型住民運動

　マーケティング論では、人間のタイプを次の５つに分けている。第一は創造し提案する「革新型」であり、第二は新しいもの・事柄に敏感に反応し追い求める「初期採用型」、第三が少し遅れて新しいものを取り入れる「初期追随型」、第四は「みんながやるから取り入れる」「バスに乗り遅れるな」という「後期追随型」、最後が周囲とは関係なく古いものや現状に固執する「遅滞型」である。

　比率としては、「革新型」が２％、「初期採用型」が14％、「初期追随型」が34％、「後期追随型」が34％、「遅滞型」が16％といわれている。新商品を開発するのが「革新型」であり、それが売れなければ失敗となる。「初期採用型」が購入すれば収支とんとんとなるが、「初期追随型」が買うと「後期追随型」も買うので大ヒット商品となる。ただし「遅滞型」は、絶対に買おうとしない。

　川勝平太が「革新型」であることは確かである。問題は、「革新型」の人物の提案する事柄が、静岡県のような地方で、どれだけ幅広く理解され支持されるかという点にある。地方の場合、「初期採用型」の比率は少ない。何故なら、彼らはいち早く大都市・東京に出て行くからである。残っているのは、「初期追随型」と「後期追随型」「遅滞型」である。そこに東京を脱出した「革新型」が、最も新しい事柄を彼らに提起するのである。

　地方都市の場合、大都市の後追いの政策を掲げる場合が多い。東京から脱出した「革新型」からは、それは時代遅れであると思われ、批判・反対の運動を展開する。これにいち早く賛同するのが「遅滞型」である。開発反対という点で「革新型」と「遅滞型」の野合が成立する。それに「初期追随型」「後期追随型」が加わると、開発反対の住民運動は大きく盛り上がる。三島・沼津のコンビナート誘致反対運動が、その典型である。

　この種の住民運動の問題点は、批判・反対のみに運動が終始し、「地域づくり運動」に発展しないことにある。自分の生活が脅かされる・既得権が侵害されると、権利の擁護を掲げ、激しい反対運動を展開するが、地域づくりが課題となると運動は一挙に沈静化する。何故なら地域づくりは自分の権利を主張するだけでは行えない。他人の権利を守る責任と義務を遂行するのが

地域づくりである。

　「革新型」は、批判・反対だけを主張しているのではない。批判・反対だけの主張であれば「革新型」ではなく「遅滞型」である。「革新型」は新しい地域づくりを志向しているが、そこに向かおうとすると、現状の変革を嫌う「遅滞型」が運動から離脱する。「遅滞型」と連携したことで、多数派である「初期追随型」「後期追随型」の信頼も失っている。運動は批判・反対の主張だけで終焉する。

　これが、これまでの静岡県における住民運動の典型である。したがってコンビナート誘致反対運動以降、静岡県内の住民運動は住民の大きな支持を受けることがなくなる。少数化して孤立し、それが故に先鋭化・過激化し、最後は玉砕することになる。静岡空港反対の住民運動は、その典型であり、それと連携して知事選で石川嘉延に挑んで破れた水野誠一は、「遅滞型」と連携して挫折した「革新型」と位置づけられる。

　「革新型」の人物が、静岡県で多数の支持を集めて、自らの理想を実現させるためには、批判・反対からではなく、目標の提起から出発すべきである。「遅滞型」と連携するよりは、「初期追随型」との連携を目指すべきである。この点で川勝平太は、恵まれた出発となっている。しかし「革新型」としての彼の主張と、県民の多数派である「初期追随型」の間には大きな溝がある。それが埋められれば、川勝県政は長期に継続されるだろう。

自治体首長における「改革・転換型」と「安定・堅実型」

　一般的な傾向として自治体の首長は二つのタイプに分かれる。ひとつは、転換・改革を大胆に掲げるタイプであり、もうひとつは堅実・安定を強調するタイプである。地域や社会の転換期には、前者のタイプが当選する確率が高いが、その後を後者のタイプが引き継ぐことが多い。何故なら転換・改革によって規制の秩序・利害関係が壊され、反発が強まることで、前者は早期に退陣することを余儀なくされる。その後に登場するのが後者のタイプであり、利害調整・新たな秩序の構築を目指すことになる。

　静岡県の場合、前者のタイプが山本敬三郎であり、後者が斉藤滋与史・石川嘉延である。1974年に知事に就任した山本敬三郎は、前任者の竹山祐太郎の後継者として指名されていたが、当選後は竹山県政を継承しないと明言し、高度成長期の東西軸の交通整備に追われていたそれまでの開発行政から

の転換を実現した。それは低成長期の経済と財政の危機に応じた県政への転換であり、東海大地震の危険性も組み込んだ危機管理の手法と行財政改革の先取り的実施、さらに浜松テクノポリスのような知識情報産業への構造転換を目指したものであった。

　しかし大きな転換をなし得た山本敬三郎知事は、多くの政治的反対勢力も生み出し、彼らを上手く束ねた斉藤滋与史に知事の座を奪われることになる。斉藤滋与史は老獪な政治家であったが、県政の方向について明確なビジョンを持っていたわけではなかった。山本県政からの転換として、いくつかのプロジェクトを中止させたが、自身の施策としてはバブル期の経済・財政状況の好転に対応し、静岡空港などの大規模な開発プロジェクトを提案することに留まった。

　斉藤滋与史からバトンタッチされた石川嘉延は、人柄の良さと官僚としての手堅い手腕で、長期の県政を担ったが、バブル期の斉藤県政で提起された大型プロジェクトの抜本的な見直しに着手せず、それを引き継ぐことになった。斉藤滋与史が政治的な利害調整を得意としたのに対し、石川嘉延は官僚的な利害調整で手腕を発揮し、静岡県内の長年にわたる保守政治家内での対立に終止符を打つことに成功し、それが長期の県政を可能とした。

　しかし長期にわたる堅実・安定の利害調整型の知事は、社会全体の激しい変動の中で閉塞感を生み出し、県民の意識は転換・変革に向かっていった。その流れに乗って登場したのが川勝平太である。彼は、民主党の推薦を得て、石川嘉延の後継者とされた自民党推薦の坂本由紀子前副知事を破って当選する。それは安定・堅実の県政からの転換を望む県民の期待の結果である。

　しかし川勝平太は、石川嘉延前知事の後継者の面も併せ持っている。長期にわたる安定・堅実の県政への県民の忌避感を読み取った石川嘉延が、21世紀の静岡県が目指すべき方向・理念として提起した「富国有徳」が、実は川勝平太が提起したものであったからである。石川嘉延が採用した「富国有徳」の目標を、その提唱者である川勝平太が引き継ぎ具体化する。それが川勝県政に課せられたテーマとなったのである。

「富国有徳」の意味と意義

　それでは川勝平太が提唱し、石川嘉延が静岡県の県是として採用した「富

国有徳」とは、どのような意味・意義を持っているのであろうか。川勝平太によれば「『富国有徳』は阪神淡路大震災の悲劇のなかから勃然と立ちのぼってきた言霊である」という。それは、大震災の凄惨な被害を目の当たりにして「戦後の経済至上主義の国土計画への猛烈な批判」の感情が沸き上がり、それを日本という国のあり方の転換、新しい国づくりの目標として提起したものである。

　「富国有徳の日本―六甲の裏山に森の町を」を題された論説は、1995年の阪神淡路大震災の発生の4カ月後に朝日新聞社の『論座』2号に掲載され、その年に紀伊国屋書店から著書として発行され、翌年にアジア太平洋賞・特別賞を受賞している。その後、1999年に内閣総理大臣に就任した自民党の小渕恵三が「富国有徳」を所信表明や施策方針で使い、「富国有徳」への賛同を明言している（1999年に『富国有徳論』は、中公新書として再編集され、発行されている）。

　この「富国有徳」とは、明治以降の日本が国家目標として掲げてきた「富国強兵」の反語として造語されたものであり、「富国強兵にかわる新しい大国の条件」「現在の経済力を基礎に新しいタイプの大国のビジョン」として提起されている。そこで強調されることは「憧れをあつめ誇りのもてる生き方なり暮らしのたてかた（文化）をもつこと」であり、「憧れる文化、すなわち文明になることがグローバル交流時代における新しい大国の条件である」とされる。

　その際、川勝平太は「富国強兵」以前の日本の姿・有り様に熱い視線を送り、それを「富国有徳」の中に取り入れようとしている。これは、彼のそれまでの歴史研究の成果に立脚したものであり、彼の歴史観が投影されている。その点簡単に紹介しておこう。川勝平太によれば、ヨーロッパにおける近代社会の出現と日本における近世江戸社会の成立は重なっており、ともに海洋アジアからの東洋物産の輸入による生活様式の根本的変化、貿易赤字の解消のための生産革命とそれによるアジアからの離脱と自立では共通している。

　違いは、ヨーロッパでは海の向こうの広大な土地を見据えてフロンティアの存在を自明とし、資本集約・労働節約型の生産革命＝産業革命を行ったのに対し、日本では狭い土地と人口の多さを意識することで、資本集約・労働集約型の生産革命＝勤勉革命となった点である。その結果、ヨーロッパでは膨大な工業製品の生産が可能となったが、それは販路を確保するための市場

の確保・植民地の拡大となり、そのための軍事費の際限のない拡大と、エネルギー資源の大量の浪費をもたらすことになる。

　これに対して近世江戸社会の日本では、活動舞台を国内に閉じ、軍拡ではなく軍縮を実現し、徹底した資源のリサイクルによる資本の節約と労働の多投入で、世界一の水準の土地の生産性を実現している。これは人類史上において、近代ヨーロッパと対等の文明史的意義を持つものであり、地球資源の枯渇が明確になり、他文化の共生が課題となっている今日において再評価されるべきものである。にもかかわらず多くの日本人や歴史研究者は、それを正当に評価していない。

　彼はまた、戦後の代表的な歴史観である「唯物史観」と「生態史観」を取り上げ、それを「陸地史観」と位置づけ、新しく「海洋史観」を提起している。彼の歴史観・文明論では、「社会生活の変化をもたらす最大の契機は、異なる文化・物産複合をもつ人々との交流によっておこる」ことが強調され、「大地を所有する意識」に対しては一貫して否定的であるのが特徴となっている。彼は、その主張を著書『文明の海洋史観』（中央公論新社、1997年発行）にまとめ、それは第八回読売論壇賞を受賞することになる。

川勝平太の人物像……現状分析と未来志向・実践家

　学者としての川勝平太の専門分野は「比較経済史」であり、大学では長く「日本経済史」の講義を担当していた。しかし彼の研究内容は、経済学の範疇を超えて学際的・総合的であり、「思想史」「哲学」に近い。さらに彼は、歴史研究者でありながら、関心は一貫して現状分析に置かれており、未来志向の研究となっている。つまり現実に対する強い関心から出発して、過去を振り返り、歴史の大きな流れを把握することで、未来を見据えようという研究である。

　過去の歴史に埋没して現実に無関心・鈍感な歴史研究者が多い日本の中では、彼の存在は特異である。その上に彼は、実践家でもある。「海洋史観をたて格物論をもつことは歴史理解、特に日本理解にとって重要であるが、海洋史観・格物論それら自体は目的ではない。それは『いかに生きるべきか』『何をなすべきか』の指針である。生き方は、道学者流の説教に堕するのを忌避するのであれば、実践でなければならない」

　彼は、国土審議会委員として「国土が美しいものとなり、庭園の島（ガー

デン・アイランズ）ともいうべき、世界に誇りうる日本列島」の実現を提案しており、「『ガーデン・アイランズ』の実践は生活実践でなければならない。それも自らの生活実践でなければならない」として、軽井沢に一反の土地を取得し、広い庭のある家に転居している。「家と庭が一体の『家庭』を再建しよう」と呼びかけているにもかかわらず、駐車場もない首都圏の小さな家に自身が住んでいては「言行不一致」と思ったからである。

　このように川勝平太は、歴史研究者でありながら現状に深い関心を寄せ、未来志向であり実践家でもある。このことから、彼が静岡県知事に立候補し選出されたことは、決して不思議なことではなく、必然でもあったといえる。彼はたまたま知事になったのではなく、自らの研究成果を実践に移そうとしているのである。したがって、これから知事としての川勝平太や川勝県政を評価する上で、彼の研究内容や歴史観、文明史論を知っておくことは絶対に必要である。

　しかし、それをここで論じることは建設的ではない。それは論壇において、アカデミズムの分野で行ってもらえばいいことである。静岡県という地域で暮らす土着人の立場からは、「彼がどのような歴史観を持っているか」ということより、「知事となって何をしようとしているのか」、土着人として「彼に何を期待し、自らは何をなすべきか」を考えることこそ大切である。

「富国有徳」の抽象性と分かりにくさ

　この点で問題となるのが、未来に向けての彼の提言、知事として静岡県でやろうとしていることが、あまりにも抽象的で観念的であり、土着人として非常に理解しにくいということである。川勝平太は「"ふじのくに"の知事に選ばれ、そこに"富国有徳の日本の理想郷をつくる"と宣言し」、静岡県の象徴ともいえる「富士」を引き合いに出し、「富士の『富』は物の豊かさを、『士』は心の豊かな有徳の人のことです」と説明している。

　まず確認しておかねばならない問題は、第一に「富国有徳」とは、あくまでも日本の「新しい国づくり」の方向として提起されたものであり、静岡県という地域の方向、地域づくりの目標として提起されたものではないということである。もちろん静岡県も日本の一部であるが、日本という国のあり方を静岡県という地域に当てはめるためには、日本という国の中での静岡県という地域の位置、抱えている問題点の解明が前提とされなければならない。

その点が不鮮明であり、不十分である。

　第二の問題は、「国づくり」の方向としても、「富国有徳」が抽象的すぎるという点である。川勝平太は、「富国強兵の『力の文明』から富国有徳の『美しい日本』へ」という「『美の文明』のルネサンス」を提起している。

　「『美』は環境にかかわる価値であり、『美の文明』の再構築は地球環境問題の解決モデルになる」「今、『美の文明』は同時に『和の文明』でなくてはならない」「美はひきつけます。ひきつける力、魅力が文化力です」

　これらの川勝の提起に、異を唱える人は皆無であろう。抽象的な文言としては非の打ちどころがない。しかし、具体的に今、これから「何をなすべきか」という点になると、説得力は大きく低下する。「国づくり」として川勝平太が具体的に提起しているのが、「対外方針は全方位外交」「国内方針は地域自立」「新首都を那須野ケ原（栃木県）に移し」「四州からなる一国多制度の連合国家にする」等々である。だが、これらは提起された時点から比較しても、実現は遠のきつつあるようである。それが何故、「美の文明」「富国有徳」となるのかもわかりにくい。

　静岡県知事に就任して行った所信表明では、静岡県の現実に即した提案を行っているが、既存の施策の延長線上にあるものに、抽象的な文言を繋げたレベルにとどまっており、日本の理想郷を静岡県につくるという壮大な目標とは距離がある。例えば第一の改革の「教育改革」では、「学校と現場・芸術に触れての『学び』」と「退職した教員の採用」を提案しているが、それは国内の他の地域でも目指されており、それだけで「有徳の人」を育てることになるとは思えない。

　他の二つの改革（食と農の改革・行政改革）、三つの目標（暮らしの向上・ものづくりの支援・インフラの整備）も、他の地域に持っていっても通じる内容であり、静岡県で「日本の理想の実現」するという壮大な理念と比較するとありきたりである。しかし、彼の能力が発揮されるのは、これからである。現在なすべきことは、川勝県政の評価の視点・基準をまず明確にしておくことであろう。それは、静岡県民が彼に何を期待して知事に選出したのかという点の解明となる。

リーダーの類型と「思想家」川勝平太

　司馬遼太郎によれば、明治維新は吉田松陰という「思想家」がまず口火を

切り、高杉晋作という「戦略家」が徳川幕府という大きな壁を突き崩し、村田蔵六（大村益次郎）という「組織家」が新しい国家を完成させた。つまりリーダーには思想家・戦略家・組織家という三つのタイプがあり、それぞれが時代に合った役割を果たすことが重要である。この点では、川勝平太は「思想家型」のリーダーといえる。つまり大きな視野で現在の社会体制を批判し、未来を展望して人を動かしていく能力を持っているリーダーである。

ただ川勝平太は思想家でありながら戦略家として行動しようとしており、吉田松陰と似ている。吉田松陰が戦略家として優れた能力を持っていたかは疑問であるが、川勝平太が戦略家として能力を発揮するかどうかは、これからのことである。それより大切なことは、川勝平太が吉田松陰のように、優れた能力を持つ多くの弟子・賛同者を集められるかどうかである。

日本という国を変えることはもとより、静岡県という地域を変えることは、ひとりのリーダーだけの力ではなしえない。川勝平太が掲げる夢・ビジョンが、静岡県という地域で実現するかどうかは、どれだけの土着人が賛同し、合流するかにかかっている。つまり土着人の中から、高杉晋作や村田蔵六のような優れた人材が育っていくかどうかの問題である。そのためには、何故、静岡県に居住する土着人が、川勝平太という旅坊主を知事の候補者として担ぎ出したのかを考えてみよう。

静岡県という地方を支配する人物は、昔から都から派遣されてきた。現在においても土着人の有力者たちは、知事という地域の頭・首領を、都で活躍している人物の中から選んで連れてこようとする。最適なのが地元出身でありながら都で活躍している人物である。しかし、そのような人物が見当たらない場合、川勝平太のような旅坊主も知事の候補者として担ごうとする。

今回の知事選挙で川勝平太を最も熱心に担いだのは、静岡県西部の経済界である。知事選挙の三人の候補者の中で、坂本由紀子は県東部の出身で石川県政のもとで副知事を務め、海野徹は県中部出身の政治家である。この中で川勝平太が地元とのつながりが最も希薄であった。にもかかわらず彼が当選した要因は、ひとつは県政の流れを変えたいという県民意識であり、もうひとつは県西部の経済界の熱心な運動の結果である。では何故、県西部の経済界が川勝平太を担いだのか、この点について次に考えてみよう。

「ものづくり県」静岡が川勝平太に期待するもの

　静岡県が「ものづくり」に特化した地域であるのは、よく知られていることである。一般にものづくりは、次の二つの部門によって担われる。第一は、商品を企画し開発する部門であり、第二がその商品を工場で生産する製造部門である。小さな企業では、二つの部門は一体化していることが多いが、大企業になると両者は分離され、企画・開発部門は本社がある大都市に置かれ、製造部門を地方に立地させることが多い。

　地方の方が地価も安いし、安価な労働力を多く調達できるからである。経済のグローバル化が進み、円高が進行すると、この製造部門は海外に移されることになる。この製造部門だけであれば、海外、特に発展途上国の方が競争優位になるからである。しかし企画・開発部門は、高度な技術・知識や情報を必要とするために、発展途上国に移転することは困難である。

　したがって静岡県のような地方のものづくりの地域では、第一の部門を強化することで、国際競争の中での生き残りを目指すことになる。静岡県内で、それにいち早く取り組んだのが静岡県西部の企業家たちである。彼らはまず、産業と最先端の科学技術を結びつけるために、行政と連携しながら「浜松テクノポリス構想」を提起し、都田地区での産学官の連携による先端技術産業の振興・育成に取り組んだ。

　さらに県庁所在都市ではない浜松市には、高次な都市機能の集積が少ないために、アクトシティを建設し、都市型産業の集積を目指した。また、情報革命の進展によって、理工系と文化系の研究が融合して知識情報産業が発展すると、理工系の大学が中心であった浜松に静岡文化芸術大学を創設し、文系の知識・情報の集積を目指すようになる。そして、この静岡文化芸術大学に学長としてやってきたのが、川勝平太である。

　静岡県は全体としてものづくりに特化した「生産現場」県であるが、県東部と西部では性格が異なる。県西部、特に浜松市を中心とした西遠地方は、地場の企業を中心とした産業が多く集積している。ヤマハやスズキ自動車などの大企業も、地元企業が成長したものである。これに対して県東部は、県外、特に首都圏から進出した企業が中心となっており、本社が首都圏にある大企業の製造部門・工場が主体となっている。

　地元企業が主体である西部では、本社や企画・開発部門も浜松に立地して

いるために、それを強化することに熱心であるが、東部では首都圏の本社の指示に従って製造するだけなので、企画・開発機能の強化することに関心は薄い。この違いが、静岡文化芸術大学の学長である川勝平太に対する、県の東部と西部の支持の度合いの差をもたらしたと言える。ちなみに県中部のものづくりの中心である志太地方も、県外企業の製造部門が中心であり、ここでは海野徹の支持が多かった。

　ともかく静岡県西部の経済界が「静岡文化芸術大学」学長の川勝を熱心に担いだのは、文化・芸術が企画・開発機能の強化による地域の活性化に繋がると認識したからである。しかし県西部の経済界は、文化芸術に詳しいわけではない。それが県西部にこれまで欠落しており、これから必要であるという幅広い合意はあっても、文化芸術が本当に県西部の企画・開発機能の強化に繋がるかどうかは、これからの問題である。これは、川勝県政に対する評価のひとつの基準となる。

消費の生活文化と生産現場・静岡県

　「生産現場」県である静岡県に文化芸術を持ち込むことが、企画開発機能の強化に繋がるかどうかについて、川勝平太がどれだけ意識して重要視しているかは疑問である。それは、彼の理論では生産よりは消費が重視され、そこから文化が語られているからである。例えば次のような発言がある。

　「生きとし生ける物にとって、生死にかかわる大事は生産より消費です。動物が『物づくり』に従事せず、消費を常態としていることに照らせば、生きることの基本が消費であることは自明です。生産は、ひっきょう、消費の迂回でしかありません。企業本位で邁進する企業戦士も、消費者が力をもてば、所詮かなわない」「富の利用とは消費のことです」

　また、川勝平太によれば「日本の緑茶文化の場合は、庭、茶室、茶室の床の間を飾る花・花器、茶道、懐石料理、調理道具などがセットとなって固有の物産複合をつくりあげており、それを構成するひとつひとつの物に名称、用途、意味があって、それが全体として茶の湯という生活文化をつくりあげている」という。ここで問題なのは、「緑茶を生産する人やモノ、技術」に触れられていない点である。

　川勝によれば「文化とは生き方（way of life）のこと」であり、「暮らしのたてかたであり、一人一人のいきかたです」という。そうであるならば人

間の暮らしの中で「働くこと」は大きな位置を占めており、消費だけでなく「生産の文化」にももっと注目すべきであろう。「生活文化」とは消費だけで構成されるものではない。消費だけで暮らせるのは、都に住む貴族・一部の富裕階級だけである。

　「消費の生活文化」にこだわる川勝が「生産現場」県である静岡県の知事になったのは皮肉なことだが、必然でもあり必要なことでもある。すなわち「生産現場」には「生活文化」の水準が低いところが多く、生活文化のレベルが低いままでは、「高いレベルの文化的生活を支える物」が生産・供給できないからである。つまり国際競争力のある高付加価値の商品の生産ができないからである。

　先進国である日本の中でものづくりを行うためには、「憧れをあつめ誇りのもてる生き方なり暮らしのたてかた（文化）」を支える「物」を作らねばならない。それは、現在の消費者のニーズを充足させるレベルにとどまってはならない。消費者の新たなニーズをかきたてる、「新たな生活文化の創造・提案型」の商品の生産が必要である。そのために県西部の経済界は、都における高度な消費生活の文化に熟知していると思われる川勝平太を知事に担いだのである。

　「生産現場」である静岡県について、川勝平太がどれだけ詳しく知っているかは、さしあたり問題ではない。静岡県の現実について知識はなくても、静岡県の外の世界を多く知っているから、知事に担いだのである。地域の現実・実態であれば、地域の企業や住民が最も詳しい。しかし地域の企業や住民は実態を知っていても、どうするかがわからない。地域の実態は、知事になってから知ることができる。「消費の生活文化」に詳しい川勝平太が、「生産の生活文化」の実態に詳しくなったとき、その目指すべき方向を指し示してくれるのではないか。県西部の経済界はそれを期待しているのである。

知事の「神輿」に乗る人とそれを担ぐ人

　川勝平太を神輿に乗せて担ぐ側からすると、地域の実態に詳しく、最初から方向を指し示す人物はかえって担ぎにくい。何故なら彼を知事にすると、彼の指し示す方向に向かって神輿を担いでいかねばならないからである。担ぎ手の立場からすると、自分が担いでいきたい方向に従う人物が望ましい。「この人物なら自分が担ぎたい方向に黙って従ってくれる」と思う人が多け

れば多いほど、神輿の担ぎ手は増えてくる。

　神輿の上に乗せる人物は、観客＝選挙民に「何かをしてくれる人物だ」と思わせてくれればいいのである。期待を抱かせる人物であれば、神輿の担ぎ手はそれでいいのである。川勝平太が主張していることを詳細に検討して、川勝平太を静岡県知事として最適な人物であると判断した担ぎ手は、おそらく少ないであろう。彼の主張が理解できなくても、何かをしてくれるという想いになったからこそ、彼を担ぎ上げたのである。

　知名度だけがあるタレントが容易に自治体の首長に当選するのも、「何かしてくれる」という想いを選挙民に抱かせたからである。長年政治活動をしながら、地域の明確なビジョンも政策も持たず、それでいて首長を長く続ける政治家も多い。しかし彼らは、官僚や議員にすべてをゆだねながら、その間の利害調整の術にたけている。つまり神輿に乗せた人物が何も持っていなくても、神輿の担ぎ手は自分の言うことを聞いてくれるだろうと思いこみ、神輿を担ぎ続けるのである。

　もちろん有能な人物も、自治体の首長に多くなっている。その場合、それ以前の首長が無能であるが利害調整能力にたけ、それだけに堅実で安定した政策を実施していたものの、転換期に対応できず、住民に飽きられかけた時点で登場している場合が多い。そして大胆で新鮮な政策を実施し、大きな転換を実現するが、それだけに敵も多く作り、改革が一段落したところで引きずり下ろされることになる。

　有能な首長が長く踏みとどまるためには、神輿の担ぎ手だけでなく、観客に直接アピールすることが大切である。担ぎ手の思う方向に向かわないことから、担ぎ手が神輿から引きずり下ろそうとしても、観客が騒ぎ出して、それを阻止するからである。また観客を納得させるのは、東京で評価されること・著名人になることである。この典型が掛川元市長の榛村純一であるならば、最初のタイプの典型が静岡元市長である小嶋善吉となる。

　川勝平太がどのタイプに属するかは、これからの彼の活動を見ないとわからない。だが、県民が期待しているのは担ぎ手に気を使うことではなく、観客に直接アピールして大胆な転換・改革を成し遂げることである。この点で気になることは、知事になった川勝が、選挙の終了直後からノーサイドを宣言し、最近の著書で「和をつくる」ことを強調している点である。これは取りようによっては、再選のための担ぎ手を増やす作戦とも受け止められかねない。

掛川元市長・榛村純一から学ぶこと

　川勝平太自身が言っているように「和の文明」とは、異なる文化・文明を
受け入れながら、新しい文化・文明を創造することである。「利害調整型の
政治」によって担ぎ手を増やすことではない。しかし学者として理想を語っ
ても、それを実現させるのは政治家としての能力である。利害調整型の政治
も、理想を実現するためには必要な場合もある。この点で参考になるのが、
榛村純一がとった政治手法である。

　榛村純一は掛川の大地主・名家の出身であるが、親戚であったマルクス研
究家・向坂逸郎の影響も受け、リベラルな理想家として夢を追い求めるロマ
ンティストであった。その彼が掛川市長に就任して掲げたビジョンが「生涯
学習」である。当時、生涯学習は国連で議論が始まった程度で、一般にはほ
とんど知られていなかった。したがって「生涯学習のまちづくり」を掲げた
榛村純一に対する反発は大きかった。

　彼を担ぎ出した市議会の古参議員が、議会壇上において涙を流しながら榛
村をいさめる演説を行ったほどである。しかし彼は、生涯学習の旗を降ろさ
なかった。東京で彼は有名となり、掛川市は全国的に有名となっていった。
そして新幹線の掛川駅の設置や、掛川城の修復なども実現し、1970年まで
人口が減り続けた小さな都市に活気が戻ってきた。榛村に批判的であった開
発推進派は、「生涯学習は金になる」と思った。彼らはこぞって生涯学習に
賛同するようになり、彼の支持基盤は盤石なものとなる。

　これはロマンティストでありながら、現実的の政治家として榛村純一が優
れた能力を発揮したからである。彼自身は自己矛盾の塊のような人物であっ
たが、それが理想と現実を合致させたのである。川勝平太も、「富国有徳は
金になる」と担ぎ手に思わせたら、支持基盤は盤石となるであろう。しかし
それは、「富国有徳」の理念への本当の賛同者の獲得とは言えない。それに
よって「富国有徳」の理念が現実化する保障はない。しかし、その矛盾を乗
り越えないと「富国有徳」の実現はできない。

　榛村純一の「生涯学習の理念」に賛同し、掛川市に移住する市民も出現し
たが、何人かは失望して掛川を去った。生涯学習という言葉は定着し、掛川
市は有名になったが、榛村純一という市長だけにスポットライトが当たり、
生涯学習によって育っているはずの掛川市民が表に出ることは少なかった。

掛川の榛村流の生涯学習に対する評価は、現在も定まってはいない。

　川勝が「寿ぐ」ように「完全無欠の全体性をもった富士山の姿は崇高で、人がどこから見ても（つまり際限なく）最高！という感懐を与える存在」である。しかしそれは、富士山を遠くから眺める旅坊主の感覚であり、富士山を毎日眺め、その美しさだけでなく醜さや厳しさを実感している土着人の感覚とは異なる。「富国有徳」という言葉は美しいが、それが現実の生活となると言葉だけでは片づけられない。大切なことは旅坊主の視点と土着人の視点を接触・融合させ、新たな視点を見いだすことである。

　ちなみに静岡県の西部や中部の山は南アルプスであり、海が隆起してできた山地である。急傾斜の山地が直接平地に接するところが多く、なだらかな傾斜の山麓をもつ富士山とはまったく異なる。県東部の山地も半分が伊豆山地であり、富士山も北半分は山梨県である。立脚している岩盤も、南アルプスがユーラシアプレート、伊豆山地がフィリピン海プレート、富士山が北米プレート（明確ではないが）とまったく異なる。

　静岡県を"ふじのくに"と連呼するようになったのは、石川嘉延が「富国有徳」を持ち込んでからである。南アルプスの山麓につくった静岡空港にまで「富士」の名をつけている。"ふじのくに"とは、東京から見た静岡県のイメージであり、旅坊主の視点である。外に向かって静岡県をアピールするためには、"ふじのくに"という呼び名は有効であり必要であるが、静岡県内の土着人に向かって"ふじのくに"を連呼することは、南アルプスや伊豆山地を「ふるさとの山」とし、活性化に取り組んでいる土着人に対して失礼である。

「旅坊主」を利用するか、利用されるか

　「生産現場」である静岡県の活性化に「豊富な知識と情報をもつ旅坊主」が必要であることは、山本敬三郎も気づいており、県西部の「浜松テクノポリス構想」と同時に県中部に「静岡県立大学の設置」、東部に「理工系の私学の誘致」を打ち出していた。石川嘉延も、浜松に静岡文化芸術大学を創設した。これによって、多くの学者という旅坊主が、大学というたまり場に逗留することになった。

　しかし彼等の多くが見つめているのは都であり、そこでの名声とより高いポストを求めて研究にいそしんでいるだけである。彼らは土着人の中に飛び

込み、彼らに役立つ・評価されるような研究をしようとはしていない。旅坊主が逗留するだけでは、何も生まれない。旅坊主に何をさせるのか、何ができるのかを、土着人がしっかりと認識しておくべきである。

　石川嘉延も、「お茶の生産現場」である静岡県に「お茶の消費文化」が必要であると気づいていた。彼は、玉露の生産現場である岡部町に茶の消費文化の施設である「玉露の里」をつくり、県内の茶産地に類似の茶の文化施設を多く建設した。さらに、お茶の学術研究や茶文化の知識人を招くなど様々なイベントを行ってきた。しかしそれが、茶の生産現場にどれだけ役立っているかは疑問である。施設を作り、旅坊主を招くだけでは、地域の活性化とはならない。

　静岡市のグランシップ建設に深くかかわった演劇の世界的な演出家である鈴木忠志は、次のようなことを述べていた。「地方に多くの文化施設が建設され、東京の劇団の公演が盛んになされているが、それだけでは地方の文化の振興、創造とはならない。東京の劇団は東京の中だけの公演では採算が取れないから、地方の公演を盛んに行う。しかし地方の公演には演出家は同行せず、かなり手抜きの芝居が上演されており、それを見せられて観客の目が肥えるとは思えない。それは結局、東京の文化を資金面で支えるだけとなっている」

　室町時代から戦国時代にかけての今川氏の全盛期には、京都から多くの文化人・芸能人が招かれ、駿河の今川屋敷でその芸を披露していたようである。しかしそれは京都を懐かしみ憧れる今川屋敷の住民を満足させるためのものであり、土着人の文化の創造・振興とはならなかった。石川嘉延が茶文化のイベントで行ったことも、同じである。文化人・知識人を招き、彼らと懇談することで自分も知識人・文化人の仲間入りを果たしたような気分になっても、それだけでは静岡県茶業の振興とはならない。

　大切なことは、茶の文化人・知識人を茶の生産現場に連れて行って、そこで直面している問題の解決に協力させること、知恵を出させることである。旅坊主の言うことをありがたく拝聴するのではなく、彼らの知識や情報を地域に役立たせることが必要である。旅坊主にサービスするだけでなく、旅坊主にサービスさせる、地域に貢献させるべきである。旅坊主を利用するか、それとも旅坊主に利用されるか、これも川勝県政に対する評価基準のひとつとなる。

土着人のパトロン化と旅坊主の育成

　川勝平太も旅坊主のひとりである。しかし彼は地域の中に飛び込み、地域に貢献しようとしている。それだけで立派である。また彼は一流の知識人であり、文化人である。彼は石川嘉延とは異なり、外から招いた知識人・文化人に媚を売る必要はない。対等に渡り合い、注文が付けられる存在である。そして、この旅坊主に注文を付けることは、旅坊主自身にとっても必要なことである。

　鈴木忠志によれば、文化の後進国ほど有名人・著名人が「自分たちの地域の出身である」ことを誇る。しかしそれは、決して誇ることではない。何故なら、その有名人はその地を出ることによって、才能が開花したのである。その地にとどまっていては、決して能力の発揮はできなかったはずだ。これに対して文化の先進国は、その有名人がどの国の出身であるかより、自分の国で才能を開花させ、立派な作品を仕上げたことを誇りに思う。これがパトロンの精神であり、文化の先進国の人たちの意識である。

　芸能プロダクションの社長である石井光三は、ラジオの番組において「静岡には芸人を送りたくない」と発言していた。彼によれば、「静岡人は反応が悪い。芸人は観客によって育てられるものであり、静岡には芸人を育てる観客が少ない」。旅坊主と土着人の関係も、芸人と観客の関係と同じである。土着人が旅坊主にただ感心しているだけでは、旅坊主の芸・知識は磨かれないし育たない。

　土着人は自分の価値基準・問題意識を鮮明に持って、旅坊主にぶつけるべきである。それにいかに旅坊主が応えてくれるのか、それを真剣に見守る。立ち上がって拍手をするときもあるし、途中で帰ったりブーイングをしたりすることもある。旅坊主と土着人の緊張した関係が、旅坊主を育て、土着人および土着の文化を育てるのである。川勝平太は、土着人の先頭に立って、旅坊主と対峙すべきである。それが静岡県知事としての川勝平太の責務である。

　それは、川勝平太を大きく成長させることになる。彼が、生まれ育ち・働いてきた都とは全く異なる生産現場に飛び込んで、土着人と交わり、彼らのリーダーとなることは、彼の研究内容を大きく変え、完成させる契機になるかもしれない。静岡県知事を体験することで、学者としてあるいは政治家と

して、大きく花開くかもしれない。土着人である静岡県民は、旅坊主である川勝平太を育てるパトロンとして振る舞うべきかもしれない。もちろんそれは川勝を甘やかすということではなく、厳しく評価することである。

静岡文化と南北軸活用による知的労働の生産性向上

　川勝平太にとって静岡県という地域は、その理想を実現するうえで最適な地かもしれない。川勝平太は「古来、新しい文明は旧文明の周辺・辺境から勃興してきました」と主張しており、東日本と西日本の辺境であり、二つの文化が接する「域際」の地としての静岡県は、新しい文明の勃興にふさわしい。ただ問題は、二つの都を結ぶ東海道が静岡県を東西に貫いているために、最先端で最高水準の文化が静岡県内を激しい勢いとスピードで駆け抜け、通り過ぎるだけの「回廊地帯化」していることである。

　このために地域固有の伝統文化が育っていない。東と西からやってきた文化を地域で受け止め、伝統文化として定着させているのは、東海道に沿った町ではなく、そこから少し外れた森町や大須賀町（現在は掛川市）など限られている。東海道の沿線では、東西からやってくる文化に塗り替えられるだけである。しかし、このことは他地域の文化を受け入れる土壌の形成ということもできる。

　静岡市で「大道芸ワールドカップ」が定着したのも、地域固有の伝統文化がないためであり、他地域からきたパフォーマーを素直に受け入れ定着させている。それは、静岡的な異文化の受け入れと新しい文化創造に繋がるかもしれない。静岡市の「大道芸ワールドカップ」であれば、このイベントを契機に静岡市に「街角文化（ストリートカルチャー）」を育成していけばよい。

　街角文化の先進地として名乗りを上げ、世界中で無名だけれども才能のあるパフォーマーを呼び集める。彼らが街頭で演じるのを市民が鑑賞・判定する。それは静岡市民の鑑賞眼を育てること、パトロンとなることにつながる。さらに市民の中から無数のクラウンを育て、イベントの際は一斉に街頭に出て行く。そこから世界的なパフォーマーが育つかもしれない。それこそが、地域の特性に応じた文化の創出・育成となる。

　静岡県内の山間部にも、新しい文化の創出の可能性が存在する。この点は、川勝平太が得意とする分野でもある。彼は、国土審議会委員として策定にかかわった「21世紀の国土のグランドデザイン」における「多自然居住

地域の創造」を、「『山里ともに市民生活があるべきだ』という精神」として高く評価している。「都市民の生活に『山里』（庭）をとりもどし、また山里に洗練された市中の文化を広めることは、現代日本の新しい国づくりの課題でしょう」

　この考えを静岡県に応用すると、南北軸の整備・交流となる。何故なら、静岡県においては都市と山里が南北軸でつながっているからである。静岡県では、南北に川が流れ、それが東西の東海道とぶつかる。東西軸が旅坊主の道であれば、南北軸は土着人が生活で移動する道である。それは、東西軸を移動する旅坊主にとっては未知の道であるが、旅坊主が通れば、そこに憧れの生活を見ることができる。

　都市郊外に行けば、川勝が憧れる「広い庭を持つ宅地」＝「家庭」が多く存在するし、さらに上流をさかのぼれば多自然地域が広がっている。しかし土着人にとっては、それは見慣れた景色である。それは、幕末から明治の初期、外国人がやってきて「美しい」と感じた景色かもしれない。だが土着人は、それを「美しい」とは思わない。しかし旅坊主が南北軸を移動し、その美しさをほめたたえてくれることは、土着人の意識を変えていくひとつの契機となるかもしれない。

　土着人としては、それを美しいと評価する旅坊主が多く現れることこそ、重要な意味を持つ。それを活用すれば、土着人の生活をよりよくすることができるかもしれないからである。旅坊主が「多自然居住」に憧れるのは、「頭脳や神経を多く使う仕事に従事している」からである。「多自然居住」は、頭脳労働・精神労働・知的労働に従事する人たちを癒やす空間として注目されてきているのである。

　旅坊主が癒やされるということは、彼らの労働の生産性の向上につながる。「知的労働の生産性向上に寄与する空間」が、多自然居住地域である。それが都市の近くに存在していれば、その都市には知識情報産業が発達・集積していく。それは地方の都市の活性化・国際的な都市間競争での生き残りに繋がるに違いない。そのためには「都市に必要とされる山村づくり」「山村を利活用する都市づくり」の取り組みが求められる。

「東海型過疎」と「21世紀型生活モデル」

　静岡県の山村の特徴は、過疎化と高齢化が深刻化しているにもかかわら

ず、どこかのんびりとしており、危機意識が希薄である点にある。例えば、多くの空き家があるにもかかわらず、売らない・貸さない。人口が減少しているにもかかわらず、見知らぬ人がくることに抵抗感を抱く住民が多い。これを静岡県の地域特性として「ゆとりの過疎」と呼んでおく。

この「ゆとりの過疎」は、車で30分から1時間の距離に子どもや親戚が住んでおり、助け合った生活をしているから生じている現象である。近隣居住による生活互助が「ゆとりの過疎」を出現させている。これは海と山が接近し、平野の規模が小さいにもかかわらず、そこに東海道があるために都市が発展しているという静岡県の地域特性によるものでもある。

つまり静岡県では、山村を離れても、近くの都市近郊に仕事を見つけることができる。その結果、山村に残した親と頻繁に交流できるのである。これは神奈川県や愛知県の山間部でも同じであり、「東海型過疎」と位置づけられる。ちなみに西日本（中国山地）の過疎は「挙家離村型」、東日本（東北）の過疎は「出稼ぎ型」と呼ばれており、「東海型過疎」は明らかにこれらとは異なる過疎となっている。

「独り暮らしの高齢者」が取り残されていても、週末や夏休み・盆や正月には子どもが孫を連れてやってくる。高齢者も、買い物や病院のときは近隣の都市に住む子どもの家から出かけるし、冬の寒い時期にはこの子どもの家で過ごすこともある。畑仕事が忙しいとき・茶摘みのときは、近くに住む子どもや親戚が大挙してやってきて手伝ってくれる。問題が生じても、基本的には近隣に居住する家族内で解決される。

東日本や西日本の周辺部の山村では、子どもたちの多くは東京や大阪などの大都市に居住しており、帰ってくるのは年に数回である。それと比較すると静岡県の過疎地・東海型過疎は、はるかに恵まれている。しかし反面、「集落全体で助け合って暮らす」という努力が希薄になる。その結果、子どもたちが近隣に居住していない高齢者との格差は大きくなる。これが静岡県の過疎山村の特徴であり、その特性に応じた過疎対策が求められる。

この東海型過疎の特徴は、川勝の主張する「憧れをあつめ誇りのもてる生き方ないし暮らしのたてかた（文化）」に繋げられる可能性を持っている。つまり親が多自然の山村で暮らすことで、都市で暮らす子どもや孫たちにとって「ふるさと」ができる。山村での親の居住スペースは広く、自然も豊かなので、子どもたちが遊びに行っても、寝る場所も遊ぶ場所も十分に確保できる。

高齢者は、自然の中で、近くの田畑を耕しながら、健康な生活ができるし、生活のための出費を抑えることができる。「お金を使わないで健康に長生きできる場所」が、山村となる。山村で生活費のすべてを稼ぎだすことは困難だが、基礎的生活費は年金でまかない、後は趣味的な農業をすればいいのである。都市に住む子どもの家族と適度な距離で離れて暮らすから、互いに自立して対等平等な家族関係を維持できる。これが「20世紀の都市における核家族」に代わる、21世紀の新しい家族モデルになるかもしれない。

別荘付きマンション・家庭菜園による
食料自給・山里の茶室化

　都市と山村が近接しているという地域特性を利用して、別荘付きマンションを分譲するということも可能である。都心部の再開発によるマンション建設と山間部の別荘開発を連携させるのである。そのマンションを入手すると、平日は地方都市の中心で都市的生活を行い、週末には自然の中の別荘で暮らす。「フェイス・ツー・フェイス」の最先端の情報は、東京への日帰りで入手できる。

　首都圏で生活する人にとっては、よだれが出るほどのうらやましい暮らしとなろう。それで優秀な人材を誘致し、新しいビジネスを創業してもらえば都市の活性化となる。山間部の別荘建設は、開発業者に委ねるのではなく、地元の農家が行い、別荘の管理を請け負う。地元の農家は、別荘地を提供する代わりに都心のマンションを入手し、子どもの教育や買い物・病院などのときに利用する。山村では定住している農家がいるから、別荘族は新鮮な農林産物を入手できるし、地域の伝統文化と触れ合うこともできる。

　川勝平太は「自作農中心の農地法を撤廃し、借地による『農』の楽しみを奨励する」ことを主張している。「食料の一部を自分の手で作って食する半自給的な農の楽しみへ、人々をいざなう」のである。ここの家庭が半自給的な農の楽しみを満喫するようになれば、それは日本全体の食糧自給率の向上となる。家庭レベルの食糧自給率を向上させることで、日本の食糧自給率を向上させるのである。そうなれば家庭菜園も、立派な農業になるはずである。家庭菜園を農業として位置づけ、それをサポートする体制を整備すれば、「静岡型の農業」として多くの人を引きつけることになろう。

　川勝平太は「近世日本のつくりあげた茶の文化の生活景観『市中の山居』

は誰の目にも美しく、求心力を備えており、模倣を許す普遍性をもっています」と高く評価している。だが「市中の山居」とは、「都市のなかに緑の生活空間を作る」ことである。「茶室」はその象徴であり、そこで「もてなし」の文化が生まれている。そうであれば山村の集落全体を「茶室」にみたてて、そこに人を招く「もてなし」の空間が整備されてもよいはずである。それは「山里に市中の洗練された文化を広めること」でもある。そこで茶の文化人・知識人の能力を発揮させるべきである。

「有徳の士」の人づくりと「報徳思想」の再生

　川勝平太は、明治維新期に来日したイギリス人が富士山を「rich and civil mountain」と英訳したことを「富み、かつ徳のある高峰」と理解したとしている。「有徳」を「civil」としている。しかし英語の「civil」と日本語の「有徳」を、同じ意味と理解することには無理がある。何故なら「徳」という日本語には、英語の「civil」にはない意味が含まれているからである。「徳」という言葉を使い、それを静岡県の県是とするならば、今日の静岡県の経済の発展に大きく貢献した「報徳運動」「報徳思想」との関係を明らかにすべきである。

　報徳思想とは小田原出身の二宮尊徳が広めたものであるが、経済と道徳の融和を説き、社会への貢献を求める思想である。その教えを実践に移す報徳運動は、幕末から明治にかけて、遠州を中心とした静岡県内で大きく盛り上がった。その担い手の中心は静岡県内の豪農層であったが、彼らは中央権力の抗争に背を向けて、地域密着型の経済振興を目指す静岡型の地方権力者の歴史的継承者である。

　静岡県内で大きく盛り上がった報徳運動は、その後の明治政府の「在来産業振興策」「地方改良運動」に吸収され、沈静化するが、彼らの運動は静岡県経済の内発的・自生的発展に繋がっていく。何故か川勝平太は、この報徳思想にあまり言及していないが、生産者の節約・勤勉の思想として、さらに社会貢献の思想としても、もっと評価されてよい。それは「アジア型のビジネス思想」として、これから世界に普及していくかもしれない。

　しかし、今日の静岡県経済が必要とする消費者の視点・ニーズの把握にとって、報徳思想が直接役立つものではない。だが報徳運動の担い手が、その時代の「有徳の士」であったことは確かである。静岡に「有徳」の人材を

育成するためには、報徳運動の継承と再生は必要不可欠である。現在も、掛川市に大日本報徳社の本社が存在しており、政界を退いた榛村純一が社長を務めていた。

　「有徳の士」を育てる上で大きな問題となるのが、長い歴史の中で培われた土着人の意識変革である。それは、土着人の「生き方・暮らしのたてかた」としての文化の変革の問題である。既に述べたように、静岡の土着人にとって権力者・支配者は「上から」「外から」やってくるものであり、それに立ち向かおうと癒着しようと、やがては権力者とともに地域から立ち去ることになる。それ故に、どんな権力者がやってきても表面的には受け入れて忠誠を誓い、自己保身を図る。これが静岡の土着人の基本的生き方である。

　何年か前のNHKの県民意識調査において、「公共の利益のために私的利益が多少犠牲にされても仕方ないと思うかどうか」という設問がなされ、「そう思う」と答えた数が静岡県では全国で最も少なかったことがある。つまり静岡県民にとって最も大切なことは「自分の利益を守ること」であり、「公共の利益」については冷淡なのである。それが静岡県の「既得権擁護型住民運動」に繋がっている。つまり「自分の権利は主張する」が、「他人の権利を守る責任と義務」は果たそうとはしない。

　静岡県の土着人の意識は、国内の他の地方と同じように保守的である。しかし他の地方の保守意識が、「日本のため・天下国家のために自己犠牲をも厭わない」という意識であるの対して、静岡県民の保守意識は「自分の利益を第一に考える」という保守意識である。この意識は「富国有徳」という川勝の理想を実現する上で障害となるはずである。「有徳の士」を育てるというのであれば、この意識・それは土着人の文化でもあるが、その変革を目指さねばならない。

　静岡県には、以前、地域づくりの人材養成を目的とした「静岡未来人づくり塾」が開催されていた。その卒塾者を中心に「学士会」も組織され、毎年、県内の地域づくり団体の組織である「静岡未来づくりネットワーク」の主催で、活動経験の報告・交流の集会も行われていた。当時、彼らを中心に「静岡地域学会」も組織され、全国地域学交流会も静岡県で開催された。しかし、現在、これらはいずれも活動停止に追い込まれている。

　この代わりに石川県政で重視されたのが、地域づくり団体・ボランティア団体の法人格取得である。数多くの団体がNPOと認定され、その数が石川県政の成果とされた。しかしNPO団体の多くは、現在、行政が行っていた

事業の委託先か、それとも営利事業の強化かの選択を迫られ、地域の草の根の運動としては停滞しつつある。「他人を思いやり」、少しでも「助け合う精神」は、「有徳」の精神である。それが根付かないままに、NPOは行政の下請け的な役割を担うか、営利企業化しつつあるのである。それは明治の報徳運動がたどった道と重なる。

土着人の意識変革と「人材放流事業」

　静岡県の地域特性として、「先進性と後進性の二極化」という問題がある。企業の場合、恵まれた立地条件を活用して世界に飛躍するほどの先進企業が生まれている一方で、恵まれた条件に依存し甘えて何もしない企業も多くある。とびきり優れている企業がある一方で、他の地域では倒産しているはずの企業が、現在も存続しているのである。自治体においても、非常に先進的な先取り行政がある一方で、住民の現状維持・既得権擁護の意識に追随した停滞的な行政もある。

　今日の静岡県で大きな問題となるのは、この「先進性」が枯渇しつつあるのに対し、「後進性」が増殖していることである。自生的・内発的な経済発展に代わって、戦後高度成長期以降は県外企業の進出が県経済を主導することになっている。県外から進出した企業の多くは、製造部門のみの進出であり、いつ、工場が海外へ移転されてしまうかもしれない。しかし地元企業が主体の浜松地方を除いて、多くの地域は危機感がない。本社で決定された時点で慌てて騒いでも、手遅れである。

　静岡県経済の特性である旺盛な企業家精神は、起業・創業の件数の少なさからも、衰退しつつあることが窺われる。浜松も、昔は川上源一のような個性的な経営者が競い合い、多様で個性的な産業・企業が相次いで登場していた。そこに多くの隙間ができて、よそ者でも容易に入り込むことができた。しかし現在は、スズキ自動車の鈴木修を頂点とするピラミッドが出来上がり、自動車産業に偏在した産業構造の下で、かっての活気は失われつつある。

　マーケティング論における類型を再び援用すれば、土着人の多くは「初期追随型」「後期追随型」であり、新しいものを取り入れることに消極的である。しかし、彼らは反面で転換・変革の必要性は感じており、川勝平太を知事に選んだ。しかし、自分が変わることには依然として消極的である。川勝

平太の「お手並み拝見」という意識で、傍観しているだけである。そこにいかに切り込んでいくか、川勝平太が試される点である。

　この点で人材育成の方法として「人材放流事業」を行うことを提案したい。土着人を旅坊主として送り出すのである。そのためには将来の進路を考え始める中学・高校の段階で、「ふるさと教育」を行うべきである。「今、ふるさと（静岡県）がどのような問題を抱えているのか」「自分の両親や大人たちが何を悩み、何をしようとしているのか」。それを学ぶのである。サケの放流においても、孵化した後、一定期間、ふるさとの水で育て、そこで放流する。これを「匂い付け」というが、人材放流においても、それを実施すべきである。

　この「匂い付け」では、ふるさとの抱えている問題の解決策を見つけなくてもよい。問題の答えを見つけるのではなく、その問題を考えさせて、県外の大学や企業・職場に送り出すのである。そして答えを見つけた人物だけが、帰ってくればいい。全国の「地域づくり」を見ても、そこで生まれ育ち、外に出たことのない人物が活躍しているところはない。一度ふるさとを飛び出し、外からふるさとのあり方を考えた人物が「地域づくり」の中心となっている。

川勝平太に期待すること

　自治体の政策には、「問題解決型」と「ビジョン追求型」の二つのタイプがある。問題解決型は、地域で問題が発生して担当部門が動き出し、問題の解決策を作成し、首長の許可・議会の承認で実施されるから、「ボトムアップ型」となる。これに対してビジョン追求型はまず目標が設定され、それを実現する上での問題が発掘・発見され、ビジョンに実現に向けて解決策が実施されるので、「トップダウン型」になる。

　問題解決型は、既に問題が発生しているので合意を得ることが容易であるが、現状を回復することに力点が置かれるために、現状維持志向に陥りがちである。これに対してビジョン追求型は、まだ問題が発生していない、潜在化している問題を見つけだす上に、現状の変革・利害関係の変更が伴うので、合意の形成には困難がつきまとう。新しい首長が誕生すると、当初は前任者からの引き継ぎで問題解決型政策の処理に追われるが、次の段階でビジョン追求型の政策の実施ができるかどうかで、その首長の資質が試され

る。

　川勝平太が知事に就任したのは、学者として掲げた理想・ビジョンを実現するためである。最初の一年は問題解決に追われても、二年目からはビジョンの実現に向かわざるを得ない。政治家としての能力が問われるのは、これからである。高度成長型県政を低成長型に転換させた山本敬三郎は、政治家であったが学者肌であった。これに対して川勝平太は、学者でありながら政治家として優れた資質と能力を持っているようである。利害調整能力においては、山本敬三郎の上をいくかもしれない。

　学者の中でも政治家としての能力を持っている人は多い。研究よりは、学内政治で能力を発揮している大学人は多い。問題は、その政治的能力が「どこに向けて発揮されるか」である。自治体の首長になった政治家は多いが、明確なビジョンを持っている政治家は少ない。彼らの政治的能力は、自らの地位の保持・持続のために使われる。川勝平太の政治的能力も、知事としての座を維持するためだけに使われてはならない。学者として掲げた自らのビジョンを実現するために、発揮されてほしい。

　ただ土着人にとって、川勝平太が掲げたビジョンは分かりにくい。土着人が川勝平太に質問をぶつけても、川勝からは一つの質問に100の答えが返ってくることになる。そして土着人は黙るしかないのであるが、それで土着人が納得しているわけではない。これまで外からやってきた知事は、上から目線で土着人に「何かをしてやる」という姿勢だった。都・東京の権威をバックに、県民に施しを与えるという姿勢が見え隠れしていた。このような知事を土着人は信用しない。

東京からの情報受信から東京への情報発信へ

　石川嘉延は、知事になって最初は「論より実践」と言っていたが、「論」の欠落した「実践」では変革・転換が困難であることに気づき、「論」を川勝平太から借りて「実践」しようとした。しかし借り物の「論」では、「実践」に移すことができなかった。今度は「論」者である川勝平太が、「実践」の責任者となった。しかし、その「論」は、石川が借りてきたときから分かりにくいものであり、本物の「論」に触れると、さらに分かりにくくなっている。そのことに川勝平太が気づいているかどうか、気になる点である。

　知事になると、周りはイエスマンで固められ、批判や疑問の声は届きにく

くなる。知事を正面から批判する人間は限られてくる。それも批判のための批判であり、耳を傾けても役に立たないことが多い。土着人に直接訴えても、土着人に理解されるとは限らない。最初は知事の話に耳を傾けても、すぐに飽きてくる。土着人が求めているのは、知事が「何を話しているのか」ではなく、「何をしてくれるのか」である。

　土着人が求めているのは、土着人の中に飛び込み、土着人の立場から都・東京に「物申す」という知事である。東京からの情報より、東京にいては見えないこと・分からないことを見つけてほしい。それを東京に向かって発信し、それが東京でどのように評価されるのかを聞きたい。東京にいては見えないこと・分からないことを主張する知事は、逆に東京においても注目され評価されることになる。

　静岡県のような地方都市は、大都市でもない・農山漁村でもない、中途半端な地域である。大都市研究と農山漁村研究に分化している地域研究において、地方都市研究の蓄積は少ない。「未熟な都市、ゆとりの過疎」が特徴である静岡県は、地域問題が相対的に軽微である。そのために、住民の危機意識は希薄である。しかし着実に危機・衰退は進行している。静かに死を待つ「安楽死型」の地域である。

　問題が生じて地方に駆けつける東京人には、この「安楽死型地方都市」は理解しがたい。東京をバックに上から目線で政策を実施する知事にも、このことは見えていない。東京の視線で静岡を見ているから、彼が見ているのは東京人と同じものである。だから、そのような知事ほど、東京では相手にされない。川勝平太は、東京で新しいものを発見しよう、東京人にはまだ見えないものを見ようとしてきた人物である。彼こそ静岡にきて、東京では見えなかったことを発見し、東京へ逆発信し、「静岡県に、川勝平太あり」と言われる存在になってほしい。

追補1　「川勝県政」1期目の評価ポイント

　前述の「川勝平太と静岡県」は、2010年10月に執筆したものであり、複数の新聞記者から川勝県政へのコメントを求められていたことに対する私なりの回答です。コメントを求められた際には、その準備がまったくなかったために、かなり時機遅れの回答になっていますが、それは私が川勝知事の著書・論文などを読みあさることに時間がかかったからです。

　当時私は、「静岡地域学」のまとめの研究に取り組んでおり、川勝県政へのコメントは、その延長線に位置するものです。特に静岡地域学における「政治」の項目の執筆をしていた時なので、この文章は、その応用編という意味を持ちます。私にとって静岡地域学が優先すべき研究であり、そのための準備作業程度の気持ちで書いており、それを発表する意図はありませんでした。

　ただ、この文章を書いていく途中で、静岡地域学の応用というよりも、川勝県政へのコメントという形をとりながら静岡地域学を提起するという面が出てきました。ともかく静岡地域学の結論の部分に位置する研究という位置づけで、この文章は関心を持つ方に個別にお渡しをすることとしました。

　ところが、この文章を書いた翌年2011年に、私は静岡県の行財政改革推進委員会委員・総合計画審議会評価部会委員に就任することを依頼されます。静岡県政の現状からしばらく遠ざかっていた私にとって、県政全般にわたる詳しい資料の提供とそれをめぐる委員間の議論は刺激的であり、「川勝平太と静岡県」で論じた内容を点検・発展させる機会にもなりました。

　私は昨年に続き、今年も行財政改革と総合計画評価の委員に就任することになり、改めて「川勝平太と静岡県」を読み返してみましたが、内容を訂正・変更する必要はまったく感じません。むしろ、それを深めて静岡県の総合計画の歴史の中での「富国有徳」の理念の位置づけの研究が必要不可欠であるとの結論に至りました。

　そこで、県民の川勝県政への評価のための資料として、静岡県の行財政改革と総合計画の委員会での私の知見を「川勝県政一期目の評価ポイント」として書いておくこととしました。それは、私にとって覚え書き・メモ程度のものとなりますが、「川勝平太と静岡県」の末尾に追補として加えます。

私が静岡県の行財政改革・総合計画評価の委員として感じた問題は、次の三つに整理することができます。第一は「富国有徳の理念が個別の事業・施策にまったく具体化されていないこと」、第二は「行革・総合計画において時間軸・空間軸での分析・位置づけが欠落していること」、第三は「広域自治体の存在意義・役割が不明確なまま、県の自己否定型の権限委譲だけが地方分権として先行して実施されていること」です。

　第一の点ですが、「富国有徳」は県の総合計画及び行財政改革大綱において冒頭に掲げられており、県政の基本理念・目標と位置づけられていることは確かです。しかし個別の施策・事業になると「富国有徳」は教育行政での「有徳の人づくり」に押し込められ、他の行政分野では言葉としても、事業・施策としても姿を消しています。ただ理念あるいはスローガンとして掲げられているだけです。

　本文で指摘しているように「富国有徳」は前知事によって県政の理念として取り入れられたものであり、既に8年が経過しています。にもかかわらず「富国有徳」の理念を具体化した施策・事業がほとんど見られないのは、私自身にとっても大きな驚きでした。私は「富国有徳」の理念が過去にどのように議論されたのか、どのように評価されているのかについて、それぞれの委員会で質問しましたが、満足のいく回答は得られませんでした。

　多くの意見は「よくわからない」というものであり、「富国有徳」の理念を積極的に評価し擁護する意見は皆無でした。この問題は、「知事が責任を持って説明すべき事柄」というのが大勢の雰囲気であり、「分かりにくくても、それを理解し実現しようとする努力が、各種の委員会の委員や県職員の責務ではないか」と発言しましたが、積極的な賛同は得られません。本文で指摘した「富国有徳の抽象性・分かりにくさ」が実証された感じです。

　これは旅坊主である川勝知事に対する、土着人・県職員の現段階における評価と繋がる問題でもあります。旅坊主の主張が理解できない場合、土着人が評価基準とするのが「都での旅坊主」の評判です。評価が高ければ、主張が理解できなくても信頼し尊敬しますが、そうでない場合は無視することになります。それは旅坊主を「脱落型」と判定することに繋がります。

　「脱落型」と判定されると、彼の主張には反対しないものの無視することになります。旅坊主の吹く笛に合わせた踊り方が分からないという理由で、「笛吹けど踊らず」の状態を作り出し、旅坊主を「脱退型」に追い込みます。即ち当初意図していた改革や変革を断念させ、すべてを官僚に委ねて静

かに任期の終了を待つというタイプへ転換させるやり方です。前の東京都知事であった青島幸男への対応が、その典型です。

　私は、川勝知事は「脱出型」であると捉えていますが、「脱出型」と「脱落型」の違いは明確ではありません。本人は「脱出型」であると思っていても、周囲から「脱落型」として扱われることもあります。また「脱落型」であっても、周囲から「脱出型」として期待・信頼される場合もあります。大切なことは、旅坊主の主張が土着人に理解され支持されるかどうか、その主張を実現することで地域が変革・活性化できるのかという点です。

　確かに日本を代表する学者・知識人のひとりであるはずの川勝平太氏が静岡県知事に就任したにもかかわらず、東京のメディアでの扱いは予想したものより小さい感じです。「富国有徳」という理念も、それが提起された時点と比較して話題となることもありません。学者の世界においても、川勝氏が提起した「海洋史観」が学会の常識とされるまでに至っていません。「脱落型」のレッテルを張られてもやむを得ない面もあります。

　しかし川勝氏が提起したものが「間違っている」「時代後れ」と判定されている訳でもありません。その問題提起の大胆さや新しさは、今日においても通用するものであり、「静岡から日本を変えていこう」「日本の夜明けは静岡から」という気概を土着人が抱くようになれば、「富国有徳」の理念は輝きを取り戻せると思います。川勝県政一期目の最後の年の課題は、「富国有徳」の理念を静岡県政の中で実現・具体化することだと思います。

　第二の問題・課題に移ります。私は、現在の静岡県総合計画及び行財政改革大綱が策定された翌年に委員に選任されました。したがって策定の過程にはかかわっていません。それらは、委員会の議論の前提として資料として渡されました。しかし、それを読んで大きな疑問だったのが、過去の総合計画・行財政改革の歴史的経過の記述が無いことでした。過去の歴史を踏まえた上での現計画の提起と未来への展望という「時間軸」での分析の欠落です。

　これは不思議であり、驚きでした。さらに細かい資料を読む中で感じたのが、他の地域・自治体との比較の分析の弱さです。この施策・事業の分野において、順位を付けられるのであれば、何位に位置しているのか、あるいはこの施策・事業は他の自治体に先駆けて実施するものであり、静岡県独自なものであるという視点の分析がほとんど行われていないのです。つまり「空

間軸」での分析が弱いのです。

　ほとんどの事業・施策は、他の自治体に持っていっても、そのまま当てはまるようなものになっています。これは「静岡県だからできる」「静岡県にしかできない」「静岡県らしい」という事業・施策が見当たらないのです。また異なる地域特性を持つ県内を対象としての事業・施策でありながら、県内の地域特性を反映したものはあまり見られず、平均値での事業・施策となって没個性化しています。

　この「時間軸」と「空間軸」の分析の弱さを象徴するのが、地震対策・防災行政の分野です。言うまでもなく静岡県は、1981年に駿河湾を震源とする東海地震の発生が迫っているとの説（石橋説）が発表されて以降、最も熱心に地震対策に取り組んだ地域です。地震対策は、今日まで一貫して県政の最重要課題と位置づけられてきました。静岡県が国内で最も地震対策が進んでいる地域であることは明らかです。国内で一位であることは、世界でも最も地震対策が進んでいる地域ということになります。

　にもかかわらず昨年の東日本大震災の発生後に、「静岡県が地震対策の先進地である」という理由で、地震対策を学ぶために多くの人が静岡県に視察に訪れているという報道に接したことがありません。静岡県の対応を見ていても、これまで地震対策を積極的に行ってこなかった地域・自治体と同じように、あたふたと対策に追われているだけです。地震対策・防災行政において、静岡県は本当に「先進県」なのかという疑問が生じました。

　私は委員会において、これまでの静岡県の地震対策を検証し、その実績を堂々と県民に提示し安心してもらうと同時に、明らかになった問題点・不十分な点を改善していく方策を提示すべきと発言しました。しかしこれまでの地震対策の実績、他の地域・自治体との比較の資料は提出されませんでした。わずかに年度末になって静岡県の地震防災センターへの他地域からの訪問者数が示されただけであり、訪問者がどのような感想を抱いたかの資料はありません。

　直面する課題への対応に追われ、その歴史的な経過を踏まえた現状の把握と未来の展望、地域の特性・個性に応じた対策・対応、他の地域・自治体との比較・対比ができていないのです。目の前の問題の処理に追われ、過去のことや他地域のことを考える余裕が無いようです。当面する課題への対応策が羅列されているだけであり、それでは県民にとって非常に評価しにくい事業・施策になっています。それだけであれば「よくやっている」としか言え

ないのです。

　「富国有徳」「ふじの国づくり」という理念・目標は、極めて個性的であり、静岡県の独自性を示すものです。しかし総合計画・行財政改革大綱において、「時間軸・空間軸の視点での分析」が弱くなれば、独自で個性的な理念を個別の施策・事業に反映させることが困難になります。その結果、理念・目標だけは個性的で静岡的な反面、個々の施策・事業は他地域・自治体に持っていってもそのまま通用する没個性的なものになっているのです。

　何故、このような計画になったのか、その理由は不明です。ただ私なりに考えると、その理由のひとつとして「県政の目標の不明確化」を挙げることができます。静岡県の総合計画の歴史を振り返ってみると、総合計画が策定されるようになった戦後復興期から高度経済成長期まで、静岡県はより発展している隣接の大都市圏・東京（東京都）や名古屋（愛知県）・横浜（神奈川県）に追いつくことを県政の目標としてきました。

　それは日本という国が「先進国へのキャッチアップ」を目標としてきたことと重なります。ところが高度経済成長によって日本が「経済大国」「先進国」への仲間入りを果たすと、新たな目標が設定しづらくなります。地方都市でも、大都市へのキャッチアップという目標が色あせてきます。静岡県でも、1970年代の初頭は新たな県政の目標を模索する時期であり、そこで登場した山本敬三郎知事は、「福祉県政」への転換を掲げると同時に、財政危機・東海大地震対策として「危機管理」の手法を導入します。

　高度成長の終焉と同時に日本を襲った石油危機・財政危機・円高不況などで、未来の目標より当面の危機打開が目標として優先されるようになります。この危機対策は、80年代の後半からのバブル景気によって政策の全面から一時後退しますが、バブル崩壊以降から小泉純一郎政権の「構造改革」を経て現在に至るまで引き継がれています。日本という国全体が未来の目標を議論する雰囲気を無くしているのです。

　「富国有徳」という理念は、「危機管理」という手法が後退した一時期に新たな国家目標として提起されたものであり、それが今日の国民の大きな関心事になりえないことは当然です。しかしそれは、新たな国家目標・未来ビジョンの必要性を否定するものではありません。むしろ、それが無い・見当たらない・関心を引かない時代だからこそ、自治体レベルで提起し、国全体を引っ張っていく意義・意味が出てきます。

特に静岡県は、恵まれた地理的・自然的状況下で経済危機・財政危機も、他と比べて深刻化しない地域特性を持っています。着実に危機は進行しているにもかかわらず、県民の危機意識は希薄なままであり、静かに死なせてほしいという「安楽死志向型地域」です。つまり、危機意識やハングリー精神で県民を鼓舞することが困難な地域なのです。しかし、それは「夢・ビジョン」を受け入れ、必要とする地域であることも意味します。

　ところが静岡県の場合、「危機管理」の手法を維持したまま、「時代環境適応型」の総合計画の時代が長く続いて今日に至っています。即ち日本及び静岡県をめぐる時代環境をまず分析し、それに対する対応策を総花的に羅列するという手法です。そこでは過去の総合計画との関係が切断され、他の地域・自治体との比較による個性化の志向が希薄になります。時代状況に合わせて設定した短期の課題が具体的数値目標として設定され、その達成状況だけが問題とされるようになります。

　その手法を駆使したのが石川前知事ですが、同時に彼はその限界にも気付き、「富国有徳」の理念を導入します。しかしそれは、過去の総合計画との関連性や、他の府県の総合計画との比較が検討されないまま、単なる理念・目標として冒頭に掲げられるだけというレベルにとどまり、今日に至っているのです。これが静岡県の総合計画の現状ですが、行財政改革の場合、「行財政改革の先進県」としての自信・誇りの喪失が問題となります。

　静岡県は1975年の地方財政危機の表面化以降、全国の地方自治体に先駆けて行財政改革に取り組んできた「行革の先進県」として有名でした。「ゼロシーリング・マイナスシーリング」という予算策定の手法をいち早く取り入れ、「新公共経営」の考えによる「リエンジニアリング」の導入、その具体化としての「業務棚卸表の作成」（現在は「施策展開表」に改名）も、静岡県の行革として全国的に高く評価されるものでした。ところが、その栄光ある取り組みが現在の行財政改革大綱には記述されていません。

　他方で、静岡県政の弱点として指摘されていたのが、情報公開の遅れや全国順位の低さでした。これは以前、市民のオンブズマンの組織から盛んに批判されてきた問題です。この点に関しては、現在では全国順位がトップレベルまで改善されているようです。これは静岡県として胸を張って県民に誇示したい点であるにもかかわらず、それが資料として示されたのは、後になってからです。

第三の問題である「地方分権の推進」は、石川県政の時代に知事の主導性で積極的に進められたものです。特に、県の権限の基礎自治体への委譲では、全国で最も進んでいると言われています。それは、旧自治省（現在の総務省）の高級官僚であった石川知事の熱意によるものですが、同時に「地方分権」が大きな流れとなっていった時代に後押しされた取り組みであったことも事実です。

　しかし、そこには大きな落とし穴が待っていました。それは国と基礎自治体の中間に位置する広域自治体の役割・存在意義を明確にしないままに、県の基礎自治体への権限委譲だけが先行してしまったという問題です。それは広域自治体としての静岡県の「自己否定」だけが進行する結果を引き起こします。県が行っていた仕事を基礎自治体に委譲する事態だけが進展すれば、それは県の職員にとって、自分たちの仕事を減らすことが「分権化」となり、結果として県職員の士気の低下が進行することになります。

　戦前の地方自治制の下での「府県」は、議会が設置されていたものの、知事は中央政府の官僚が任命されていました。知事の公選制が実現するのは、戦後の新たな地方自治制度の下です。しかし知事公選制が実現した後も、県の仕事の多くは「機関委任事務」の取り扱いであり、国の出先機関的側面を多く残したまま基礎自治体を監視統制する役割を担わされていました。

　そのような府県・広域自治体に対して、基礎自治体である市町村が反発したのは当然です。そこから「府県廃止」の主張が基礎自治体を中心に盛んに出されるようになります。その中で2000年の地方分権一括法で「機関委任事務」が廃止されます。それは、府県が国の出先機関的な役割から脱皮し、完全自治体に移行することを促すものでした。しかし「府県」の区域は明治の頃から変わらず、国から府県への権限の委譲も限られ、府県の存在意味・意義が問われることになります。

　そこで「府県合併」や「道州制」への移行が盛んに議論されるのですが、2000年以降の分権の取り組みは遅々として進まず、道州制などの地方自治制度の抜本的な改編も実現の目処が立たないままです。その中で静岡県では二つの政令指定都市が誕生し、平成の大合併で規模が拡大した基礎自治体に県の権限の委譲が進行しました。

　当時、石川知事は「政令県構想」を提起し、「政令指定都市」と同じように大きな権限が行使できる広域自治体の実現もめざしましたが、実際に進行したのは静岡県独自な施策としての市町への権限委譲です。「政令県」も

「道州制」も実現の目処が立たないところで、県から基礎自治体の権限委譲が進むと、それは「府県廃止論」の立場からの「静岡県の自己否定」の先行となります。

　私も現在の「府県制」を残し、維持することには反対です。しかし国と基礎自治体の中間に広域自治体は絶対に必要だと思っています。国と基礎自治体の二層構造であれば、国の権限・集権の力が一層強化される懸念があるからです。静岡県がなくなっても、それに代わる広域自治体は必要である。それが私の立場であり、主張です。それは単に主張するだけでなく、現制度の下でも追求すべき課題と思っています。

　基礎自治体に権限を委譲しても、住民が満足する行政が実行されるとは限りません。住民の意識からすれば、権限をめぐる国と自治体、県と市町村の争いは住民不在の「コップの中の争い」にすぎないからです。住民にとって大切なことは、良い事業・施策を実施してもらうことであり、それが「分権」によって実現するかどうかは分かりません。基礎自治体であれば、住民に歓迎される事業・施策が展開できるとは限らないのです。

　特に静岡県内の基礎自治体の場合、平成の大合併によって縦長の「短冊型」の市が多く誕生し、都市と農山漁村という異質な地域を同じ行政区域に抱え込むことになっています。県内に誕生した二つの政令指定都市も、過疎に悩む広大な中山間地域を抱え、大都市圏にある既存の政令市とは明らかに異なります。現在、このような基礎自治体に多くの問題が発生しており、それらは基礎自治体だけでは解決できない事態になっています。

　例えば災害対策の場合、地震による津波の到来で深刻な被害が予想される沿岸部の地域と土砂崩れによる被害が予想される山間地では、被害の内容から対策までまったく異なる対応が必要とされます。ところが同じ沿岸部・山間地であっても、基礎自治体の行政区域によって分断されており、基礎自治体の行政区域を超えた防災・災害対策の連携が弱くなります。他方で同じ行政区域という理由で、画一的な防災施策が異なる特性を持つ地域に実施されようとしています。

　市街地には市街地特有な行政ニーズがあり、農山漁村にも特有な行政ニーズがあります。沿岸地域でも、静岡県の場合、遠州灘と駿河湾・伊豆半島ではまったく異なっており、中山間地域でも、南アルプスと富士山・伊豆山地は異なる地域特性を持っています。それらは共通の地域特性・行政ニーズが

ありながら、異なる基礎自治体の行政区域で分断されています。このような問題を抱えた基礎自治体に対して、広域自治体としての静岡県は権限を委譲するだけでよいのでしょうか。

広域自治体の役割のひとつは、基礎自治体の行政区域を超えた広域的ニーズへの対応と基礎自治体間の連絡・調整にあります。ここに広域自治体としての静岡県の出番・役割があります。にもかかわらず県庁内には、基礎自治体への権限委譲で県の役割は終わりと考えている雰囲気が充満しているようです。面倒なことは基礎自治体に押しつけ、極力仕事を減らす、それが行財政改革であり、市町への権限委譲であると考えているようです。

もうひとつの問題は、静岡県という行政区域をどうするのかという点にあります。現在提案されている道州制の区域では、静岡県はいずれも東海州に所属するとされています。しかし静岡県の東部・富士と伊豆は、経済圏・生活圏・文化圏から関東州に所属するのが妥当であり、現実にそのような動きは起きています。そうなると静岡県は東海州と関東州に分割されます。それを受け入れられない場合、もうひとつの道が考えらます。

それは、東海と関東の端っこがひとつになって新しい州（広域自治体）をつくるという方向です。具体的には小田原を中心とした地域と甲府を中心とする山梨県全域、飯田を中心とする南信濃、さらに豊橋を中心とする東三河が静岡県と共にひとつの州を作るというものです。大都市一極集中型ではない、地方都市連合のような新たな州の設置となります。この二つの道のどちらを選ぶのかが、静岡県に問われています。

もし東海州に所属することを志向するのであれば、静岡空港の建設などを行うべきでないことになります。中部新国際空港が建設された時点で、東海州政府が静岡空港の建設を推進するはずが無いからです。後者を志向するのであれば、空港の必要性は出てきますが、それが新たな州に必要かどうかは議論があるべきです。この点で、これまでの静岡県の施策・事業は迷走していると言わざるを得ません。

以前、静岡地域学会の主催で「静岡県はなくなるか」というテーマでシンポジウムを開催したことがあります。基調講演を当時の石川知事にお願いしましたが、石川知事は静岡県をどうするかについて最後まで言及しませんでした。権限を国から委譲すること、基礎自治体の委譲することに熱心な石川知事でしたが、広域自治体の行政区域の問題、静岡県という地域の将来像については口を閉じたままです。

静岡県の将来像が不明なままに県の権限の市町への委譲を進めれば、当然、「静岡県の自己否定型」の分権となり、県職員の仕事への意欲が低下することになります。これが、静岡県が押し進めてきた「分権改革」の落とし穴であり、それを解決する方策・目処は立っていません。

　以上の三点が、私が昨年、静岡県行財政改革推進委員会委員・総合計画審議会評価部会委員として感じた静岡県政の問題点・課題です。これらは私がかかわらなかった行財政改革大綱・総合計画の根幹にかかわるものです。したがって、それは私個人の参考意見として提出させてもらいました。ところが、私の意見の大筋は行財政改革推進委員会の23年度の意見書に採用され、委員長代理として私は他の委員と共に川勝知事に直接手渡すことになりました。短い時間でしたが、知事に直接訴えることもできました。

　ただ、この三点は石川県政、特に後半以降の県政から引き継がれた問題であり、川勝県政一期目の責任とすることはできません。また問題点の指摘だけでは、委員として無責任と言われても仕方ありません。問題点の指摘から一歩踏み込んで、その解決策・政策の提起を行う必要があります。そこで川勝県政一期目の仕上げと二期目の課題を、次のように整理してみました。

　第一は、石川県政からの転換と継承の問題です。既に述べたように川勝知事の誕生は、長期にわたる石川県政への県民の忌避感・転換への期待によるものです。しかし県政の理念である「富国有徳」は前知事の時代に導入され、川勝県政は継承する責務を負わされています。この「転換と継承」が川勝県政一期目の課題となりましたが、それは県民にとって川勝県政の評価をしにくくさせることになります。

　したがって一期目の最後の年に二期目を窺うために、この問題への決着が求められていますが、その方向はただひとつしかありません。それは「富国有徳」という理念を継承すると同時に、その具体化・実現を目指すために個々の施策・事業において大きな転換を行うというものです。「理念は同じだが、やることが違う」と県民に評価してもらうことです。

　そのためには「富国有徳」を分かりやすく県民に説明することが必要です。それは川勝知事が誕生して以降、県民や県職員が待ち続けたことでもあります。しかし私は、それを知事に期待し、待ち続けるべきではないと思います。旅坊主としての川勝知事は、21世紀の日本が目指すべき道として提起したものであり、日本という国の一部である静岡県で、それをどのように

具体化するかは、県民や県職員が自分なりに考えるべきだと思うからです。

「富国有徳」の理念が「上から」「外から」与えられたものにとどまる限り、それは県民の生活や意識の中に根付くことになりません。知事の頭の中からではなく、普通の県民の意識から「富国有徳」を考えるべきです。そのために川勝知事の主張から離れて、自分なりに考えてみる必要があります。知事も、自分の考えと違うものが出されても、それを尊重して取り入れる努力を行うべきです。

自分の考えを模範解答として県民に押しつけるのではなく、県民への問題提起として「富国有徳」を投げかけ、その反応を見る・受け入れる姿勢を持つべきです。この点で県民の意識・感覚からすると、「富国有徳」はなじみがなく、分かりにくい言葉です。特に「徳」という言葉は、高齢者にとって懐かしくても、若者や子どもにとってなじみのない言葉です。

しかし「徳」という言葉は、本来、人間の資質・能力・人格に深く関係する言葉であり、「有徳」とは「徳のある人」の姿を現実に思い浮かべたり、知ったりすることによって身近に感じることができるものです。それを私流に解釈すれば、次の三つのキーワードに集約できると思います。一つ目は「思いやりの心を持つ人」、二つ目は「よりよい社会をつくるために貢献している人」、三つ目が「そのためにリーダーシップを発揮している人」です。

「思いやり」「社会貢献」「リーダーシップ」の三つは、県民にとって分かりやすい言葉となります。それをキーワードにして、県民に身近な人の中で「これこそ有徳の人」と思われる人を探してもらいます。これは県民が「有徳」について考えるきっかけになりますし、「有徳」の意味を自分なりに解釈して、日常の生活に当てはめたり、身近な人を評価したりする契機になります。

県民から推薦された「有徳の人」を、そのまま認めるのではなく、それを審査して表彰する制度を創設すべきです。その中で川勝知事は、県民が「有徳」をどのように考え感じているのか、また県内には「有徳」と思われる人がどれだけどのように存在しているかを知ることができますし、審査の過程で自分が考える「有徳の人」を具体的に県民に披露することもできます。こうして「有徳」は、知事と県民がともに考え、具体化していくことになります。

私が「富国有徳」を「思いやりの心」「社会貢献」「リーダーシップ」の三

つのキーワードに整理したのは、それが阪神淡路大震災の惨状を目の当たりにする中で生まれてきた「言霊」であるとされているからです。それは経済至上主義的な国土計画への批判を含んでいますが、同時に阪神淡路大震災の経験の中から語られている「災害発生の前から培われていた地域の絆の大切さ」と深くかかわる「言霊」と言えます。

　阪神大震災では、救出された人たちの大半は外から救助の手が差し伸べられる以前の隣近所の人達の協力によるものでした。神戸市真野地区のように地域づくりに熱心に取り組んでいた地域は、死者の数も少なく、震災後の復旧も円滑に進んでいます。淡路島では、倒壊した家屋での寝室の位置や寝る向きまで近所の人達が知っており、その情報に基づいて円滑な救出がなされました。

　これらのことは、災害対策における地域での「自助」「共助」の大切さを示すものです。常日頃から近隣の人を思いやり、災害の際は危険を省みず救助にあたり、そこでリーダーシップを発揮する人々の存在があったことを示すものです。そのような人々こそ、「有徳」の人と呼べるものであり、「有徳」の理念が住民へ浸透し、定着していたことを意味します。だからこそ、大震災の惨状から「有徳」という「言霊」が生まれたのだと私は思います。

　「富国有徳」という「言霊」が大震災の惨状から生まれたということは、昨年、東日本大震災を目の当たりにした今、一層の輝きを持って語るべき言葉となるはずです。特に東海大地震の発生に強い危機意識を抱いている静岡県では、地震に対する備えの中でこそ「富国有徳」は語られるべきです。地震対策を通じてこそ、県民に「有徳」を実感してもらうことは可能であり必要となっています。

　地震対策は、これまでも静岡県政の最重点施策に位置づけられ、それは川勝県政に引き継がれています。現在の総合計画の冒頭にも、地震対策が位置づけられています。しかし「富国有徳」の理念が、そこに貫徹されていたかというと疑問が残ります。「富国有徳」の理念と地震対策・防災行政が切り離されているのです。それは、これまでの静岡県での地震対策における県民の「自助」「共助」の取り組みの遅れと繋がっています。

　ここで静岡県の地震対策を振り返ってみると、1976年の駿河湾東海地震説の発表以降、地震の予知や監視、公共施設の耐震化や防災ヘリの配置・情報通信体制の整備、防災を意識した治山治水のインフラ整備で、他県より進んだ対策を講じてきました。それは、日本国内で最も地震対策が進んでいる

と自負できるレベルにあります。しかしそれは、もっぱら行政の責任で行うべき分野であり、防災のための住民の「自助」「共助」の取り組みは遅れていると言わざるを得ません。

　静岡県の場合、阪神淡路大震災の前の段階から自主防災の住民の組織づくりに力を入れており、自主防災組織の組織率は全国に先駆けて高くなっていました。しかし、その後、その活動は停滞してマンネリ化し、他の自治体と比較しても明らかに遅れてきています。先進地とは言えない事態が生じているのです。住民が主体で取り組むべき活動の停滞を象徴しているのが、「防災マップ」の作成の取り組みの遅れです。

　防災マップとは、住民が自分たちの地域の危険な場所などを調べ、自宅から避難場所への経路の確認や点検などをマップに書き入れるものです。それを参考としながら防災訓練なども行います。宮城県では東日本大震災以前から「宮城県防災マップづくりガイドライン」を作成し、住民による防災マップづくりを促しています。お隣の愛知県では「自主防災活動の活性化支援事業」として防災マップづくりを支援しています。内閣府の支援を受けている防災科学研究所では、全国防災マップコンテストを開催して、防災マップづくりのマニュアルも提供しています。

　ところが静岡県では、防災マップを作成したという事例がほとんど紹介されません。静岡県の地震防災センターに行って防災マップの資料を得ようとしても、ほとんど見つけることはできませんでした。先日、磐田市で静岡産業大学主催の公開講座「地震と津波」に講師として参加しましたが、出席者は定員オーバーになるほど多いにもかかわらず、自分たちで防災マップを作っているという例は聞けませんでした。全国防災マップコンテストに静岡県から応募した数は、極めて限られています。

　最近の静岡県社会福祉推進協議会の調査によれば、県内での地域活動への参加の比率は低下しています。明らかに「自助」「共助」の取り組みは遅れているのであり、「有徳」による地域の絆づくりが進んでいないことを意味します。それは住民の責任になりますが、同時に住民の「自助」と「共助」を促す「公助」のあり方、防災行政にも繋がる問題です。自主防災の組織の低迷は全国的な現象ですが、それを活性化する行政の施策において、静岡県には工夫が見られないことが問題となります。

　その原因のひとつが、防災行政と福祉行政の連携の欠如、縦割りの防災行政が抱える問題です。例えば静岡県では、防災に詳しい人材の養成を目的に

「防災士の養成講座」を開催し、「防災士」の資格を与えています。また防災訓練を盛んに実施しています。しかし、それが防災だけのものにとどまり、地域での絆づくりや「有徳」のひとづくりに繋がっていないのです。地域の福祉や地域づくりの活動と繋がらない防災の専門家だけでは、地域の住民の絆づくりに貢献できないのです。

　静岡県が名実共に「防災の先進県・モデル地域」となるためには、行政レベルだけの努力では限界があります。住民の参加と協力による「災害に強いまちづくり」が必要不可欠であり、それを強力に推進することを「富国有徳型」の地震対策・防災行政とすべきです。「有徳」の理念に基づく地域住民の絆づくりによって「自助」「共助」が確立すれば、間違いなく静岡県は日本国内のみならず世界でもトップクラスの地震防災対策先進地域になります。

　さらに、その情報を世界に向けて発信すべきです。そして、世界の地震防災に静岡県として積極的に貢献すべきです。地震防災に関する世界のシンポジウム、学会や研究会などを積極的に誘致して開催すると同時に、防災関連の産業・企業の誘致や育成に取り組み、地震防災を県の産業振興・活性化に繋げていくことを目標とすべきです。そこに県民の参加・協力を促すために、県民からの防災用品の開発・防災のためのアイデア募集も行うことも必要です。

　川勝知事が誕生したのは、東日本大震災が起きる2年前です。東海大地震への県民の危機意識がやや希薄化し、行政の地震対策もマンネリ化した時期でもあります。その時点で、「富国有徳」を地震対策の事業・施策に具体化させることには無理が生じたのかもしれません。県政の理念を地震対策で象徴することは、地震の危険のある静岡県というマイナスイメージを与えるという批判が予想されたからです。

　しかし東日本大震災を目の当たりにした現在、県民が最も関心を寄せているのは地震対策です。地震対策は、今日では日本全国で最重要課題となっており、それを逆手にとった地域の活性化対策が求められる時代が到来しています。日本国内どこに住んでも地震の危険性があるのだから、地震対策が最も進んだ地域が安全な地域ということになります。地震対策を充実させることが、地域に人を呼び込み、活性化させることに繋がります。

　そのために必要なことは、世界で最も地震対策が進んでいる地域にすることです。その条件に合致するのが静岡県です。ただ静岡県では、住民の「自

助」「共助」の取り組みが遅れており、また地震対策を地域の活性化の手段にするという発想がありません。また地震対策で人を呼び込む工夫もされていません。そこで「富国有徳」の理念を防災に具体化させ、「有徳型防災」として県民の「自助」「共助」の取り組みを促すべきです。

　それを別の言葉で表現すれば、「防災の文化化」ということになります。「防災」を日常の住民の生活・意識の中に定着させること、地域の文化とすることです。それを「有徳」という「言霊」でアピールすべきです。さらに、それを世界に向けて発信すべきです。東日本大震災によって静岡県を訪れる外国人が減ったと嘆くより、地震が起きたからこそ静岡県を訪れる外国人が増加したという地域にしていくことを目指すべきです。

　川勝県政の一期目の目玉として、地域外交が提起されています。しかし、その実態は静岡空港の利用客増を目的とすることや、静岡県と類似性の高い中国浙江省との交流促進などに限られ、戦略的な目標が明確ではありません。そこで地域外交も、地震防災を機軸に地震の危険性にさらされている国や地域との連携・交流を目指すべきです。「有徳型防災の静岡県」の名を、世界に売り込み、世界から人や技術・情報を呼び込むことを地域外交の機軸とすべきです。

　これが、川勝県政第一期目の最後の年、そして二期目への第二の課題であり目標となりますが、第三として「富国有徳」の理念を福祉行政の事業・施策に具体化し、それらを防災行政と連携させることを提案します。それは「有徳」という「言霊」が、「新しい福祉の理念」と合致する可能性が高いからであり、それは日常生活における地域の絆づくりや防災との連携とも繋がっていくからです。

　厚生労働省の地域福祉に関する報告書では、「これまでの福祉は、支援を必要とする人を『○○ができない人』として捉え、できない部分を補うという考え方が強かった」が、「これからの福祉に求められる支援は、支援を必要としている『○○ができない人』と一面的に捉えるのではなく、生きる力を備えた存在として捉え、その人自らの内にある生きる力が引き出されるような、エンパワーメントとしての支援である」と指摘しています。

　つまり「可哀相だから助けてあげる」という福祉ではなく、「生きる力を引き出す」福祉への転換が提起されています。福祉という言葉も、welfareからwell-beingに適合した概念と捉えられつつあります。それは、福祉の

対象者と提供者が対等平等な関係の下で心をふれあい、相互の信頼関係を構築することで、共に自立して生きていくことを目指すものです。

　2000年に社会事業法が社会福祉法に改正・改称され、「措置制度」が廃止され、福祉はサービスであると明記されました。つまり「与えられる福祉」から「選べる福祉」への転換が宣言され、それと同時に「地域福祉の推進」が社会福祉の目的のひとつとされ、「地域福祉の推進のために住民も協力しなければならない」と明記されました。法律上において、地域住民が福祉の担い手と位置づけられたのです。

　この結果、住民の「自助」と「共助」や地域の絆づくりでは福祉行政が先頭を走ることが義務づけられています。福祉に対する考え方の大きな転換が求められ、地域の住民が福祉の担い手として位置づけられている現在、それらを「有徳型福祉」と定義づけることは可能です。それを静岡県独自な施策・事業に取り入れることは、新しい日本の福祉の先頭を走ることになります。

　私は四年前から民生委員を務めており、その活動のひとつとして一昨年から昨年にかけて、私が居住する静岡市大川地区（旧安倍郡大川村）の「福祉マップ」を作成しました。それは住宅地図を貼り合わせ集落別にまとめた上で、各世帯を空き家・半定住・定住（高齢者同居・高齢者のみ・独り暮らし・障害者など要支援・児童扶養）毎に色分けしたものです。それを見れば、災害の際、どこを優先して救出したらよいかがすぐに分かります。

　ここには公共施設や福祉施設、さらに自治会長や民生委員の家も書き込まれるので、見守り・安否確認が必要な高齢者世帯の位置と支援する人たちの位置も確認できるようになります。これは各集落の民生委員に協力して作成したものであり、個人情報も含まれているので、私を含めた民生委員の間での情報にとどめています。ただし自治会長や消防団など関係する組織・役職の人たちにも、非公開の情報として共有することになっています。

　私は、この「福祉マップ」を「防災マップ」に発展させようと思っています。ここに災害時の要援護世帯を書き込み、援護者を配置すると同時に避難所の場所・避難経路・危険な場所などを記入していきます。これには、かなりの手間隙がかかりますし、共同作業として行うことも必要です。しかし、それは住民がその気になればできることであり、現在、私は静岡市社会福祉協議会の呼びかけで開催が予定されている静岡市の千代田学区「防災マップづくり」の講座の準備に参加・協力しています。

行政の分野から見ると、福祉マップは福祉行政、防災マップは防災行政と異なりますが、地域で暮らす住民にとって両者は一体のものです。私は日常生活での見守り・安否確認と緊急通報の仕組みを、災害時の援護・救出の仕組みに繋げようと思っています。縦割り行政を地域でひとつにまとめようとするものであり、それは、地域住民が自分の生活する地域を自分で調査し、それを地域づくりに活かしていく活動でもあります。

　このような活動は住民が主体的に取り組まなければならないものですが、それを支援していく行政の取り組みが極めて弱いことを痛感しています。基礎自治体の多くは、結果の平等だけを重視して、自主的・自発的に取り組む住民の活動支援より、取り組みの遅れている地域の支援を重視しがちです。その結果、住民の多くは自主的・主体的に取り組むよりは行政に依頼・要請する活動に力点を置き、行政への依存・甘えの体質を強めていきます。

　行政から資材や資金をより多く引き出した方が住民からの支持を集め、住民の自主的・主体的な活動を提起する住民は敬遠されていきます。行政も、行政に従順な住民への支援を優先し、自主的活動を行う住民組織・団体は支援の必要なしと放置しがちです。「公助」が住民の「自助」「共助」を妨げているのです。これでは地域の絆は生まれません。「有徳」の志も、地域で育つことになりません。

　現在、地域住民の主体的な地域づくりの運動は、縦割りの行政によって個別に囲い込まれ、分断させられています。福祉や農林・都市計画や防災・コミュニティ育成などの各部局で、それぞれの住民組織を抱え込んでいますが、地域にとっては同じような活動であり、その課題も互いに結合させなければ解決できない問題です。それが行政の担当によってバラバラに分けられ、行政への抱え込み・依存となっているのです。

　NPO法の施行を受けて、私は静岡県が設置した委員会の委員長に就任しましたが、県は地域づくりを担当していた部局とは別の部局にNPO団体を委ねました。その結果、地域で活動する団体に法人格を取得させることがメインの目的となり、NPO団体の活動を支える住民の無償の活動・支援は弱くなりました。原因は法人格を取得したNPOへの行政の事業委託を進めることが優先されたためです。結果としてNPOは行政へ依存するようになり、自立性は低下しました。

　「富国有徳」の理念を地域で個別の事業・施策で具体化するためには、これまで地域での住民の自主的・主体的な活動に対する行政の姿勢を転換させ

ることが必要不可欠です。自立型の市民活動・地域づくりの運動を支援することが、地域での「有徳」の人づくりになります。それは防災・福祉の行政分野でまず先行して取り組むべきであり、「有徳の人づくり」を教育の狭い分野にとどめておくことは明らかな間違いです。

　川勝県政第一期目の最後の年と二期目に向けての第四の課題は、「有徳型教育の推進」です。静岡県は近年、学校教員の不祥事が相次いでおり、「打つ手が見当たらない」等という教育長の発言も話題になっています。この点で私が不審に思うことは、教員の不祥事問題の解決として「有徳型教育の推進」が発信されないことです。静岡県の大きな教育問題の解決に「有徳」の理念が適応されないのは残念なことです。
　そもそも不祥事を起こす教員は「徳」の無い教員であり、現在の最大の教育問題である「いじめ」も「有徳型教育の推進」によって解決できるはずです。「有徳」という理念が、教育現場で生じている深刻な問題への対応で議論されないことは問題と言わざるを得ません。それは「有徳」という理念に問題があるのか、あるいは「有徳」の理念とは別の次元で問題の解決が図られていることに問題があるのか明確にすべきです。
　現在の静岡県の総合計画の中に唯一「有徳」の理念が戦略として取り上げられている「有徳の人」づくりでは、「徳のある人間性の育成」の進捗指標を「困っている人がいるときは手助けをする」と答えた児童生徒の割合に求めています。しかし、それは困っている人を助ける側の意識であり、助けられる側の人への思いやり・いたわりが欠けてしまいます。「上から目線」による「恩恵としての福祉」の考えに留まってしまいます。
　助けられる側の人は、助けてもらうことへ感謝すると同時に、助けられる状態に陥った自分に対する嫌悪感、自信喪失と自己不信の感情を抱きます。そして助けてくれた人への負い目の感情を抱きます。卑屈になり、萎縮・諦めの人生を選択するようになるかもしれません。それでは本当に助けたことになりません。助けられた人の思い・感情を読み取り、元気づけることが必要です。それが「有徳」の中の「思いやりの心」です。
　現在、福祉教育の分野ではもっぱら助ける側の意識が重視され、助けられる側の「○○ができないこと」を体験で学ぶ教育が中心となっています。「できないこと」を実感させ「助けようとする心」を養おうとしていますが、それだけでは助ける人と助けられる人の対等平等な心の交流や信頼関係

が生まれません。相手の心を思いやるまで至らないからです。「有徳」「思いやりの心」としては中途半端です。

　私が、この点を強調するのは、今の子どもたちが「自分が傷つくことに非常に敏感だが、他人が傷つくことには驚くほど鈍感」であり、「相手の痛みを自分の痛みとして感じる」＝「共感能力」が低下していると思っているからです。それは子どもたちだけでなく、学校の教員にも大人たちにも共通している現象です。教員の不祥事も、子どもたちの間での「いじめ」も、相手の心の痛みを感じる能力があれば生じないはずです。

　いじめは昔から存在していましたが、自殺に追い込むほどひどいものにはなりませんでした。またいじめられる側も、簡単に自殺することもありませんでした。昔と今の違いは、この共感能力の低下にあります。「困っているようだから助けてあげる」とは助ける側の心であって、困っている人の心ではありません。それだけでは困っている人を助けることになりません。

　「助ける」とは「困っている人を元気にする」「内にある生きる力」を引き出すものでなければなりません。「○○ができない」ことを体験させる福祉教育が、「できない人を思いやる」「その人の心の痛みを分かち合う」教育に発展していけば、それはいじめを無くすことに繋がっていきますし、そのような教育を行う教員が不祥事を起こすはずがありません。

　他人と比較して「○○ができない」ことになれば、その人は自分に自信が持てなくなり、自分の未来に夢が持てなくなります。自分のことに精一杯になり、他人のこと・社会のことに関心が持てなくなります。私は、これを「三無い地獄」と呼んでいますが、このような状態は多くの子どもたちも同じです。そこで痛みを共有・共感し、そこから這い上がる、生きる力を作り出す努力を共に行うべきです。

　それを「有徳型教育」と名付けるべきであり、そのことによって「有徳」の理念が現代の教育問題の解決に通用するようになるはずです。「文・武・芸」は「有徳型教育の手段」であり、目的ではありません。「有徳」の理念を教育現場に持ち込むのであれば、現実から遊離した抽象的で奇麗事な言葉で飾るのではなく、現実に起きている問題の解決に役立つ道筋を示して提起すべきです。

　この点については、私が大学で学生に行っていた「就職論」の講義内容（「恋愛力」から「就職力」へ〜大学生のための「就職」入門〜）と、家庭や地域での私の福祉活動の実践（体験的地域福祉論その1・2・3〜「福祉の心」

「地域の福祉活動」「民生委員」を考える〜）などとも重なります。福祉と教育は密接に関連し合っており、「有徳」の理念を現実に示しうる重要な分野だと思っています。

　最後にまとめを兼ねて川勝知事のリーダーシップについて述べておきます。選挙で選ばれた知事がリーダーシップを発揮するのは当然ですが、旅坊主である川勝知事は、地域の実情に詳しくないというハンディキャップがあります。しかし地域の事情に疎いことは、従来の発想を超えた大胆な提案を行えるというメリットに繋がります。県民も、それを期待して川勝知事に投票したはずです。

　しかし知事としての経験を積み重ねていくと、地域の事情に疎いことは許されなくなります。知事の発言には県民を納得させるだけの具体性・説得力が求められます。川勝知事の言動から県民がイメージするものも大切になってきます。この点で川勝知事は、政治家でも官僚でもない学者出身という特色があり、それにふさわしい言動を県民は期待していたはずです。

　ここで、これまでの川勝知事の言動をマスコミ報道から見てみると、多く取り上げられたのは静岡空港での日本航空への搭乗率保障と浜岡原発の問題です。これらの問題に関して素人であるはずの知事の大胆な発言は分かりやすさと新鮮さという点で県民に好印象を与えましたが、同時に大丈夫だろうかと県民の不安も感じさせています。その点についての評価は差し控えますが、問題は学者らしさの発揮です。「思想家型リーダー」としての能力発揮の問題です。

　「富国有徳」という理念が未だ抽象的であり、具体的な事業・施策に充分に反映されていないことはリーダーシップとしてはマイナスです。特に「有徳」という言葉は、若い人にはなじみのない言葉であり、それを理解してもらうためには川勝知事自身が「有徳の人」の象徴としてのイメージを持ってもらうことが大切です。川勝知事を見れば、「有徳の人」が分かると言われるようになることが理想です。

　そのためには、県民に向かって語りかけるだけでなく、県民の話に耳を傾ける、「知事は自分たちのことがよく分かっている」と思ってもらうことが重要です。知事に会うと懐に包まれているようなやすらぎを覚え、この人なら自分たちのことをすべて理解してくれて、自分たちのために親身になって頑張ってくれる。そう思われるのが「有徳の人」のはずです。難しい言葉を

羅列するよりは、じっと話を聞き、眼を見て頷くほうが県民は安心します。

　しかしそれは、知事という神輿の観客に対するものであり、神輿の担ぎ手に対しては実利という点で納得させる必要があります。何も知らなくても、何かをしてくれそうと期待されて神輿の担ぎ手になったのだから、彼らを安心・納得させるべきです。しかし、これは容易なことではありません。「富国有徳」という理念も抽象的であったから受け入れていただけで、具体的な事業・施策になると彼らの既得権を侵害し、損なう可能性が出てくるからです。

　そこで二つの選択肢が出てきます。神輿の担ぎ手の同意を重視するか、それとも観客の支持を重視するかという問題です。担ぎ手の納得と同意を重視すると、大きな転換は困難です。しかし川勝知事に求められているのは転換であり、「富国有徳」の理念を具体化しようとすれば観客・県民の強い支持が必要不可欠です。その点では、まだまだ不十分であり、再選に際し、川勝知事がどのような舵取りを行うかは注目される点です。

　「富国有徳」の理念を具体化させる上で鍵を握っているのが、県の職員の意識・態度です。彼らに対する知事の支持が適切であり、理解・納得して仕事をしてくれるかが心配になります。この点での知事のリーダーシップを測るためには、県の総合計画における知事の考えの取り入れ、位置づけを見てみます。おそらく川勝知事の発想によると思われるものが、どのように総合計画に位置づけられているかの問題です。

　総合計画の基本構想の大部分は、川勝知事の考えに沿ったものとなっています。基本理念である「富国有徳の理想郷"ふじのくに"づくり」の冒頭には「徳のある人材の育成」が掲げられています。ところが戦略体系では「命を守る危機管理」に次ぐ二番目に位置づけられ、そこに教育と文化・観光が配置されるだけになっています。つまり「防災」「福祉」が「有徳の人づくり」から除外され、第三の戦略「豊かさの実現」、第四の「自立の実現」からも切り離されています。

　川勝知事の考えが強く出ているのが「場の力」です。それは「本県のヒト、モノ、大地という地域が持つ独自の潜在力」と定義され、「取り組みの視点」の冒頭に「静岡県が持つ『場力』の最大限の活用」が掲げられています。戦略体系では、「豊かさの実現」の中の「一流の『ものづくり』『ものづかい』の創造」において「新結合による『場力』の向上」に使われています。

　「場力」とは、静岡県の地理的な特性を踏まえ多様な自然・資源の活用を

説いた言葉ですが、空間軸の視点が希薄な個別の事業・施策では活かされていません。言葉の新しさがあっても、静岡県の具体的内容での新たな発見・発掘が伴っていないからです。抽象的・一般的な意味としても、新鮮さに欠けています。また「場」としての特性と、それを「力」に変えることには一定の距離があり、それも説得力を欠く要因のひとつとなっています。

　「ものづかい」という言葉も、知事らしい発想として注目されます。知事の言う通り、「産業は、新たな価値を創出する『ものづくり』ですが、ヒト、モノ、大地の資源を新しい視点で組み合わせて使う『ものづかい』でもある」ことは確かです。しかしそれは、生産と消費は一体のものであり、それだけでは静岡県の産業の特質・課題を解決することになりません。「ものづくり」を問題とするならば、静岡県の産業の特質として「ものづくり」の過程での「頭を使ってモノを作る」という企画や開発機能の集積が遅れている点に注目すべきです。

　「ものづかい」（＝消費）には、「ものづくり」（＝生産）と同時に行われる生産的消費と、生活における消費の二つの意味があります。後者の生活的消費は人間が生きていくこと、即ち生活そのものであると同時に、人間の欲望を充足させ新たな欲望を生み出す側面も持っています。それが消費者のニーズと言われるものであり、企画・開発が絶えず追いかけているものです。単なる生産現場から脱出するためには、この消費者のニーズを生み出す「ものづかい」にこそ注目すべきです。

　「ものづかい」を生産的消費に限定すれば、原料資材の消費に留意した高度な「ものづくり」といえばよいことであり、「もったいない」という考えと同じことです。静岡県で追求すべきは、消費者に喜ばれ支持される「ものづくり」です。社会に貢献し人々を幸せにする「ものづくり」に努力すべきであり、消費者のニーズを先取りし、生活を一層豊かにしていく「ものづくり」のために、「ものづかい」を研究調査する企画・開発機能の集積が静岡県に必要なのです。

　川勝知事の発想も、生産的な消費を重視するものではありません。海の向こうから持ち込まれた新たなものを組み合わせ消費することで新たな文化・文明が生まれたことを強調する論理となっています。知事の発想とそれを具体化する担当職員の意識のズレが、ここにあります。その結果、従来からの産業振興策を継続しながら、「ものづかい」という新しい言葉だけを取り入れることになっています。

もうひとつ川勝知事の発想を取り入れているのが「家・庭一体の住まいづくり」です。これは「県民幸福度の最大化に向けた重点取組」の最初に位置づけられています。大都市の住民が庭のある家に憧れるのはよく理解できます。川勝知事自身が庭のある家に移るために引っ越しを行ったほどです。しかし地方都市では、庭のある家が普通であり、そこに改めて「家・庭一体の住まいづくり」を行うとは、どのような意味があるのでしょうか。

　地方都市で大切なことは、単に庭があることではなく、そこでどのような暮らしを営むのか、どのような家庭・家族を構築するのかです。家族が抱えている問題をどのように解決し、どのような生活、ライフスタイルを実現するかが問われるべきです。ここにこそ「場」の特性を利用した静岡的な住まい方の提案が必要です。そのためには、親と子どもの家族が南北軸に沿って近隣に居住し、生活の互助を行っている現実に注目すべきです。

　これは既に「川勝平太と静岡県」の中で指摘しているので省略しますが、地方都市圏である静岡県の実態を踏まえれば、庭のある家に注目するよりは、そこでの暮らしのあり方を問題とすべきです。それは、親の家族との関係の薄い大都市での核家族が抱えている様々な問題を見据えた上で、それを解決する可能性を持った地方都市での親子の近隣居住を「静岡型ライフスタイル」として大都市にアピールし、人を呼び込むことです。

　以上の点から、現在、県職員に対する川勝知事のリーダーシップは、総合計画にみる限り、空回りしていると言わざるを得ません。それは知事の側に問題があるのか、あるいは担当職員に問題があるのか分かりません。ただ知事に就任して間もない時期に策定された総合計画ですので、多少の混乱が生じるのは仕方ありません。この混乱を川勝知事の一期目の最後の年で収めることができるのか、それが川勝知事の再選を占うひとつの要素になると思います。

　8月の20日から3日間、総合計画の評価部会が開かれる予定となっています。その席上で、私は発言させてもらうことになりますが、限られた時間で私の考えを関係者に理解していただくことは困難です。そこで、このような文章を大急ぎで書いてみたのですが、不十分で不正確な部分が多々あります。それは、後で訂正・書き直しをさせてください。私の発言の裏にある考えは読んでいただければ理解してもらえると期待しています。

2012 年 8 月 15 日

追補2　リニア中央新幹線問題が静岡県民に
　　　　問いかけているもの

　リニア中央新幹線とは、日本の首都・東京と中部・近畿の大都市を結ぶ高速交通幹線です。役割自体は静岡県を東西に貫く東海道新幹線と同じですが、線路の通る場所は県の北部であり、国内における高速交通の最先端が地元を通らなくなることを意味します。当然、静岡県民にとって好ましいことではなく、リニア中央新幹線に対する県民の関心の低さや、冷たい視線の一因となっています。

　しかし、このような事態は新幹線・高速道路網が全国に広がる中で予測されていたことであり、大都市に挟まれた地方都市の集まりである静岡県は、単なる通過地点・回廊地帯化することへの警戒・対策を考えてきました。大切なのは高速交通で通過する人を県内に降ろし、県の魅力を知ってもらうことであり、地域の魅力を高めることで、高速交通の通過を地域振興に繋げようと努力してきました。

　そのため、静岡県は「富国有徳」という理念を掲げ、提唱者である川勝平太氏を県知事に迎えました。外から持ち込まれるものへの依存ではなく、それを利活用する地域の創意工夫・勤勉性が重要と考えたからです。

　「富国有徳」という言葉自体は抽象的であるため、それを具体化し、現実化する政策・施策・事業が重要です。ところが知事となった川勝氏は、県が行う主要な施策は職員に委ね、「富国有徳」と「富士山」をかけた「ふじのくに」という言葉を用いて、県のアピールに重点を置きました。そのために「富国有徳」の具体的な施策は行われず、静岡県の中部・西部の山である南アルプスにも関心を示していません。

　このような状況の中、川勝氏はリニア中央新幹線の建設の最終段階になって、「南アルプスの地下トンネル工事によって、県民の『命の水』が失われる」と異議を唱えました。リニア建設を推進するJR東海との対立はマスコミからも注目され、全国的なニュースになっています。川勝氏の異議によって、リニア建設工事は滞り、開業の遅れるとの見通しも出ています。しかし地下水の問題は専門家であっても意見が分かれており、県民には分かりにくいのが現実です。

　県民として気になるのは、静岡県知事の主張が正しいかどうかではなく、

異議を唱えたことがJR東海への「嫌がらせ」として受けとめられていないか、という点です。さらに県内の周辺自治体との関係においても、県知事が孤立しつつあることも気になります。現時点で問題となっている争点については評価できませんが、今回の事態における知事の言動が、彼の提唱する「富国有徳」という理念に合致するかどうかは判断できます。

「徳」とは人間に備わるものであり、同時に他人から評価されるものです。「自分には徳がある」という人はいないでしょう。他人から信頼され尊敬されることで「徳がある」とされるのであり、自己の利益だけを追求したり、他人を陥れたり、孤立し排除される人は「徳がある」と言われることはありません。この点で川勝知事を「徳がある」と思う人は少ないのが現実です。

静岡県にとってリニア中央新幹線がもたらすメリットが少ないことは確かです。JRにはこれまで富士山静岡空港の地下駅設置や、静岡駅へののぞみ停車などを陳情してきたものの、常に冷たくあしらわれたため、許しがたい気持ちになるのも分かります。しかしリニア建設工事での地下水の流出と、リニア中央新幹線の是非は別問題であり、リニアに賛成を表明していた川勝知事としても、今回の事態で開業が遅れるのは本意でないはずです。

ところが今回の事態については、「静岡県、とりわけ知事はリニア開発を意図的に妨害している」という意見が多く出ており、知事が「正論」と主張しても、「嫌がらせ」と受け止められています。仮に川勝知事に「徳がある」と評価されていたら、このような偏見は出て来ないはずです。川勝知事が日ごろから「自分の利益を顧みない人」と見られていれば、今回の事態も「悪者になっても静岡県のために必死の努力をしている」と評価されるかもしれません。

「富国有徳」を掲げている静岡県知事ならば、誤解であったとしても「嫌がらせ」と受け止められる言動は慎むべきです。「富国有徳」の考えを元にするならば、「それが国家的な事業であり、大都市に利するならば、建設地域にも手厚い配慮をすべき」と主張し続けるべきです。このような主張は、高速交通の先進地である静岡の実態・体験に基づくものとして、リニア周辺の多くの自治体から支持されたはずです。

構想の段階から支持していたにもかかわらず、工事の最終段階になって突然、開業を遅らせる言動を取れば、多くの反発を招いても仕方ありません。川勝氏が知事となった以降の言動を考えると、自らが提唱した「富国有徳」

を県の理念として掲げながら、自分自身は「徳を積む」という視点・努力が欠落していると思わざるを得ません。

　川勝氏が県民に「富国有徳」、とりわけ「有徳」について詳しく易しく説明し、それを具体化する政策・施策・事業を推し進め、県内外から信頼される知事となっていれば、今回の事態は避けられたはずです。川勝知事に対しては、自らが提起した「富国有徳」について改めて考えていただきたいと思っていますし、この点については県民にも考えてほしいと思います。

　私たち静岡県民は日本国民であり、また基礎自治体としての市民・町民でもあります。そのためリニアの問題については、国民としての評価と、県民・市民・町民としての評価が一致しない可能性もあります。国民として「リニアが必要」と考えていても、「それが自分たちの生活を脅かすのであれば反対する」という場合もあるからです。この場合は、国と地域の住民・自治体間で協議・調整が行われることになります。

　これまで静岡県内では、東海道の整備による大規模な事業が国家主導で行われてきました。これに対して静岡県は積極的に協力し、県内の土地や水などの資源を提供してきました。東海道の整備は、静岡県にも大きなメリットをもたらすと考えていたからです。しかしリニアの場合、静岡県内へのメリットは少なく、デメリットが大きいことが予想されています。そのような状況の中で生じたのが川勝知事とJR東海との対立です。

　もともとリニアに反対している県民であれば、たとえリニアの開業が遅れても、知事には自己の主張の正しさを最後まで貫いて欲しいと願っているでしょう。しかし県民の多くは、リニアは必要と思うものの、この問題をJR東海との取引材料にして「静岡空港の地下駅の設置」や「のぞみの静岡駅停車」を求めて欲しいと願っているようです。ただ、取引で新駅の設置やのぞみの停車を勝ち取っても「地域エゴ」「ごね得」として批判の対象となることは確かでしょう。

　多くの場合、このような事態の解決は政治的取引に委ねられ、密かに解決策が模索されます。ですが、川勝知事は政治的駆け引きを行わない人物として知られています。たとえ知事が取引を行っても、リニア反対の県民からは「裏切り」とののしられ、静岡県の掲げる「有徳」は「ごね得」という評価へと変わり、本来の理念は完全に説得力を失ってしまいます。

　空港の地下に新駅が設置されても、のぞみが停車するようになっても、駅から降りて県内を散策する旅人が増えないと静岡県の活性化には繋がらない

でしょう。これを実現させるには、「富国有徳」を「内発的発展」として捉え、県民・市民・町民による地域づくりや活性化への取り組みが欠かせません。しかし、そのような見込みがない静岡県の現状を見れば、JR 東海が譲歩することは困難と思われます。

　JR 東海が譲歩しなければ、静岡県が狙う「ごね得」は、次第に「ごね損」へと変化し、全国の笑いものになるだけです。どのような結末を迎えても、川勝知事への評価は厳しいものとなるでしょう。私たち県民に問われているのは、このような事態に陥った川勝県政を「どのように評価するか」という問題です。それはまた私たち県民が「富国有徳」をどのように理解し、実践していくかという問題にもなります。

　「地域エゴ」「ごね得」と批判されても、静岡県の利益のみを排他的に追求していく道もあります。しかし、それは川勝知事が自ら掲げた「富国有徳」を否定することになり、それによって県民の支持を一時的に勝ち得ても、県民の地域活性化への意欲創出にはなりえません。むしろ静岡県の評価・イメージの下落は、静岡県に対して長期的に深刻な打撃を与えることになります。

　「富国有徳」とは日本という国のあるべき姿として提起されたものであり、日本国内の幅広い支持がなければ実現しません。その提唱者が知事となった静岡県が「地域エゴ」「ごね得」で有名になれば、「富国有徳」は完全に忘れ去られていきます。しかし静岡県で「富国有徳」の本来の目的を実現・具体化する道を真剣に模索すれば、それによって日本の未来も変わっていくかもしれません。今、県民の決断が試されているのです。

2023 年 5 月 19 日

今がチャンスだ！　飛べ静岡！
～静岡市の地域特性と「総合計画」～

はじめに

　静岡市の人口は、1990年の73万9300人をピークに減少を続けており、2017年には70万人を割り込みました。その結果、全国の政令指定都市で最下位となっています。これまで人口減少は、農山漁村における「過疎化」として知られていましたが、静岡市のような政令指定都市で人口減少が始まったことは、市民に不安な感情を抱かせています。したがって静岡市として、人口減少をどのように考え、どのような対策を行うのかを示すことは必要であり、重要なことです。

　特に静岡市の場合、人口70万人が政令指定都市の人口要件であったことから、川勝平太・静岡県知事が、静岡市の人口減少を合併・政令指定都市の失敗事例の証拠として捉え、静岡市を廃止して県の直轄とする「静岡型県都構想」を打ち出しています。しかし人口70万人以下になると政令指定都市でなくなることはありませんし、合併・政令指定都市と人口減少が直接、連動しているわけでもありません。ただ静岡県知事が、静岡市の人口減少を利用して、「静岡型県都構想」を提起したことは確かです。

　川勝知事が提唱する県都構想は、地方分権の流れに逆行するものであり、地方自治や地域社会の実情に対する知事の見識を疑わせるものです。その傲慢な手法は、川勝知事のリーダーとしての資質の欠如を示すものであり、「静岡型県都構想」は賛同が得られないまま立ち消え状態になっています。しかし静岡市にとって「人口70万人の維持」は、「第三次静岡市総合計画」で成果目標として掲げられていることであり、県都構想とは関係なく取り組むことが求められています。

　静岡市の人口の減少で目立っているのは、18〜22歳の若者の首都圏への転出ですが、子どもから大人になる過渡期の若者が生まれ育ったまちから飛び立つのは自然なことです。若者とは、親の家族から「離陸」し、自分の家族を作って「着陸」する「浮遊期」を生きている存在だからです。大切なことは、静岡市で生まれ育った若者だけでなく、他の地域・まちで生まれ育った若者にも、静岡市が魅力的なまちであることです。他の地域から静岡市に若者が流入するまちになることで、若者の流出も抑制することができます。

　さらに大切なことは、若者が自分の将来を見据えて定住する決意を固めた時、「住みたいまち」「魅力的なまち」として選んでもらえることです。自分

の家族を持ち、そこで子育てをして、老後も快適に暮らせるまちであることが必要です。そのためには若者だけでなく、全世代にとって魅力的なまちにすることも求められます。若者だけに人気があるまちは、若者が年老いていくと去っていくことになります。若者が自分の家族を持ち、そこで子育てや親の介護をしたいと思うようなまちをつくることこそ大切です。

　この点で静岡市は、極めて魅力的なまちです。都市と農山漁村の魅力を併せ持ち、子どもから高齢者まで全世代が幸せに暮らせるからです。まず暮らしやすい温暖な気候が、静岡市の魅力となります。三方を山に囲まれた地形によって、冬でも冷たい北風が吹くことはありません。夏も、南の駿河湾から吹いてくる風によって高温になることもありません。静岡市は日本でも有数な温暖な気候の都市であり、大都市・東京にはないものです。

　現在、多くの地方都市では中心市街地の衰退が進行しています。ところが静岡市では、旧静岡市の中心市街地の賑わいが維持されており、政令指定都市の中でも胸を張れるものとなっています。この旧静岡市の中心市街地の賑わいは、全国から多くの視察がやってくるほど有名になっており、政令指定都市の中枢を担うまちとして誇れるものです。さらに静岡市で暮らしていると、新幹線や高速道路を使って、日帰りで首都圏・東京に行き、人に会い、情報を入手できるので、首都圏に蓄積されている機能を利用した仕事・生活が可能です。

　それと同時に静岡市は、田舎暮らしも楽しめるという魅力も持っています。静岡市の面積の大半は南アルプスの南麓に位置する山間地であり、大井川や安倍川など4つの大きな河川の源流部となっています。また沿岸部には有名な清水港の他に用宗港もあり、駿河湾の向こうに伊豆半島も見ることができます。東京では山を見る、もしくは海に行くために半日かかりますが、静岡市では南北に一時間程度移動するだけで行くことができます。つまり静岡市は、都市としての豊かさと同時に田舎暮らしも楽しめるのです。

　人間が快適に暮らすためには、都市の生活の利便性と農山村の豊かな自然環境の双方が必要です。その中間に位置するのが地方都市圏ですが、その中で静岡市は人口70万人の政令指定都市としての高次な都市機能の集積と、豊かな自然があふれる南アルプス南麓の農山村が隣接した地域であり、都市と農山村としての魅力も突出した輝きを持つ都市となっています。問題は、この魅力・輝きがまだ知られていないこと、静岡市で暮らす市民自身が、そのことを十分に認識し、生活に活かしていない点にあります。

田辺信宏氏は 2011 年（平成 23 年）に静岡市長に当選した直後、市長マニュフェストに基づく「まちみがき戦略推進プラン」を策定しています。そこでは「私たち市民が望んでいるのは、わくわくと希望に満ちた未来ではないですか」と問いかけ、「静岡市には…………実にたくさんの魅力ある地域資源があり……世界水準の素晴らしい都市にしていくための素材は、実はもういろいろ揃っているのです。だからこそ、静岡市に今必要なのは『まちづくり』ではなく『まちみがき』だ」と市民に訴えています。

　この田辺市長の問題提起は、静岡市には既に「魅力ある地域資源」が多くあるにもかかわらず、それが認識されていない・活かされていない現状を指摘したものであり、実に秀逸で的確な指摘です。「まちづくり」ではなく「まちみがき」を提起したのも、静岡らしい個性的で斬新なものです。しかし、それがどれだけ静岡市民や市職員に理解され、浸透していったかについては疑問です。自分たちが暮らす地域・足元を見て、それを見直し活かすことは容易ではないからです。

　田辺市長は、「まちみがき」の進め方として「広く世界から静岡市を見つめる『鳥の眼』、身近に市民ひとりひとりの生活を見つめる『虫の眼』」という 2 つの視点を示し、2 つの都市ビジョンを提起しています。ひとつは「『ないものねだり』から『あるものさがし』へ」という視点からの「鳥の眼で見る都市ビジョン」として「求心力が強く、世界中から人が集まるまち」であり、もうひとつは「『不安』から『安心』へ」という視点からの「虫の眼で見る都市ビジョン」として「災害に強く、安心・安全に人が暮らせるまち」です。

　ここで留意しておかねばならないことは、「鳥の眼」を持つのは世界を飛び回り、他地域の都市を熟知し比較できる人であることです。それは静岡市民・市職員の中で少数派であり、多数派は「虫の眼」の人たちです。地域の資源も「鳥の眼」からの評価と「虫の眼」からの評価は異なる場合があります。「世界中から人を集める」ためには「鳥の眼」が必要ですが、「安心・安全な暮らし」のためには「虫の眼」が必要です。両者は異なりますが、「鳥の眼」からも、「虫の眼」からも納得できる「地域の資源」を見つけねばなりません。

　この「まちみがき戦略」は、策定の翌年、「第二次静岡市総合計画」の改訂版として組み込まれ、それが現在の「第三次静岡市総合計画」に引き継がれています。私は一昨年、田辺市長の依頼で「静岡市政策・施策外部評価委

員」に任じられ、静岡市の行政施策・事業の評価を行ってきました。そこで感じたことは、田辺市長の問題提起は静岡らしい個性的で独創的なものであるのに、それが個々の施策・事業に反映されていないことです。静岡市らしい個性的で独創的な施策・事業が極めて少ないのです。

　静岡市の施策・事業の多くは、日本国内の他の自治体でも行っているものです。それは、国が作った法律・政策に基づくものであり、そこから逸脱し反するような施策・事業の実施は困難です。しかし地域の実態、住民のニーズに応じて様々な創意工夫を織り込んで実施することは可能です。それは、先駆的・先進的な施策・事業として広く紹介され、全国の自治体の施策・事業のモデルとされています。まさに「鳥の眼」から見た自治体の施策・事業の評価なのです。

　ところが、この先駆的・先進的なモデルの中に静岡市の施策・事業がほとんど入っていないのです。「鳥の眼」から「輝いている」と評価される施策・事業が少ないのです。静岡市だからこそできた施策・事業、多くのメディアから取り上げられ評判になるような施策・事業、他の自治体から視察にやってきて真似されるような施策・事業が乏しいのです。他の自治体でも既に行われている施策・事業が羅列され、それを「輝いている」と思い込んでいるようです。

　このような事態になったのは、他の都市・自治体と比較し、そことの違いを際立たせる意識が希薄なためですが、それは目立つことは嫌い、安心・安全を最優先し、平穏無事であることだけを願う「臆病な虫」そのものです。それは、目立てば空を飛ぶ「鳥」に食べられてしまうと危惧しているからであり、静岡市だけを見ていると、そのようになります。しかし世界や日本全体を見渡し、その問題・課題を静岡市から解決しようとする立場に立てば、「鳥の眼」も持つ「たくましい虫」になることができます。

　私は、43年前に静岡大学に赴任し、静岡市の行政の様々な委員をさせていただきましたが、そこで感じたことは独創的で創造的な新規の政策や施策は極力やりたがらないという行政体質です。独創的で個性的な施策・事業はリスクも多く、失敗すれば高い代償を払わねばならない。さらにそれは、これまでの仕事のやり方を変更せねばならないし、職員の仕事が増えてしまう。それより一歩遅れたものであっても、安定・堅実な行政施策・事業に徹すべきだと認識されているようです。

　そのために田辺市長が「『ないものねだり』から『あるものさがし』へ」

と提起しても、「無理をしてでも新たな政策・施策を考えるよりも、今ある
もの・これまでやってきたもので済まそう」と受け止められ、「あるものだ
けで済ます」という現状維持にすり替えられます。「恵まれた地域資源」に
ついても、どのように世界で評価され、「輝き」を放っているかについて
は、十分に検討されません。「まちみがき」と言われれば、「これからやりま
す」とかわし、既存の施策・事業を「みがいた結果です」と弁解するので
す。

　この結果、田辺市長の問題提起はなかなか具体的な施策・事業に至りませ
ん。行政を担う市職員が市長の提起を自分に都合のいい方向で解釈している
からです。この静岡市の行政体質は、これまでの静岡市政の中で培われたも
のであり、いかに有能な市長であっても短期に変えられるものではありませ
ん。田辺市長の熱意と努力で行政体質に変化の兆しは見られますが、大きな
変化には至っていません。さらに、この行政体質は新しいもの・変化を嫌う
市民の意識とも繋がっています。

　それは恵まれた地域資源に依存して、それなりの暮らしができればいいと
いう現状維持志向の市民意識であり、行政に対しても独創的で個性的な新規
事業を求めようとしません。静岡市の行政体質は、このような市民の現状維
持志向と密接に繋がっています。それは、静岡市の歴史の中で形成されたも
のであり、危機意識やハングリー精神が希薄という静岡市市民の特性にも繋
がっています。それは、リスクが伴う独創的で個性的な新規事業への忌避行
動となり、それを批判するだけで変わるものではありません。

　マーケティングの分野での「イノベーター理論」によれば、社会の構成員
は新しいものを企画・創造する「革新者」(2.5％)、流行に敏感な「初期採
用者」(13.5％)、一歩遅れて流行に乗る「前期追随者」(34％)、周囲を見
て追随する「後期追随者」(34％)、流行に追随しない「遅滞者」(16％)の
五つに分けられます(図1)。これを静岡市に当てはめれば、大都市・東京
に転出する若者や女性の多くは、流行に敏感で新しいものを好む「初期採用
者」であることが推測されます。

　静岡市には、新しいものを企画・創造する「革新者」も、東京からの脱出
組も含めて少数存在します。しかし、静岡市には彼らをサポートする「初期
採用者」が少なく、地域では孤立してしまいます。静岡市で暮らす市民の多
数派は「前期追随者」「後期追随者」「遅滞者」であり、「遅滞者」と「後期
追随者」が繋がれば半数を超え、そこから現状維持と自己満足の意識と風土

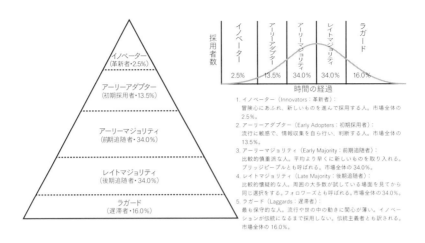

図1 「イノベーター理論」概念図

が形成されることになります。しかし「革新者」と「前期追随者」が繋がると、「後期追随者」も巻き込んで多数派になることもできます。

　「革新者」の提案を「初期採用者」が支持するだけでは、大ヒット商品は生まれません。「前期追随者」が支持することが大切であり、そのことによって「後期追随者」も巻き込むからです。それに「遅滞者」が加わることは期待できません。大都市では、「革新者」と「初期採用者」が繋がることで、そこそこのヒット商品は多く生まれています。しかし「前期追随者」を巻き込むほどの大ヒット商品はなかなか生まれません。

　これに対して静岡市では、「革新者」も「初期採用者」も少数ですが、「前期追随者」の支持を得る提案をすれば、「後期追随者」も巻き込む爆発的なヒット商品を生みだすことができます。目新しく個性的なものだけであれば、大都市で多く生まれています。しかし、多くの人々の暮らしを根底から変えていくような独創的で創造的なものは、地方都市に多くいる「前期追随者」「後期追随者」の支持によって生まれるものであり、それが静岡市で生まれる可能性はあります。

　そのために必要なことは、静岡市民の中の多数派である「前期追随者」の現状維持志向の意識を変えることです。危機意識とハングリー精神が希薄という静岡市の市民性を変えていかねばなりません。そして、新しいことに挑戦する意欲と能力を引き出し、それを活力として「まちづくり」「まちみが

き」を行うことが必要です。そのためには、遊び心や面白感覚からの実験・冒険・挑戦を、「静岡的活力」の創出として提起すべきです。

　これまで日本は危機意識を煽り、ハングリー精神を鼓舞することで発展を遂げてきましたが、日本が経済大国・先進国に仲間入りすると、この手法の有効性は低下しています。危機意識とハングリー精神が希薄という静岡市の市民性は、経済大国・先進国に仲間入りした日本の国民性を先取りしたものです。これからは、新しいことへの実験・挑戦は遊び心や面白感覚から引き出すべきであり、それを「静岡型活力の創出」として実践し、新しい日本のあり方を示すべきです。

　それが、田辺市長が提起する「わくわくと希望に満ちた未来を指し示す」、静岡を「希望の岡」にすることに繋がります。それを「都市ビジョン」に組み込み、それを具体化した施策・事業が行うべきです。以下、この本で述べることは、そのための試論ですが、同時に静岡市政策・施策外部評価委員会の中で私が発言・提言したことをまとめたものにもなっています。提言の多くは、既に田辺市長へ提出していますが、ここに田辺市長の批判も含めた意見・コメントをいただき、市民に公開したいと思います。

都市ランキングにおける静岡市の位置と特徴

　人口が 70 万人以下となり、川勝静岡県知事から「合併は失敗」「政令市として失格」と酷評されている静岡市ですが、全国の政令指定都市の中でも、静岡市は個性的で魅力的であり、未来に向けた大きな力を秘めていることが、最近の都市の研究・調査の中で明らかにされています。そのひとつが、東京・大阪・横浜の各区と政令指定都市・県庁所在都市の 134 都市を対象に行われた、都市生活者の生活体験に基づく意識調査である「HOME'S 総研」による「センシュアス・シティ・ランキング」です。

　これまでの都市評価として一般的なのは、公的な統計データを使って客観的指標で評価するものであり、東洋経済新報社の「住みよさランキング」が有名です。そこでは、「安心度」「利便性」「快適度」「富裕度」「住居水準充実度」の五つの観点で、15 の指標で全国 813 の市区が順位付けされています。客観的な指標による評価であり、病床数や大型小売店舗面積・都市公園面積等の生活インフラの整備状況による評価となっています。

　もうひとつ一般的なのが、主観的な意識調査による都市ランキングであ

り、代表的なのがブランド総合研究所による「地域ブランド調査」です。これは 1000 の市区町村と 47 都道府県を対象にするものであり、全国約 3 万人の消費者の意識調査となっています。魅力度やイメージ、観光・居住・産品購入意欲など 72 項目で調査され、毎年、「魅力度ランキング」として実施・公表されています。

　主観的意識調査であるという点で「センシュアス・シティ・ランキング」も同じですが、「魅力度ランキング」が基本的には「外から」の評価の数値がベースにされているのに対し、「センシュアス・シティ・ランキング」では、そこに暮らしている人たちの主観的意識調査であることが特徴となっています。つまり「魅力度ランキング」が人気投票という側面を持つのに対して、この「センシュアス・シティ・ランキング」は実際の生活体験に基づく評価であり、「楽しく幸福に暮らせる都市とは、どのような場所だろうか」という問題意識によって研究・調査されたものです。

　ここでは、都市生活者の行動に焦点を当てており、それを「関係性」と「身体性」の二軸で分類し、32 の質問項目が八つの指標に整理されています。八つの指標の中で「関係性」に関わるのが「共同体に帰属している」「匿名性がある」「ロマンスがある」「機会がある」であり、「身体性」に関わるのが「食文化が豊か」「街を感じる」「自然を感じる」「歩ける」となっています。それを得点化し、偏差値化することで「センシュアス度スコア」を出し、それで都市をランキングしています。

　図 2 は、このランキングの上位 50 位の都市ですが、トップ 10 が東京都と大阪市の区によって占められていることが分かります。総合第 1 位は「東京都文京区」で、第 3 位に人気の高い吉祥寺を擁する「武蔵野市」が入り、それに第 4 位「目黒区」・第 6 位「台東区」・第 9 位「品川区」・第 10 位「港区」と東京都が続いています。大阪市では、第 2 位に「北区」・第 5 位「西区」・第 7 位「中央区」となっており、生活体験に基づく都市の魅力度においても、これらの大都市が上位を占めるのは当然と言ってよいでしょう。

　しかし、ここで注目すべきことは地方都市として金沢市が全国順位の第 8 位に入り、静岡市が第 12 位と続いていることです。この静岡市の順位は、東京都千代田区に次ぐものであり、横浜市のトップである保土ヶ谷区の上に位置しています。ちなみに政令指定都市の中でも魅力あるとされている京都市は 24 位、神戸市は 46 位であり、都市としての規模も大きい福岡市は 17 位、仙台市 18 位となっています。つまり静岡市は、生活体験に基づく魅力

センシュアス・シティ ランキング		センシュアス度スコア (偏差値合計値)	共同体に帰属している	匿名性がある	ロマンスがある	機会がある	食文化が豊か	街を感じる	自然を感じる	歩ける
			偏差値	偏差値	偏差値	偏差値	偏差値	偏差値	偏差値	偏差値
1	文京区	608.0	93.1	78.2	83.9	78.9	62.9	68.6	56.4	86.1
2	大阪市北区	566.5	75.9	77.8	85.7	82.9	64.0	79.6	47.3	53.3
3	武蔵野市	550.4	63.5	63.1	76.8	65.5	64.9	81.2	66.6	68.7
4	目黒区	548.6	68.9	69.8	79.3	62.9	63.9	79.0	57.5	67.4
5	大阪市西区	530.1	62.1	80.5	65.8	75.6	61.6	72.3	59.1	53.2
6	台東区	525.9	78.1	72.4	69.2	78.1	55.6	76.3	43.8	52.4
7	大阪市中央区	525.4	62.6	79.7	76.7	73.3	60.7	67.1	42.4	62.8
8	金沢市	515.0	65.9	61.7	65.6	73.0	77.3	53.2	60.4	58.0
9	品川区	508.7	68.4	70.3	59.4	60.5	56.8	72.4	53.8	67.2
10	港区	488.6	53.9	77.3	75.3	69.3	63.9	61.3	43.9	43.9
11	千代田区	485.6	73.9	78.4	62.9	73.2	61.6	56.9	35.5	43.1
12	静岡市	483.2	62.4	56.5	55.6	60.6	66.1	57.5	59.0	65.5
13	横浜市 保土ケ谷区	479.8	64.2	71.5	51.5	65.2	61.1	55.4	51.4	59.5
14	盛岡市	479.3	62.2	58.8	58.1	59.2	69.1	55.7	60.2	56.1
15	渋谷区	475.4	51.3	65.2	66.5	70.2	55.1	70.0	43.5	53.5
16	荒川区	472.3	62.8	60.6	67.3	57.8	51.5	59.8	47.6	64.6
17	福岡市	469.1	55.4	56.4	59.3	60.2	60.9	59.1	56.3	61.6
18	仙台市	458.0	52.2	57.8	54.6	65.9	56.9	55.7	56.7	58.2
19	那覇市	457.3	53.8	54.2	55.2	58.2	74.3	53.4	52.5	55.8
20	大阪市都島区	457.0	57.1	59.1	55.5	68.2	48.6	58.9	48.7	60.8
21	八王子市	455.7	58.4	59.7	58.0	56.0	50.6	52.3	60.5	60.2
22	昭島市	455.6	58.4	56.7	56.4	51.7	59.1	55.7	59.4	58.3
23	山形市	454.9	61.7	50.4	53.9	57.8	69.7	48.7	62.2	50.4
24	京都市	448.5	60.2	50.5	56.0	53.7	58.5	56.4	53.7	59.5
25	葛飾区	446.5	63.3	53.3	57.3	56.9	51.1	59.3	48.8	56.4
26	横浜市中区	444.0	48.8	51.6	53.9	60.7	53.7	72.4	55.7	47.2
27	大阪市阿倍野区	439.1	57.0	56.9	54.9	56.4	55.2	57.6	41.0	60.1
28	江戸川区	438.1	52.4	47.7	54.4	50.5	52.3	54.1	51.8	74.8
29	大阪市福島区＋此花区	437.2	51.5	62.0	54.6	62.2	52.2	65.9	36.4	52.4
30	青梅市	436.9	59.2	49.4	49.8	50.7	56.3	42.1	73.1	56.4
31	府中市	435.9	59.5	52.7	50.6	52.1	48.9	59.6	51.7	60.8
32	松江市	435.8	61.2	49.6	48.8	51.0	64.5	45.6	64.8	50.2

33	世田谷区	435.7	45.3	61.8	63.1	55.5	50.0	59.3	49.6	51.1
34	松山市	433.5	57.5	50.9	53.1	55.0	60.1	47.4	57.6	51.8
35	長野市	431.7	62.4	48.5	46.4	47.2	64.2	45.4	64.9	52.8
36	横浜市 港北区	430.6	47.9	58.7	61.7	53.3	49.4	48.4	44.9	66.3
37	大阪市 住吉区	423.6	56.4	54.3	52.0	49.5	43.3	54.2	51.8	62.0
38	新潟市	422.8	51.7	45.5	50.4	53.5	63.5	47.7	60.6	49.8
39	豊島区	422.2	43.3	63.3	63.4	55.4	47.5	63.2	36.1	50.0
40	中央区	420.7	39.8	60.5	54.1	54.9	49.0	62.6	44.1	55.7
41	横浜市 鶴見区	418.8	53.5	56.7	53.7	51.3	46.2	50.2	45.0	62.1
42	宇都宮市	418.1	56.8	48.8	49.3	55.0	56.3	46.4	55.3	50.1
43	熊本市	416.3	53.6	48.3	46.6	52.7	60.2	47.3	55.3	52.2
44	高知市	415.6	51.7	51.6	45.0	45.4	64.4	46.1	60.7	50.7
45	大阪市 住之江区	413.8	57.1	51.8	53.2	53.5	41.3	53.4	46.4	57.1
46	神戸市	412.6	47.1	46.6	49.3	48.3	50.0	58.1	56.4	56.9
47	あきる野市	412.6	50.0	47.5	46.0	36.7	51.1	41.7	78.1	61.7
48	奈良市	412.1	61.1	42.3	46.9	50.7	54.1	47.7	59.2	50.2
49	青森市	411.6	48.0	51.2	50.7	50.9	67.0	41.4	55.6	46.7
50	横浜市栄区	410.3	49.7	44.6	42.7	37.6	45.9	53.0	63.8	73.0

※センシュアス度スコア：右側の8つのカテゴリー偏差値の単純合計

図2　センシュアス・シティ上位都市

度において、東京都や大阪市の中心部と同等であり、そこに自信と誇りを持って良いのです。

　この静岡市の高い順位は、調査を行ったNPOも驚いたようで、理事長が複数回静岡市を訪れて、その理由を探ったそうです。そこで調査結果の内容を八つの指標ごとに見てみると、静岡市では「食文化が豊か」が全国順位で6位と最も高く、それに「歩ける」が8位と続いています。最も低い順位は「匿名性がある」「街を感じる」の29位となりますが、上位50位の中間に位置しており、低い数値ではありません。全体にバランスが取れているのが、静岡市の特徴となっています（図3）。

　次に、この指標を質問項目ごとに見てみると、「地域のボランティアやチャリティーに参加した」という質問が全国順位第5位、「ためになるイベントやセミナー・市民講座に参加した」が第10位と高いことが注目されま

センシュアス指標（都市の行動）		全国順位	偏差値
都市の行動類型	共同体に帰属している	14	62.4
	匿名性がある	29	56.5
	ロマンスがある	27	56.5
	機会がある	17	60.6
	食文化が豊か	6	66.1
	街を感じる	29	57.5
	自然を感じる	26	59
	歩ける	8	65.5
全体平均（センシュアス度スコア）		12	483.2

図3　センシュアス・シティ・ランキングにおける静岡市の順位

す。また「刺激的で面白い人たちが集まるイベント、パーティに参加した」「友人・知人のネットワークで仕事を紹介された・紹介した」も20位・21位と高い順位となっています。これらは、静岡市民の社会貢献・能力向上に対する意欲・意識の高さ、「繋がる力」の強さを示すものです。

「外で思い切り身体を動かし汗をかいた」が第7位となっていることは、健康のための身体活動＝運動が活発であることを意味しており「でんでん体操」などを普及してきた健康づくり行政の成果の表れと理解できます。「通りで遊ぶ子どもたちの声を聞いた」が第8位なのも、「共働き子育てしやすい街」ランキング2015（地方編）で静岡市が第1位、全国編でも第2位となっていることと無関係ではありません。まさに「楽しく幸せに暮らす」ことができる静岡市を示すものです。

質問項目の中で静岡市が最下位なのは「路上でキスした」の66位で、「ナンパした・された」が48位、「平日の昼間から外で酒を飲んだ」が51位と低いのは、静岡市民の生真面目さを示しているようです。しかし「不倫のデートをした」が12位、「夜の盛り場でハメを外して遊んだ」が13位と高く、真面目なだけでないこともあるようです。全体として言えることは、静岡市には地方都市としてののんびりとした生活環境と、大都市に負けないような市民意識の高さが共存していることです。

最近における都市の研究・調査によるランキングとして、次に取り上げるのが特定非営利法人イシュープラスデザイン（issue+design）が2016年に発表した国内21の大都市の「創造性ランキング」です。これは「都市の創

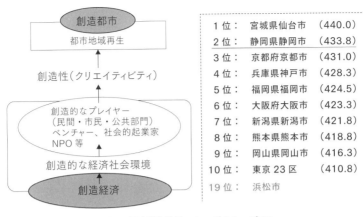

1 位：	宮城県仙台市	（440.0）
2 位：	静岡県静岡市	（433.8）
3 位：	京都府京都市	（431.0）
4 位：	兵庫県神戸市	（428.3）
5 位：	福岡県福岡市	（424.5）
6 位：	大阪府大阪市	（423.3）
7 位：	新潟県新潟市	（421.8）
8 位：	熊本県熊本市	（418.8）
9 位：	岡山県岡山市	（416.3）
10 位：	東京 23 区	（410.8）
19 位：	浜松市	

図 4　都市創造性ランキングのトップ 10

造性を可視化するために開発した指標＝創造都市 INDEX」でランキングしたものであり、対象となった 21 の都市に 3 年以上住んでいる社会人を対象としたアンケート調査によるものです。創造的な人材が持つ行動姿勢、価値観を 10 の指標にまとめ、それらに積極的な反応を示す住民の多い都市が上位となっています。

　この「都市創造性ランキング」も、神戸市の協力で行われたものですが、トップ 10 は図 4 のようになっています。第 1 位は宮城県仙台市となっており、第 2 位に静岡市、第 3 位に京都市となっています。調査・研究に協力した神戸市は第 4 位であり、第 5 位が福岡市、第 6 位に大阪市と続き、東京 23 区は第 10 位です。つまり静岡市は、「都市創造力」において、東京都や大阪市という大都市、さらに「創造都市」に長年取り組んでいる神戸市や京都市より勝っているという結果になっているのです。

　「創造都市」とは、近年、都市論の分野で最も注目されているものであり、「文化・芸術」と「産業・経済」を「創造性の発揮」という点で結合させ、新たな都市の発展・活性化に繋げようとするものです。20 世紀末にイタリアの地方都市の分析から導き出されたものであり、グローバル化の中で膨張する大都市への対極に位置づけられます。21 世紀になって世界の多くの都市が「創造都市」を政策目標とするようになっており、ユネスコも 2004 年から「創造都市ネットワーク」事業を開始し、相互の交流を促進しています。

日本国内でも、最初に金沢市の経済同友会が取り上げ、横浜市の中田宏市長の下で最初に都市ビジョンとして提起されています。ユネスコの「創造都市ネットワーク」には、神戸市・名古屋市・金沢市・札幌市・鶴岡市・浜松市・篠山市が加盟しており、他の多くの都市も加盟を目指しています。静岡市も「第三次総合計画」の中で「『創造する力』による都市の発展」を提起しており、「創造都市論」を日本において最も精力的に紹介し論じている佐々木雅幸氏が「静岡市まちみがきアドバイザー」に就任しています。

　しかし静岡市は、「創造都市」を都市ビジョンとして掲げている訳ではありませんし、ユネスコの「創造都市ネットワーク」に加盟も目指していません。にもかかわらず静岡市は、それを「都市ビジョン」として掲げる国内の他都市より上位の第2位となっているのです。これは十分注目に値することです。そこで「創造都市インデックス」の10の指標から、静岡市の「創造性」の中身を詳しく見ていくと、次のような「静岡市の創造性バランス」にまとめられます。

　図5では、10の指標が「新しいものに触れ挑戦する、未来に向けての前

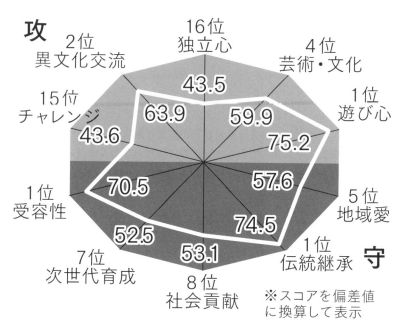

図5　静岡市の創造性バランス

向きな行動姿勢、価値観」である「攻」と、「古いもの、異なるものを尊重し、自分、地域、社会に寄り添う行動姿勢、価値観」としての「守」に分けられて配置されています。静岡市は、「攻」の指標で5位、「守」の指標で2位となり、やや「守」の側面が強い都市となります。それは「守」の指標で1位が二つあり、他の指標でもすべてが21都市の平均を上回っているからです。

　しかし静岡市は、「攻」の中で「遊び心、ユーモアを大切に毎日暮らしたい」は1位、「異文化交流＝市外、県外、外国人など他地域の人と交流するのが好きだ」は2位、「芸術、文化、美を大切に毎日暮らしたい」は4位と高くなっています。反面、「独立心＝人の眼を気にせず自分のやりたいことをやる」が16位、「チャレンジ＝新しいこと、困難なことに挑戦するのが好きだ」が15位と際立って低く、それが「攻」の側面を弱めていることになります。

　「守」の指標では、「受容性＝マイノリティ（性的少数者、少数民族、障がい者など）を受け入れている」と「伝統継承＝昔から伝わる知恵、技術、文化を大切に毎日暮らしたい」が1位と高く、「地域愛＝自分が暮らしている地域が好きだ」も第5位、「次世代育成＝未来を担う子どもたちを育てる、役立つことをしたい」も第7位、「社会貢献＝人のために、社会のために役立つことをしたい」も第8位と、すべてが21都市の平均を上回っており、それが静岡市の「守」の側面を強くしています。

　この「創造都市INDEX」では、性別・世代別のスコアも出しており、それによると男性は21都市の平均を大きく上回り、女性はほぼ平均となっています。世代別では、全世代で平均を上回っていますが、特に50－64歳の世代が高いのが特徴となっています。また生活環境項目（インフラ）の充実度スコアでは、「山、川、海などの自然環境」が1位、「地震、水害、火事等防災のための施設や制度」が2位と高くなっており、それが結果として都市の創造性を高める背景となっていると指摘されています。

　都市の創造性を高めるネットワークの分類では、静岡市は「Facebook等、SNSの友人の数」が1位、「同じ都市内に住む友人の数」2位、「人生や仕事の相談ができるサポートを受けられる友人の数」4位、「総友人数」と「年齢が10歳以上離れた友人の数」「所属ボランティア、地域活動、まちづくり活動のグループ数」が5位になっています。これは、静岡市が地域内、地域外ともに関係が豊かで、多様なネットワークが生まれている「社交的な

都市」であることを意味しており、創造性の高さの要因となっています。

　その他の静岡市の特徴とされているのが、「行動」の面での活発さです。「自然の中でのレジャー」「お祭り、イベントへの参加」が1位、「恋人とのデート」「泊りがけの国内旅行」が2位、「泊りがけの海外旅行」3位となっています。ただ「買い物」が18位、「公園やレジャー施設への訪問、運動施設での運動」が15位と低いのは気になります。「お金の使い方」では、「趣味・レジャー・旅行」6位、「貯金や投資」7位が比較的高いものの、「住まい」19位、「交際」16位、「医療」15位が低いのが特徴となっています。

　ここで気になるのが、この「都市創造性ランキング」での静岡市と浜松市の違い・比較です。何故なら浜松市にとって「創造都市」は、念願である工業都市からの脱却に合致した「都市構想」「都市ビジョン」であり、よく知られている「やらまいか精神」も「創造都市」推進のエネルギーになるからです。実際、浜松市は2007年の「第一次総合計画」で都市の将来像として「市民協働で築く『未来へかがやく創造都市・浜松』」を掲げ、2014年にはユネスコの「創造都市ネットワーク」に加盟が認定されています。

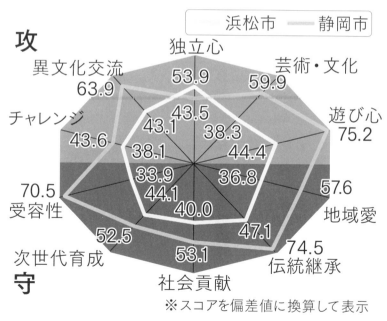

図6　浜松市と静岡市の創造性バランス

ところが「創造性ランキング」では、浜松市は国内 21 の大都市の中で最下位に近い 19 位になっています。創造性 10 指標の中で平均を上回っているのは「独立心」（9 位）だけであり、「攻」の 5 指標で 18 位、「守」の 5 指標で 19 位となっています。「やらまいか精神」に最も近い指標である「チャレンジ」は 20 位と最も低くなっています。この他に「受容性」が 20 位、「地域愛」18 位、「社会貢献」17 位、「芸術・文化」17 位と低くなっており、外国人比率が高いにもかかわらず「異文化交流」は 16 位にとどまっています。

　これを静岡市と比較すると、図 6 のようになります。浜松市は「独立心」だけが静岡市を上回っており、「チャレンジ」でもわずかに静岡市が勝っています。他の指標を見ると、すべてで静岡市より大きな差をつけられています。ちなみに浜松市の「創造性」を性別に見ると、男女ともに 21 都市の平均以下ですが、男性は平均を大きく下回っています。世代別では、20 - 34 歳が最も高くなっていますが、それでも平均以下です。ここでは 35 - 49 歳の落ち込みが特に顕著となっています。

　創造性を高める市民ネットワークでは、「総友人数」で静岡市の 2 位に対して、浜松市は 12 位に止まっています。浜松市が上位なのは、「名古屋圏に住む友人の数」が 2 位、「別の都道府県に住む友人の数」10 位、「外国人の友人の数」11 位であり、「人生や仕事の相談ができるサポートを受けられる友人の数」では 16 位と低迷してます。地元外との交流は多いのに、地域内での多様な繋がりは弱いことが、静岡市との違いとなっています。

　「行動」の面では、浜松市で最も高いのが「自然の中でのレジャー」で 9 位ですが、静岡市が 1 位であることを考えると低い順位と言わざるを得ません。「お祭り、イベントへの参加」でも浜松市は 21 位と最下位で、1 位の静岡市と大きな差が出ています。「浜松まつり」等が有名で祭り好きの浜松市民のイメージが強いだけに、この数値はショックと言えます。ちなみに浜松市が優位なのは「自分の教養・勉強にかけるお金」で 1 位、「医療にかけるお金」で 2 位となっており、静岡市との違いが見られます。

　実は、このような「創造都市ランキング」における両市の差は「センシュアス・シティ・ランキング」でも見られます。図 7 は、静岡市と浜松市のセンシュアス指標を比較したものですが、すべての指標において静岡市が浜松市を上回っています。実際、静岡市が全国順位で第 12 位と大都市の中心部に匹敵する位置にあるのに対して、浜松市は上位 50 位以内に入っていません。指標ごとにみると、差が大きいのは「歩ける」と「街を感じる」となっ

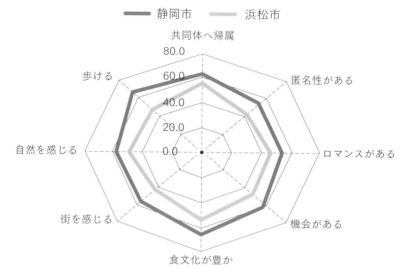

図7 静岡市と浜松市のセンシュアス指標の比較

ており、偏差値で 10 ポイント以上の差が開いています。

　このような差が生じたのは、駅前の賑やかさの違いと言われています。静岡市の場合、全国の地方都市の中心市街地が衰退化していく中で賑わいを維持しており、全国から視察に来るほど注目されています。他方で浜松市は、中心市街地から大型店の撤退が相次いで、衰退のモデル地区として、静岡市と逆の意味で視察の対象となっています。実際、「創造都市 INDEX」での生活インフラの充実度で、浜松市は「商店街・中心商店街」で 21 位、「ナイトスポットの質と量」で 19 位と下位に低迷しています。

　日本国内の 21 の大都市を対象とした「都市創造力」のランキングで、静岡市がトップに次ぐ第 2 位、浜松市が最下位に近い 19 位であったことは、これまでの両市のイメージとは全く異なるものです。特に「チャレンジ」で静岡市が浜松市を上回ったことは、衝撃的と言えます。何故なら、これまで浜松が誇ってきた「やらまいか精神」とは「チャレンジ」そのものであり、静岡市は「チャレンジ」とは対極の「やめまいか精神」と揶揄されていたからです。

　静岡市の場合、「守」の指標である「受容性」と「伝統継承」が際立って高く、「攻」の指標の「チャレンジ」と「独立心」が低いことは、これまでのイメージに合っています。何故なら静岡市の歴史的特性は、「上から・外

から」やってくる権力者への表面的な忠誠によって自己保身を図るという保守性にあり、それが「受容性」を高め、「チャレンジ」「独立心」を弱めてきたからです。しかし、「遊び心」で１位、「異文化交流」で２位、「芸術・文化」で４位、「地域愛」で５位という指標の高さは、静岡市民の変化の兆しを示しています。

　最初に述べたように新しい流行に敏感な層は静岡市から流出する傾向は続いていますが、静岡市で暮らすことで多くのものを取り込み、「遊び心」や「地域愛」で「次世代育成」「社会貢献」に取り組もうという意識が成熟しているからです。それは、これまでの危機意識やハングリー精神とは異なる「遊び心」や「地域愛」という新しい動機による「チャレンジ」であり、経済大国・先進国になった日本にふさわしい能力・活力となるものです。それが、静岡市という都市で静かに形成されつつあるようです。

　これに対する浜松市の「創造性指標」の低さ、とりわけ「チャレンジ」での20位という低さは、「ものづくり」による工業化で都市を発展させてきた浜松市の歴史文化と、県都・静岡市に負けたくないという危機意識やハングリー精神の限界を意味するものと思われます。これからは、浜松市の活力も静岡市と同じように「豊かさ」の実現を踏まえた「遊び心」から創出させるべきであり、そこで静岡文化芸術大学の学長も務めた川勝平太・静岡県知事の責任と能力が問われることになります。

　ただ、静岡市が上位となっている「センシュアス・シティ・ランキング」や「創造都市ランキング」の調査は、新たな問題意識・手法による都市研究であり、サンプル数の少なさもあり、これだけで両市の創造力を断定的に評価することはできません。これまでの一般的な手法による都市ランキングでは、依然として浜松市が優位に立つことも事実です。例えば、最もよく知られている客観的指標による「住みよさ調査」（2017年版）では、814都市の中で浜松市が222位、静岡市は358位です。

　同じ調査の中で政令指定都市を対象とした「幸福度」ランキングでは、浜松市の２位に対して静岡市は10位です。「外から」の主観的意識調査としての「市町村魅力度ランキング」（2017年版）では、1000の市区町村の中の浜松市49位に対して、静岡市は上位100位以内に入っていません。つまり静岡市は、客観的指標や「外から」の主観的評価では低いものの、生活体験・実感では高い位置にあるのです。このことを、どのように評価すべきでしょうか。

客観的指標とは、生活インフラの整備を中心としたものであり、規制緩和によって積極的な開発を行ってきた浜松市が開発に消極的な静岡市より上位に位置することは当然です。「魅力度ランキング」も、外に向けてのアピールの努力が現れたものであり、浜松市が他の多くの観光都市を抑えて上位に入ったことは評価されるべきです。ただ積極的な開発・宣伝にもかかわらず、浜松市は市民の生活実感での満足度や「創造都市ランキング」で低い結果となっており、より原点に立ち返った見直しを迫られているように思われます。

　「都市ランキング」の問題点は、それぞれの都市の地域的な特性が無視されがちになるという点です。例えば地形で静岡市と浜松市は大きく異なります。浜松平野は静岡平野よりも数十倍広く、郊外への都市化の広がり、それに伴う車社会化の浸透は避けられません。その結果、郊外のバイパス沿いへ大型ショッピングモールの出店が進んだことで、浜松駅周辺の繁華街の衰退が生じてしまったのです。行政の対応としては、浜松市の方が積極的に行ってきました。

　これに対して静岡市は平地の規模が小さいために、郊外への大型店の出店が進まず、その分だけ駅周辺の中心市街地の賑わいが維持されました。大型店進出に対する反対運動、開発に消極的な行政の姿勢が、それを後押ししました。その結果、行政が積極的に対応した浜松市で中心部が衰退し、消極的対応の静岡市で賑わいが維持されたという皮肉な結果になったのです。それが「都市ランキング」における両市の違いとなっているのですが、現在、両市は似たような状況に陥っています。

　平成の大合併によって浜松市は、政令指定都市でありながら、高度な都市機能が集積した中心市街地と広大な山間地にある過疎の農山村という異質な地域への対応を抱え込み、静岡市と似た都市構造になりました。静岡市の場合も、平成の大合併で隣接する清水市を行政区域に組み込むことで、合併以前から深刻化していた旧清水市の中心市街地の衰退・空洞化問題への対応を迫られることになりました。旧静岡市の中心市街地は活性化していますが、それだけで満足することは許されなくなっているのです。

　旧清水市は巴川沿いの清水平野と河口の清水港を中心に発展した都市であり、静岡平野に位置する旧静岡市とは異質な都市構造となっています。両市は以前、旧静岡市で精製されたお茶を清水港から輸出するという形で密接に繋がっていましたが、その後、関係は疎遠になっています。疎遠でありなが

ら政令指定都市になるために合併したのであり、旧清水市の中心市街地の衰退が現在の静岡市の「人口減少問題」の一因となるという、これも皮肉な結果をもたらしています。

　浜松市は合併によって広大な山間地を抱えこみ、静岡市は合併によって旧清水市の中心市街地の衰退問題を抱え込むことになりました。両市は似てきていますが、現時点での問題状況としては、人口が70万人を切った静岡市より、中心市街地の衰退が深刻な浜松市の方が切実です。「センシュアス・シティ・ランキング」及び「創造都市ランキング」での両者の順位に違いが、このことを示しています。この点で、静岡市の人口減少だけに焦点を当てる川勝・静岡県知事の現状認識は、事態の本質認識が不十分であり、問題があります。

　なお広大な山間地を抱える政令指定都市としての静岡市を象徴する面白いランキングが最近、発表されました。それは、宝島社が発行する「田舎暮らしの本」での「住みたい田舎ベストランキング」2017年版です。この調査は、定住促進に積極的な市町村を対象に「田舎暮らしの魅力」を数値化し、ランキングしたものですが、静岡市が「総合部門」で4位となっています。さらに「若者世代が住みたい田舎部門」では2位、「子育て世代が住みたい田舎部門」と「シニア世代が住みたい田舎部門」で3位といずれも上位に位置しています（図8.9）。

　静岡市は、都市としての未来・成長性を示す「創造性」と「田舎暮らし」の魅力という対照的な指標で上位にランキングされています。それは、南の駿河湾と北の南アルプスに挟まれた平野である静岡平野・清水平野が小さいためです。国内の大都市・政令指定都市の多くは、大きな平野の中に形成され発展してきました。海があっても、埋め立てることで平野・平地を広げてきました。だから大都市になることができたのです。しかし静岡市の場合、海である駿河湾が深く落ち込んでいるために埋め立てはできません。

　でも平野の規模が小さい、海と山が接近しているということは、短時間に海にも山にも行けるということであり、都市と田舎の暮らしを同時に楽しめることを意味しています。それは、大きな平野の大都市とは全く異なるものであり、「鳥の眼」からも注目される静岡市の特性・魅力となります。これを内外にアピールすれば、静岡市は「世界に輝く」ことができます。田辺市長が、市長として最初に訴えた静岡市の「魅力ある地域資源」とは、ここに

総合部門

順位	県	市町	点数	順位	県	市町	点数
1位	鳥取県	鳥取市 とっとりし	78.12点	26位	山形県	鶴岡市 つるおかし	68.3点
2位	大分県	豊後高田市 ぶんごたかだし	77.12点	27位	大分県	竹田市 たけたし	68.28点
3位	富山県	南砺市 なんとし	76.28点	28位	宮城県	栗原市 くりはらし	68.1点
4位	静岡県	静岡市 しずおかし	75.44点	29位	愛知県	豊田市 とよたし	67.5点
5位	大分県	宇佐市 うさし	75.16点	30位	鹿児島県	霧島市 きりしまし	67.4点
6位	山梨県	北杜市 ほくとし	75.1点	31位	岡山県	高梁市 たかはしし	67.28点
7位	長野県	伊那市 いなし	73.72点	32位	福岡県	北九州市 きたきゅうしゅうし	67点
8位	群馬県	桐生市 きりゅうし	73.38点	33位	岐阜県	郡上市 ぐじょうし	66.74点
9位	島根県	大田市 おおだし	73.02点	34位	大分県	日田市 ひたし	65.86点
10位	鳥取県	岩美町 いわみちょう	72.42点	35位	京都府	綾部市 あやべし	65.8点
11位	新潟県	糸魚川市 いといがわし	71.52点	36位	静岡県	沼津市 ぬまづし	65.52点
11位	島根県	飯南町 いいなんちょう	71.52点	37位	山形県	遊佐町 ゆざまち	65.5点
13位	栃木県	栃木市 とちぎし	71.5点	38位	岡山県	真庭市 まにわし	65.46点
14位	愛媛県	松山市 まつやまし	71.2点	39位	福井県	坂井市 さかいし	65.04点
15位	兵庫県	養父市 やぶし	70.82点	39位	長野県	飯山市 いいやまし	65.04点
16位	兵庫県	朝来市 あさごし	70.5点	41位	広島県	北広島町 きたひろしまちょう	64.72点
17位	長野県	箕輪町 みのわまち	70.48点	42位	鳥取県	倉吉市 くらよしし	64.56点
18位	佐賀県	武雄市 たけおし	70.32点	43位	岡山県	津山市 つやまし	64.46点
19位	秋田県	由利本荘市 ゆりほんじょう	70.3点	44位	岐阜県	高山市 たかやまし	64.08点
20位	熊本県	菊池市 きくちし	69.54点	45位	石川県	七尾市 ななおし	63.98点
21位	大分県	国東市 くにさきし	69.48点	46位	島根県	出雲市 いずもし	63.86点
22位	長野県	長野市 ながのし	69.16点	47位	山口県	萩市 はぎし	63.76点
23位	山口県	宇部市 うべし	68.72点	48位	千葉県	いすみ市	63.64点
24位	京都府	南丹市 なんたんし	68.4点	49位	富山県	砺波市 となみし	63.04点
25位	兵庫県	豊岡市 とよおかし	68.34点	50位	石川県	加賀市 かがし	63.02点

図8 「住みたい田舎ベストランキング」2017 年版総合部門（「田舎暮らし本」宝島社より）

多く由来するものです。

　これまで静岡市は、二つの大きな「都＝大都市」に挟まれ、大都市に追い
つき追い越すことを目標としてきました。そのために産業経済を発展させ
て、人口を増やし、大都市になろうとしてきました。静岡市と清水市が合併
して政令指定都市になったのも、大都市となることが長年の夢であり、目標
だったからです。しかし、静岡市の場合、人口を増やし都市を発展させて
も、東西・横に拡大するしかできませんでした。北部の山は急峻で南部の海
は深く、人が暮らせる場所にできなかったからです。

若者世代が住みたい田舎部門

1 位	栃木県	栃木市 とちぎし	24.92 点
2 位	静岡県	静岡市 しずおかし	24.56 点
3 位	山梨県	北杜市 ほくとし	23.42 点
4 位	大分県	竹田市 たけたし	22.02 点
5 位	大分県	豊後高田市 ぶんごたかだし	22.66 点
6 位	長野県	伊那市 いなし	22.38 点
7 位	新潟県	糸魚川市 いといがわし	22.36 点
8 位	富山県	南砺市 なんとし	21.74 点
9 位	島根県	飯南町 いいなんちょう	21.22 点
10 位	兵庫県	養父市 やぶし	21.08 点
11 位	佐賀県	武雄市 たけおし	21.04 点
12 位	京都府	南丹市 なんたんし	20.84 点
13 位	鳥取県	鳥取市 とっとりし	20.40 点
14 位	大分県	宇佐市 うさし	20.42 点
15 位	千葉県	いすみ市	20.36 点
16 位	島根県	大田市 おおだし	20.26 点
16 位	鳥取県	岩美町 いわみちょう	20.26 点
18 位	熊本県	菊池市 きくちし	20.18 点
19 位	長野県	大町市 おおまちし	20.02 点
20 位	長野県	飯島町 いいじままち	19.96 点

シニア世代が住みたい田舎部門

1 位	大分県	豊後高田市 ぶんごたかだし	29.88 点
2 位	福岡県	北九州市 きたきゅうしゅうし	28.7 点
3 位	静岡県	静岡市 しずおかし	28.58 点
4 位	栃木県	栃木市 とちぎし	27.4 点
5 位	島根県	飯南町 いいなんちょう	27.2 点
6 位	大分県	宇佐市 うさし	25.8 点
7 位	長野県	箕輪町 みのわまち	25.1 点
7 位	大分県	別府市 べっぷし	25.1 点
9 位	佐賀県	武雄市 たけおし	25.04 点
9 位	兵庫県	養父市 やぶし	25.04 点
11 位	新潟県	新潟市 にいがたし	25.02 点
12 位	兵庫県	朝来市 あさごし	25 点
13 位	鹿児島県	霧島市 きりしまし	24.98 点
14 位	広島県	安芸太田町 あきおおたちょう	24.84 点
15 位	京都府	綾部市 あやべし	24.78 点
16 位	福井県	坂井市 さかいし	24.52 点
17 位	山梨県	北杜市 ほくとし	24.5 点
18 位	石川県	七尾市 ななおし	24.48 点
19 位	長野県	伊那市 いなし	24.46 点

子育て世代が住みたい田舎部門

1 位	栃木県	栃木市 とちぎし	38.36 点
2 位	愛知県	豊田市 とよたし	38.16 点
3 位	静岡県	静岡市 しずおかし	37.64 点
4 位	大分県	宇佐市 うさし	37.14 点
5 位	山梨県	北杜市 ほくとし	36.9 点
6 位	静岡県	沼津市 ぬまづし	36.84 点
7 位	長野県	伊那市 いなし	35.64 点
8 位	島根県	飯南町 いいなんちょう	35.34 点
9 位	熊本県	菊池市 きくちし	35.08 点
9 位	秋田県	由利本荘市 ゆりほんじょうし	35.08 点
11 位	群馬県	桐生市 きりゅうし	35.06 点
12 位	岡山県	津山市 つやまし	34.76 点
13 位	鹿児島県	霧島市 きりしまし	34.58 点
14 位	鳥取県	鳥取市 とっとりし	34.38 点
14 位	大分県	豊後高田市 ぶんごたかだし	34.38 点
16 位	佐賀県	武雄市 たけおし	34.22 点
17 位	三重県	熊野市 くまのし	34.1 点
18 位	山形県	鶴岡市 つるおかし	33 点
19 位	石川県	能美市 のみし	32.82 点

図 9 「住みたい田舎ベストランキング」2017 年版各部門(「田舎暮らし本」宝島社より)

これは静岡県内の都市に共通する事象であり、東西への都市規模の拡大によって中心都市への周辺の小規模自治体を編入合併が進み、人口規模も拡大してきました。しかし、同規模な都市が東西に並んでいると、互いの市街地が繋がっても、牽制しあうことで合併は進行しません。そこで南北の人口規模の小さい自治体の編入合併が先行し、短冊型の細長い都市が多く誕生しているのが静岡県の特性です。静岡市と清水市の場合、合併ができたのは、政令指定都市という共通目標があり、清水市の停滞・衰退が深刻化していたからです。

　しかし、その結果、合併後の新静岡市は他の大都市・政令指定都市とは異なる問題を抱え込むことになりました。それは、異質多様な地域の集合体という特性であり、それに対応した政策・施策・事業の実施の必要性です。それはまた、市民に対しても異なる地域に対応した「まちづくり・むらおこし」の連携・協力を求めることになります。しかし行政や市民は、足元で生じた異質多様性の認識と対応よりも、さらに上を目指した規模拡大・都市の発展だけを意識しているようです。

　そこで、これからの静岡市のあり方・都市ビジョンを考えるために、まず足元を見つめたり、認識したりすることから始めたいと思います。この異質・多様性は、統計数値だけでは認識することが困難です。市役所の机の上でパソコンの画面を見ているだけでは、地域の現実・実態は絶対に認識できません。地域の特性の認識は、地形や自然環境から歴史風土の違いを踏まえ、産業経済から政治・社会・文化に至るまでの幅広い視野と知識が必要だからです。

「地域」としての静岡市の特徴と魅力

　図10で示しているように「静岡市」には、「行政機関」と「行政区域」という二つの意味があります。前者は「市役所」としての「静岡市」であり、後者は「地域」としての「静岡市」になります。前者の「静岡市」が誕生したのは1889年（明治22年）であり、以降、現在まで変わらず存続しています。しかし後者の「静岡市」は、大きく変わっています。1908年（明治41年）以降、周辺の町村と合併することで拡大を続けてきたからです。特に2003年（平成15年）に清水市と合併することで人口・面積で一挙に大きくなりました。

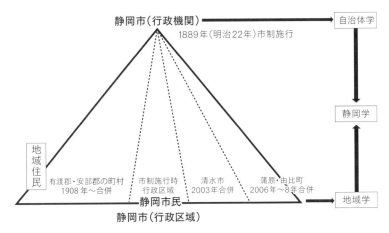

図 10　静岡市の「行政機関」と「行政区域」

　現在の静岡市の中で最初から静岡市であり続けているのは一部の地域であり、大部分は途中から静岡市に組み込まれた地域です。多くの人たちは、自分たちが暮らしていた市役所・町村役場がなくなり、市役所が遠いところに移り、住所も静岡市に変わりました。しかし、自分たちが生活する場所が変わった訳ではありません。住所が静岡市になっても、そのことによって昔から暮らしていた場所のことが忘れ去られることがあってはなりません。

　現在の静岡市は、合併によってできた異質多様な地域の組み合わせです。しかし「行政機関＝地方自治体」としての静岡市だけを見ていると、膨張を続けてきた「行政区域＝地域」としての静岡市の変化が見落とされがちになります。合併によって管轄する地域が拡大する一方で職員の数が減っていくことで、地域における住民の暮らしがだんだん見えなくなってくるのです。その結果、パソコンの画面や統計数字だけで、地域を認識しようとする傾向が強くなってきます。

　特に平成の大合併で行政区域が飛躍的に拡大し、異質多様な地域を同じ行政区域に抱える自治体が多くなりました。その結果、市役所と地域（＝住民の暮らしの場所）との距離がどんどん離れてきています。市役所の職員から地域住民が見えなくなると同時に、地域の住民からも市役所が見えなくなります。地域住民自身、自分たちに身近な地域は関心を持って見ていても、静岡市という地域全体は見なくなり、考えることも少なくなっています。市役所の職員も、自分の仕事に関わる範囲でしか地域を見なくなります。

異質多様な地域を抱え込む自治体では、地域の特性を無視した画一的な施策・事業が横行すると同時に、特定の地域を対象とする施策・事業では全体の中で位置や役割を考えようとしない傾向も出てきます。自治体の政策や施策・事業を考えるのは「自治体学」の領域となりますが、そこでは「行政区域＝地域」のことを考えようとしない傾向が出てきています。「自治体学」と「地域学」の分離が始まっており、様々な混乱も生じてきています。「静岡県都構想」をめぐる議論の混乱も、そのひとつです。

　「静岡学」とは、静岡市という「自治体」と静岡市という「地域」を統一的に認識しようとする学問です。そこでは「鳥の眼」による地域の認識が大切になりますが、同時に「虫の眼」による認識も重要です。静岡市という地域全体を認識するためには「鳥の眼」が必要ですが、遠くから全体を眺めても、個々の地域の特性・住民の暮らしを細かく見ることはできないからです。静岡市は異質多様な地域を抱え込むという点で全国のモデルとなり得る都市です。そこでは、「鳥の眼」と同時に「虫の眼」が必要不可欠です。

　静岡市で暮らしていると、北に山、南に海があり、いつでも簡単に行くことが当然のことと思えてきます。しかし東京で暮らしていると、山に行くにも、海に行くにも、最低、半日はかかります。私は、東京から友人が来ると、大崩海岸にある喫茶店で駿河湾を見ながらコーヒーを飲み、それから約１時間、自動車を北に走らせることで、3000mを超える雄大な南アルプスを見てもらうことにしています。道路は曲がりくねり、対向車とすれ違うことでスリルを味わうこともできます。渋滞で神経をすり減らすことはありません。

　東京から来た友人は非常に感激して喜んでくれます。東京で暮らしていると、絶対に味わえないことだからです。「虫の眼」からは当たり前のことで、価値がないように思えても、「鳥の眼」から見ると魅力的なのです。自分たちの足元を見つめ、それが価値あるかどうかは「鳥の眼」による評価が必要になります。そしてそれは、他の地域との比較によって可能になります。自分たちが暮らす地域が、他の地域と比較して、どのように違うのか、それを知ることが「鳥の眼」を持つための第一歩です。

　静岡市という地域を「鳥の眼」で見るためには、日本全体の中での静岡市の位置・特徴の認識から始めねばなりません。日本列島の中央部分、太平洋岸に位置し、首都・東京と名古屋の大都市圏の中間にあるのが静岡市です。気候は温暖であり、大都市への交通アクセスも恵まれています。ここまでは

静岡市民の誰もが知っていますが、静岡市という地域の特徴として大部分が山間地であることは、日常生活で意識することはありません。

　静岡市の面積は、全国第5位という広さですが、その大半は南アルプスの南山麓の山間地です。南アルプスは静岡県と山梨県・長野県にまたがる広大な山地であり、「高い山、深い谷が育む生物と文化の多様性」という特徴で、現在、ユネスコの「エコパーク」に登録されており、将来的には「世界自然遺産」への登録を目指しています。3000m級の山々が連なる中心部は、静岡市の市街地から遠く離れており、長野県・山梨県からのアプローチの方が容易となっています。

　したがって南アルプスは、静岡市民にとって、その山並みを遠くから眺めるだけのものとなってますが、静岡市域の大半を占める山間地もまた南アルプスの一部です。また静岡市民の多くが暮らす平野・平地は、南アルプスから流れ出る安倍川によって作られたものであり、静岡市民にとって南アルプスは遠くても身近な存在であるとも言えます。南アルプスから流れ出る川として大井川があります。その上流域は静岡市ですが、中流域は川根本町、下流域は島田市・焼津市・藤枝市がある大井川平野となっています。

　したがって静岡市の山間地は、図11のように最北部に大井川の上流域があり、その南に安倍川とその支流である藁科川の上流域が位置し、さらに東に興津川の上流域があるという形になっています。つまり静岡市の山間地は、異なる河川によって四つに区分されているのです。ちなみに、これまで

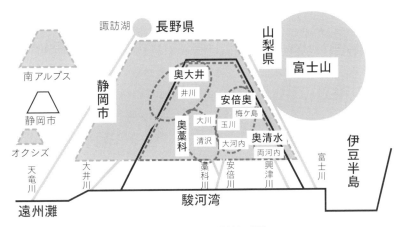

図 11　静岡市の山間地域の構造

大井川の上流域は「奥大井」、安倍川の上流域は「安倍奥」、藁科川の上流域は「奥藁科」、興津川の上流域は「奥清水」と呼ばれてきました。

　大井川の最上流域にあったのは旧安倍郡井川村ですが、1969 年に静岡市と合併し、現在に至っています。何故、異なる流域の静岡市と合併したのかが問題になりますが、理由のひとつは、大きく蛇行し狭い峡谷を形成する大井川流域では、川筋に沿った道路をつくることが困難であり、上流と中・下流域の交流が昔から少なく、むしろ峠越えに静岡市との繋がりが強かったからです。また大井川流域に中心となる大きな都市が形成されなかったことも、理由のひとつとなります。

　多くの静岡市民が暮らす静岡平野を形成したのは安倍川と藁科川であり、二つの河川が合流することで静岡の市街地が形成されています。安倍川の上流域の「安倍奥」には旧安部郡の梅ヶ島村・玉川村・大河内村、藁科川の上流域の「奥藁科」には大川村・清沢村があり、これに井川村を加えた安倍六か村は、1969 年に静岡市と合併し、現在に至っています。興津川の上流域である「奥清水」には庵原郡両河内村がありましたが、1961 年に清水市と合併し、それが現在の静岡市に引き継がれています。

　静岡市の山間地の特徴のひとつは、四つの異なる大きな河川の上流域によって構成されていることです。この四つの地域では、流域ごとの交流はなされてきましたが、流域を超えた交流は極めて乏しいのが実態です。しかし共通した特徴も多く持っています。それは、この四つの河川が南アルプスの懐に抱かれた所から流れ出ることによって、「閉塞型河川」となっていることです。「閉塞型河川」とは、川の上流域が高い山に阻まれていることによって、山の向こうの街と繋がっていないことを意味し、「どんづまり型」とも呼ばれています。

　先の図に示されているように、南アルプスの西を流れる天竜川は北の長野県の諏訪湖に繋がっており、東を流れる富士川は北の甲府盆地と繋がっています。したがって川沿いの街道も人の往来が活発であり、人口や集落も多く、交流による伝統文化の蓄積もなされています。これに対して大井川や安倍川は、標高の高い南アルプスの山々に阻まれて南北の人の往来は疎らです。川筋に沿った道を行っても、必ず引き返さねばなりません。定住人口や集落の数において、日本国内の山間地において劣ってしまうことは仕方ありません。

　南アルプスは、ユーラシアプレートの下にフィリピン海プレートが潜り込

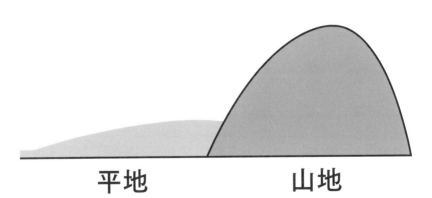

平地　　　　　山地

図12　静岡市に多く見られる地形

むことで、海から隆起したものであり、現在も隆起を続けています。この南アルプスに南西から風が吹き付けることで大量の雨が降り、それが川となって急峻な山を削り、Ｖ字型の谷を形成しています。河川の周辺の平地も小規模な上に分散しているために、大規模な集落も形成されていません。さらに隆起が続いているために、図12のように急傾斜の山地がそのまま平地と繋がり、緩やかの傾斜の山麓が少ないのが特徴となっています。

　平地があっても、すぐ傍の山地は急傾斜であり、そこに住宅を建てることはできません。また小さな標高の丘のようなものであっても、崩れやすい土壌であるために、土石流が襲うこともあります。治山治水の事業がなされることで、災害の危険性は昔と比較にならないほど軽減されていますが、異常気象が常態化している現在、危険性が除去された訳ではありません。これを静岡市の山間地の特徴として認識し、それを踏まえた対策が求められます。この特性をマイナスとして考えるのではなく、プラスに転じさせる発想が必要なのです。

　現在、四つに区分されていた静岡市の山間地は「オクシズ」と一括して呼ばれています。それはマスメディアの協力もあって、静岡市周辺に一定浸透しつつありますが、より広域に広めることが課題となっています。この「オクシズ」という名称は、静岡市と清水が合併して新静岡市が誕生してからであり、山間地振興の一環として必然であり必要です。しかし、それによって四つの異なる山間地の特徴が無視・軽視されるようになれば、問題と言わざるを得ません。

　「鳥の眼」から静岡市の山間地を見た時、まず関心が向けられるのが「南

アルプス」です。しかし、そのもっとも魅力的な中心部には山梨県・長野県からのアプローチが容易であり、静岡市からのアプローチは最も遠い距離となっています。昔のことになりますが、天野進吾市長の時、南アルプス基本構想策定委員会が設置され、私も委員として参加しました。その時の委員長は、当時、上智大学の学長であったグレゴリー・クラークさんでしたが、彼は世界的な登山家としても有名でした。

その時、彼が発言したのが「南アルプスは世界の自然遺産に登録されてもよいものだが、それを北アルプスや中央アルプスのように開発すべきではない。全体に保全すべきだが、静岡側には見るべきものが少なく、もっと開発を進めてはよいのではないか」というものでした。それは、まさに「鳥の眼」からの指摘です。首都圏と名古屋圏という大都市の中間にありながら、あれほどの豊かな自然が残されている南アルプスは非常に貴重な存在です。その中心部は保全しながら、静岡市側の山間地は多くの人が楽しめるように開発すべきです。

急峻で平地が少ないという特性は、大規模な開発に馴染まないことであり、少ない定住人口と小さな集落による小規模な開発がふさわしいことになります。目立った観光資源がないことは、そこに滞在し、時間と空間を楽しむという過ごし方に適しているということになります。他地域の山間地振興を真似るのではなく、静岡市らしいやり方を工夫すべきです。量ではなく質を重視すべきであり、営利より交流を目的とすることで、少人数であっても本当に静岡市の山間地が好きな人に来てもらい、それを中長期的な方向として営利に繋げるべきです。

この点で重視すべき特性が、静岡市の中心市街地との距離の短さです。急傾斜であることにより、短時間・短距離で標高の高いところに行けるのが、静岡市の山間地の魅力でもあります。通過するだけの観光客ではなく、たびたび訪れるリピーターを大切にすべきであり、交流することで定住に繋げていく工夫が必要です。また市街地と山間地に同時に居住するライフスタイルも受け入れるべきです。そのためには、まず静岡市の山間地と平野・平地との関係を知っておくことが重要です。

静岡平野は安倍川と藁科川が合流する地点から広がっており、それが東の清水平野に繋がることで、現在の静岡市の地形が形成されています。そしてまた安倍川から運ばれてきた土砂は、駿河湾にも流れ込み、それが海流に運ばれ、三保半島を形作ります。その内側に清水港がありますが、それは昔、

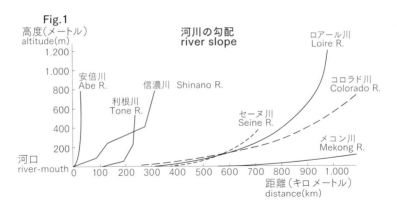

図 13　世界・国内の主要河川と安倍川の勾配比較

安倍川と繋がっていた巴川の河口に位置します。つまり巴川は静岡平野の東の端に位置し、その流域に広がるのが清水平野となるので、安倍川こそが静岡平野だけでなく、清水平野も作ったと言えます。

　安倍川は、静岡県と山梨県の境にある大谷嶺（標高 2000m）を源とする川であり、その斜面に日本三大崩れのひとつである大谷崩があるように、上流は崩れやすい土壌となっています。さらに川の延長は 53.3km と短く、高いところから一挙に河口にたどり着くという日本屈指の急流河川となっています。実際、図 13 で世界及び国内の主要河川と安倍川の河川勾配を比較すると、安倍川が群を抜いて高いことが分かります。

　この安倍川によって作られたのが静岡平野ですが、その特徴は扇状地であることです。扇状地とは、削られた土砂が山地を抜けたところで急に堆積することで形成されたものです。山地の出口・扇状地の頂点が「扇のかなめ＝扇頂」、そこから土砂が平地側に積もる場所が「扇央」となります。この「扇頂」から「扇央」にかけては大きな石が堆積し、水は地下を流れるので、そこでは畑や果樹園が多くなります。水が地表に出るのは、扇状地の末端＝「扇端」であり、そこから水田が広がり、集落も形成されるようになります（図 14）。

　図 15 のように、多くの場合、「扇状地」は山地の出口に作られ、そこから海までにたどり着く間に「低湿地平野」を形成し、河口で粒の小さい土が堆積して「三角州」を形成します。ところが安倍川は、日本で最も深い駿河湾に流れ込むために、扇状地を形成しても、それに続く「低湿地平野」「三角

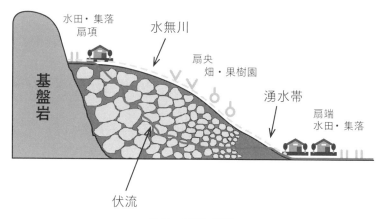

図14　扇状地の特徴

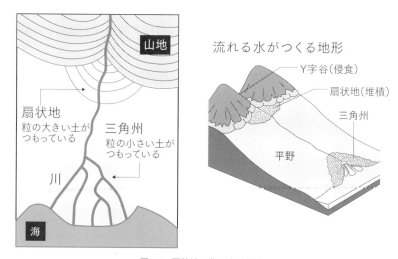

図15　扇状地が作り出す地形

州」を形成できません。扇状地としての静岡平野の場合、「扇端」に登呂遺跡がありますが、そこから海沿いの狭い平地に繋がり、河口に「三角州」も形成されていません。

　扇状地で最も安全な場所が「扇のかなめ＝扇頂」であり、静岡平野では浅間神社があり、その隣に駿河国の国府が置かれ、今川屋敷・駿府城を経て現在に至っています。「扇頂」に続く「扇央」は、水が地下を流れるところになりますが、大雨が降ると一挙に水が溢れて氾濫する危険性があり、安全と

は言えません。安倍川の旧流路を見ても、扇状地をいくつかの川に分かれて流れ下っており、それが度々氾濫したことが推察されます。ちなみに静岡市内にある「安西」と「安東」という地名は、安倍川の西と東に位置したからと言われています。

　図16から分かるように昔は安倍川と藁科川は分かれて流れており、別の川だったようです。しかし扇状地の「扇頂」に駿河国の国府、後の駿府城が置かれたのは、三方を山で囲まれ、かつ安倍川の流れを引いて堀が作れたことによって、軍事的な要塞として堅固であったためと思われます。それと同時に、この場所が安倍川・藁科川に沿う安倍街道・藁科街道が東海道と交わる場所であり、山と海の物資の集合による「安倍の市」が奈良時代から賑わっていたことも一因になったようです。

　縄文時代前ごろ、今の巴川は陸深く入り込んだ海でした。実際、巴川の源流域となっている麻機沼からは多くの貝殻などが出てきています。しかし4500年以前になると、海岸線が後退することで入江であったのが川となり、

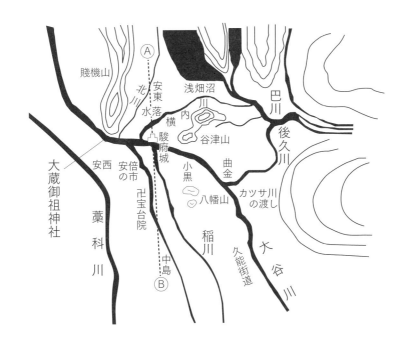

図16　安倍川旧流路

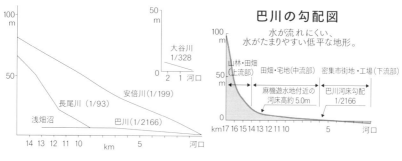

図17 安倍川と巴川の勾配比較

そこに安倍川の流れの一部が加わります。さらに江戸時代になると、静岡平野の治水のために堤防が築かれ、安倍川の流れが西に移され、安倍川と藁科川がひとつになります。そして巴川の河口近くにできた江尻湊が駿府城への物資の搬入口になり、巴川が水路として活用されるようになります。こうして静岡平野と巴川流域の清水平野は一体化していきます。

　図17は安倍川と巴川の勾配を比較したものですが、急勾配の安倍川からは絶えず大量の土砂が供給されることで、川床は高くなっていきます。他方で河口から源流まで高低差がわずか7mという低い勾配の巴川は、水が流れにくく溜まりやすい地形であり、大雨の度に氾濫を繰り返していました。特に途中に流入する長尾川からは、大雨の度に土砂が押し出され、川床に堆積することで氾濫を助長していました。そのために江戸時代には、駿府城に物資を運ぶため、土砂をさらうことが義務付けられていました。

　これによって現在、扇状地である静岡平野の「扇頂」に位置する静岡市の中心市街地と巴川の上流域の麻機地区の間の高低差が大きくなっており、それが静岡平野と清水平野の違いを際立たせています。特に麻機地区と隣接する千代田地区は、巴川の上流域でありながら、同時に静岡平野の「扇端」に位置し、静岡市の都市化の中で「最後のフロンティア」と呼ばれるほど開発が遅れて始まっています。この地区の開発が本格化したのは、巴川の水を直接駿河湾に注ぐ大谷川放水路が完成して以降となります。

　これからの静岡市の都市ビジョンを考えるためには、旧静岡市と旧清水市の都市構造の違いが静岡平野と清水平野の違いに基づくものであり、それが両市のまちづくり・市民意識に影響を及ぼしていることを正確に認識しておかねばなりません。扇状地の上に作られた旧静岡の場合、最も高い場所に

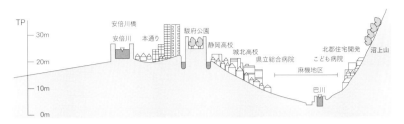

図18　旧静岡市域の高低差

ある「扇頂」に中心市街地が形成され、そこから始まる緩やかな下り坂の
「扇央」に住宅地が作られ、地下を流れていた水が地表に出てくる「扇端」
に水田が広がる都市構造になっています（図18）。

　ただ扇状地であるがゆえに中心市街地がある「扇頂」は安全ですが、「扇
央」は大雨が降れば上流から押し流されてきた土砂によって増水・氾濫する
危険な場所です。そこでの集落は放射線状に流れる川沿いの「自然堤防＝微
高地」に形成され、「扇頂」の中心市街地とそれぞれが繋がることになりま
す。安倍川から運ばれた土砂が海流によって東に流され堆積するので、微高
地が沿岸に沿って形成され、そこに集落が形成されます。しかし沿岸に土砂
が堆積することで港の建設は困難であり、漁業で生計を維持するまでには至
りません。

　沿岸に形成された小高い場所と扇状地の「扇端」の間は低湿地となり、稲
作が可能となりますが、海が近いために「塩害」の危険性にもさらされ、ま
とまった農村集落が形成されることになりません。結局、静岡平野の中で最
も開発が遅れる地域となりますが、そこに東名自動車道が通り、インター
チェンジが開設されることで、開発が一挙に進行する事態になっています。
現在、「東名静岡東スマートIC」が建設中ですが、静岡平野の「扇端」から
「沿岸」までの東西に細長く伸びる低湿地の利活用は、現在も課題となって
います。

　その結果、旧静岡市の都市構造は、扇状地の頂点＝「扇頂」に位置する中
心市街地と「扇央」「扇端」に広がる住宅地・農村・沿岸部が放射線状に繋
がり、「扇央」「扇端」が横に連携して中心市街地を作るようになっていませ
ん。それは、安倍川の流れが「扇頂」から「扇央」「扇端」の急傾斜を下る
ため、「扇頂」での堤防の建設による水の流れのコントロールが「扇央」「扇
端」の防災の鍵を握ることになります。その結果、「扇央」「扇端」の地域は

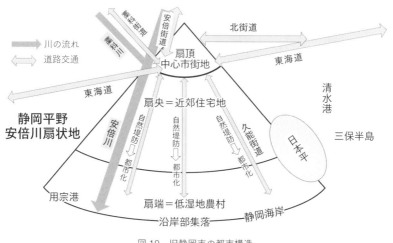

図19　旧静岡市の都市構造

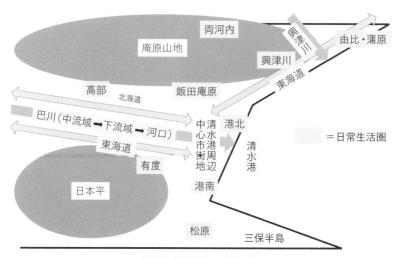

図20　旧清水市の都市構造

「扇頂」の地域に依存せざるを得なくなり、「集中集権型都市構造」になってしまいます（図19）。

　これに対して旧清水市は、清水平野を形成する巴川が平地を緩やかに流れる「都市型河川」であるために、「分散・分権型」の都市構造になっています（図20）。巴川の上流域である「麻機・千代田地区」は、静岡平野・安倍

川扇状地の東端の「扇端」となりますが、そこから河口までは高低差わずかに7mという穏やかな流れとなります。しかも巴川の中流域に合流する長尾川は急傾斜から流れ来る「暴れ川」であり、押し出された土砂が巴川の川床に堆積し、上流域には水を滞留させ、下流域で氾濫を引き起こすことになります。

　そのために上流域と中流域・下流域間での住民の対立が繰り返されています。旧清水市の中心は、東海道の宿場であった「江尻」となりますが、「江尻湊」は巴川の河口から入った場所にありました。ところが明治になって河口の海沿いの小さな集落であった「清水」に近代的な港が建設されることになり、清水市が誕生する際、「清水市」という名称に江尻・入江という古くからあった町の住民が反対するという事態も起きています。

　さらに清水平野といっても、巴川の南に位置する「三保」「駒越」「草薙」などと、巴川の北・庵原山地沿いの「飯田庵原」「高部」などは異なった町の特性を持ちます。興津川の上流域の山間地である「両河内」と中流域の「小島」、下流域の「興津」は、清水平野とは異なる地域となります。結局、旧清水市は、中心市街地を巴川河口に作られた清水港とその周辺に形成したものの、その北の庵原山地側と南の日本平周辺・三保半島は異なる地域特性を持つことで、「分散・分権型」の都市構造となったと言えます。

　旧静岡市と旧清水市の都市構造の違いは、これまでの両市の総合計画づくりに現われています。旧清水市の場合、まず地域ごとの話し合いを積み重ねていくことによって、清水市全体の計画を策定する手順が取られています。ところが静岡市の場合、最初から静岡市全体の計画の策定が行われ、地域別の計画が作られるようになったのは最近のことです。顕著なのが公民館などの公共施設の建設・配置です。旧清水では小さな区域での小規模なものが多く作られているのに対し、旧静岡市では広域に大規模な施設となっています。

　最後に静岡市の海岸線を見てみると、安倍川河口の西にある用宗港と、巴川の河口・折戸湾にある清水港、その間の静岡・清水海岸の三つに分けられます。この中で用宗港は、沿岸漁業の発祥の地として歴史も古く、隣接する焼津港とともに発展を遂げていましたが、近代になって漁船の大型化に対応する施設の整備が遅れて取り残されてしまいます。現在では、シラス漁で有名になり、海水浴場や海洋レクリエーション施設なども作られ、賑わいを見せていますが、清水港との関わりは希薄なままです。

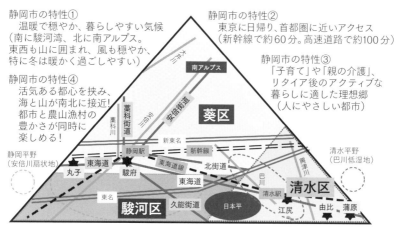

図21　静岡市の地域特性

　安倍川河口の東から三保半島に至る海岸線は、安倍川から流された土砂の堆積のため、漁業だけでなく海水浴場などのレクリエーション施設も出来ていません。三保半島の内側にできた清水港が大きく発展し、その周辺に中心市街地だけでなく臨海工業地帯も出来た清水市とは対照的に、開発から取り残された地域となっています。現在、沿岸に沿った道路の整備が進められていますが、静岡市の三つの異なる海沿いの地域間の連携・交流が課題となってきています。

　図21は、「地域」としての静岡市の特徴をまとめたものです。静岡市は三つの区に分かれていますが、「区」は行政の必要性から設定されたものであり、地域の特性に応じて区分された訳ではありません。清水平野の旧清水市は、そのまま「清水区」になり、静岡平野の旧静岡市がJRの線路を挟んで北が「葵区」、南が「駿河区」に分かれただけです。大半の山間地は、静岡平野の「扇頂」と「扇央」の上半分と共に「葵区」となりました。「駿河区」には、静岡平野の下半分と沿岸部が含まれます。

　静岡市の地域特性の第一は、「温暖で穏やか、暮らしやすい気候」です。山間地の標高の高いところは厳しい気候となりますが、他地域の山間地と比較する温暖と言えます。以前、東京の大学の先生から「リタイア後の生活にと思って軽井沢に別荘を買ったが、冬は寒くて暮らせない。静岡なら山でも暖かいだろうから物件を紹介してくれ」と依頼がありました。私も標高700mを超えるところで生活していますが、冬でも雪は降るもののすぐに溶

けるし、一日中太陽が降り注ぐ日が多いので暮らしやすいというのが実感です。

　静岡市の特性の第二は「首都圏に日帰りできるという交通の利便性」です。特に旧静岡市の中心部は新幹線で容易に東京や名古屋という大都市に行くことができますし、高速道路も新東名が開通したことで時間短縮されました。第三は「都市と農山村の距離が短いことで、都市と農山村の豊かさが同時に味わえる」ことです。これは静岡・清水の平野が小さいことで可能となった暮らしです。第四は、「子育てや親の介護に適した理想郷」ですが、それは未来の可能性でもあり、静岡市の都市ビジョンに積極的に盛り込むべき目的となります。

「第三次静岡市総合計画」と静岡市の「歴史文化」

　これまで「行政区域＝地域」としての静岡市を見てきましたが、次に「地方自治体＝市役所」としての静岡市を見てみます。異質多様な地域の寄せ集めである静岡市を、「地方自治体」としての静岡市が、どのようにまとめ、方向付けをしているかを考察するためです。そのために現在策定され実行中の「第三次静岡市総合計画」を見ると、図22のように「基本構想」と「基本計画」の二つから成り立っています。

　まず基本構想では、まちづくりの目標として「『世界に輝く静岡』の実現」が掲げられています。そして目指す都市像として「歴史文化のまち」と「健康長寿のまち」の二つが提示され、市政のさらなる展開として「『創造する力』による『都市の発展』」と「『つながる力』による『暮らしの充実』」が市政の目標とされています。この目指す都市像と市政の目標の関係は、「歴史文化のまち」が「都市の発展」に、「健康長寿のまち」が「暮らしの充実」に繋がっており、「市政運営の両輪」とされています。

　基本計画では、「平成37年（2025年）に総人口70万人を維持すること」が成果目標・最大目標として掲げられ、その実現のために「二つの政策群」と「六つの重点プロジェクト」が提示されています。ひとつは「『創造する力』による都市の発展」（産業・経済の振興）であり、「静岡市が持つ地域資源に新しい価値を与え、地域経済を活性化する」ことが目標となります。もうひとつは「『つながる力』による暮らしの充実」）であり、「市民・企業・行政が連携して地域課題を解決し、生活の質を高める」ことが目的となりま

「第三次静岡市総合計画」の構成と概要

基本構想		基本計画					
目標	「世界に輝く静岡」の実現	人口70万人の維持					
目指す都市像	①「歴史文化のまち」	政策群と重点プロジェクト	① 都市の発展（産業経済の振興）	4要素と10の行政分野	① 賑わい・活気	(1) 観光・交流	政策・施策推進の視点	①市民自治　1.知らせる　2.やってみる　3.つながる　4.深める
			(1) 歴史			(2) 農林水産	
			(2) 文化			(3) 商工・物流	
			(3) 中枢		② ひと	(4) 子ども・教育	②都市経営　1.質の高い行財政運営　2.公共施設の管理運営　3.情報通信技術利用　4.多面的広域行政
						(5) 文化・スポーツ	
	②「健康長寿のまち」		② 暮らしの充実（安心・安全の確保）		③ まち	(6) 都市・交通	
						(7) 社会基盤	
			(4) 健康		④ 安心・安全	(8) 健康・福祉	
			(5) 防災			(9) 防災・消防	むすびに　みんなの力で創る、静岡。
			(6) 共生			(10) 生活・環境	

図22　「第三次静岡市総合計画」の構成と概要

す。

　この基本計画における二つの政策群は、基本構想における二つの「目指す都市像」に対応したものとなっており、それぞれ三つの「優先的に取り組む重点プロジェクト」が配置されています。前者には「歴史（歴史を学びミライへ活かす）」「文化（自慢ネタをみがきあげまちの顔づくり）」「中枢（静岡で会おうよ静岡で暮らそうよ）」、後者には「健康（健康という幸せをみんなに）」「防災（その時大切な命を守るために）」「共生（互いに尊重し高め合うのが静岡流）」となっており、それぞれに三つの政策が提起されています。

　基本計画では、さらに「『目指す都市像』実現のための四要素」として「賑わい・活気」「まち」「ひと」「安心・安全」が示され、そこに10の行政分野が配置されています。ちなみに「賑わい・活気」は「都市の発展」に、

「安心・安全」は「暮らしの充実」に、「まち」と「ひと」は双方にくくられています。そして10の行政分野は、「観光・交流」「農林水産」「商工・物流」が「賑わい・活気」、「都市・交通」「社会基盤」が「まち」、「文化・スポーツ」「子ども・教育」が「ひと」、「健康・福祉」「防災・消防」「生活・環境」が「安心・安全」に、それぞれ配置されています。

　最後に「各分野の政策・施策を推進するための視点」として「市民自治」と「都市経営」の二つが掲げられています。市民自治では「市民と行政がお互いの情報を共有する＝知らせる」から「思いを行動に移す＝やってみる」「活動を維持し発展させる＝深める」「みんなの力を結集する＝つながる」への連携が強調され、都市経営では「質の高い行財政運営」「効果的なアセットマネジメント」「ICTの高度利用」「多面的な広域行政」が提起されています。そして「みんなの力で創る、静岡。」が「むすびに」となっています。

　この「第三次静岡市総合計画」の冒頭に掲げられている「世界に輝く静岡の実現」という目標に、静岡市民として異議を抱く人はほとんどいないでしょう。静岡市民の誰もが、「世界に輝く静岡の実現」を願っているはずです。しかし、世界を飛び回る「鳥の眼」から静岡市を見れば、「世界に輝く静岡の実現」だけでは、静岡市の何を、どこを、誰を輝かそうとしているのかが分かりません。「世界に輝く静岡の実現」とは、「虫の眼」から見た願望なのであり、「鳥の眼」を引き付けるものではないからです。

　この点について基本構想では、「静岡市は、世界に輝くための様々な要素を持ち、未来への豊かな可能性にあふれている」として、「今川義元公や徳川家康公などに彩られた『歴史と文化』や、快適な気候風土に育まれた『健康的な暮らし』は、『世界に輝く静岡』を具体化するために、最もふさわしい要素や可能性といえます」と述べています。しかし「歴史と文化」は、どんな都市・地域にもあり、「健康的な暮らし」はすべての都市・地域の願いです。それが「世界に輝く」ためには、他の都市・地域と比較して評価されねばなりません。

　基本構想では、「これらのひとつひとつをみがきあげていくことにより、世界水準の都市が実現できる」として、「みがきあげ」を最優先に進めることが強調されています。そこで問題となるのが、どのような視点で、どのような方向を目指して「みがく」のかということです。「虫の眼」からは、自らの暮らしをよくすることが目標となり、「鳥の眼」からは、そこに訪れたくなるようにすることが目的となります。田辺市長が提起しているように

「虫の眼」と「鳥の眼」の双方からの「まちみがき」が求められます。

　そこでまず静岡市の「歴史文化」を取り上げて考えてみます。現在、静岡市には「蒲原」「由比」「興津」「江尻」「駿府」「丸子」という六つの東海道の旧宿場がありますが、その中心は「駿府（駿河府中）」であり、それが現在の静岡市の中心市街地となっています。それは、「駿府」が政治的軍事的な拠点としての城下町でもあったためであり、実際、駿河国の国府が置かれた後も、今川氏が支配した時には今川屋敷が置かれ、徳川氏の下では駿府城が作られ、現在の静岡県庁に繋がっています。

　しかし、駿府の歴史を見た時、城下町というイメージは希薄であり、宿場町としての性格の方が強いようです。それは、土着の権力者が駿府を中心に長く支配し続け、城を中心とした「まち」を形成するに至らなかったためです。同じ権力者によって長く統治されたのは、今川氏の支配の時代ですが、今川氏が滅亡すると、徳川氏の支配に入り、江戸の徳川幕府の直轄領となりますが、駿府城が焼失した後、再建されることもなく、江戸から派遣された城代も任期を終えると交代する状況が長く続いています。

　つまり静岡市の歴史の特徴となっているのが、為政者はいつも「外から」「上から」やってきて、頻繁に入れ替わっていたという点です。それは東海道という街道の特質によっても規定されています。東海道は、鎌倉に武士の政権が誕生して以降、公家を中心とした古くからの都（＝京都）と武士を中心とした新しい都（＝鎌倉、後に江戸）を繋ぐ街道となりました。その結果、日本という国を治めるためには東海道を支配下に置くことが絶対に必要となり、駿府を治める為政者は中央から派遣されることが一般化します。

　つまり日本という国の権力者が交代するたびに、この地域の支配者も変わっていたのです。土着の権力者が長期にわたって支配し続けたことはありません。土着の権力者が大きな力を持ち、長く支配することで独自な文化を築いた甲斐の武田、越後の上杉、上田の真田などが、静岡市からは出てこなかったのです。基本構想では、今川義元や徳川家康が取り上げられていますが、今川氏も三河国からやってきたよそ者であり、徳川家康も、駿府にいたのは、人質であった幼児期と武田氏滅亡直後、そして隠居後の一時期だけです。

　図23に示されているように、地域の支配者はいつも「外から」「上から」やってきました。土着の権力者が力をつけても、すぐに中央権力をめぐる抗争に巻き込まれます。そして勝ち組につけば出世して他地域に転出し、負け

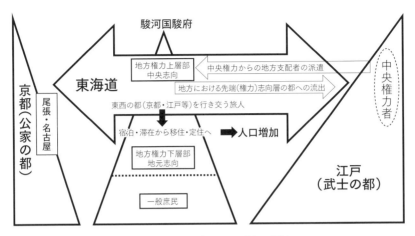

図 23　駿河国駿府と江戸・京都の関係

組になれば地域から追放され、この地に長く留まることができません。この地に暮らし続けようとすれば、「上から」「外から」寄ってきた支配者に、表面的な忠誠を誓い、身の保全を図るしかありません。嫌な支配者と思っても、やがて去っていくだろうと思えば耐えられたのです。

　これが、静岡市の歴史であり、それが文化ともなってます。支配者は「外から」「上から」やってくるものであり、東海道を行き交う旅人のようなものです。土着の人でも、出世や権力を求める上昇志向の生き方を選択すると、このリスクを覚悟せねばなりません。しかし出世や権力を諦めれば、温暖な気候と豊かな自然の下で、それなりの暮らしをすることができます。その結果、多くの人は中央権力に背を向けて、保身を図る生き方を選択することになります。

　これは駿府を中心とした地域の歴史的特徴であり、静岡市の場合、強い「上昇志向」「中央志向」を持ち、成功を収めた有名人の出身地ということで、地域の歴史をアピールする手法は限界があります。しかし静岡市の歴史は、東海道を行き交う多くの旅人と土着の人々の出会いによって動かされており、それを抜きにして語ることはできません。したがって静岡市の歴史において大切なことは、一時期であっても、この地にいた時、「何をしたのか」「何を残してくれたか」という点を解明し、それを現代に生かすことです。

　今川義元や徳川家康も、そういった視点で捉え直すべきです。この二人は、静岡市と最も関係が深い歴史上の人物ですが、「鳥の眼」から見れば決

して人気が高い人物ではありません。特に今川義元は、戦力的に圧倒的に優れていたにもかかわらず、桶狭間の戦いで戦死した武将として知られており、その名前だけで人を呼び寄せることはできません。この点で徳川家康は、勝ち組のトップとして優れた人物であることは確かですが、彼の人生の中で静岡市との関わりは一部にすぎません。

　静岡市が誇る歴史上の人物として二人をアピールするためには、これまでの評価を覆す、あるいは新たな視点から見直すことが必要であり、それが「みがく」という行為になります。今川義元の場合、義元個人より、今川氏と静岡市の関係から評価すべきです。何故なら今川氏が駿河の守護に任じられて以降、230年もの間、駿府に本拠地をおいており、土着化しつつあったからです。したがって、この地において、今川氏が「何をしたのか」「何を残したのか」を問うべきです。

　この点については、既に歴史研究の中で明らかにされており、全国に先駆けて守護大名から戦国大名への転身を成し遂げたこと、さらに戦国三大文化のひとつとして今川文化が栄えたこと等が知られています。その詳しい内容は、小和田哲男氏等の歴史研究者に委ねますが、静岡市のまちづくりの視点から学び、継承し得ることを究明すべきです。それは、世界や日本にとって、どのような意味・意義を持っているのかという「鳥の眼」と、静岡市で暮らす市民にとって、何を学び活かすのかという「虫の眼」から行わねばなりません。

　今川氏の駿府支配の特徴の第一は、230年という長期にわたることです。それは、今川氏が室町幕府を創設した足利氏の縁戚であり、一貫して室町幕府のサポート役に徹していたためと言えます。南北朝時代には、北朝の側から南朝側についた武士を攻撃する役割を果たし、その後、京都の幕府と鎌倉におかれた鎌倉府の長官・鎌倉公方が対立するようになると、京都の幕府の側からの見張り役的な機能も果たすようになります。その結果、今川氏は室町幕府にとってなくてはならない存在となり、それが長期の支配となりました。

　ここから言えることは、地方の支配者であり続けるためには中央政府による承認が必要不可欠であること、そのためには中央政府に従順であることが求められるということです。言うまでもなく中央政府は、「鳥の眼」で全国を眺めており、そこから評価されることが、「虫の眼」を持つ地方住民の生活を保障することになります。これは、今日でも変わっていません。しかし

中央権力への忠誠だけで、地方の生活が安定する訳ではありません。中央権力が入れ替わると、地方の支配者も追いやられる危険性をはらんでいるからです。

　地方の権力者は、中央権力をめぐる争いの中で、何処につくかを見定め、機敏に対応することが求められます。代々の今川氏を見ても、基本的には京都の幕府についていましたが、相続をめぐる争いの中で「鎌倉公方」に付こうとする動きも一時見られ、その動きが支配的になれば今川氏の駿河における支配も早期に終わっていたかもしれません。ここから静岡市は、昔から中央権力をめぐる争いが波及しやすい地域であり、その情報を早期に入手し、的確に判断することが求められることを、教訓として学ぶべきです。

　今川氏の支配の第二の特徴は、室町幕府の力が弱まると、いち早く自立性を高めて、守護大名から戦国大名に転身したことです。守護大名は荘園に寄生する存在でしたが、戦国大名は直接、農民を支配下に置くことで領国経営を行います。それを全国に先駆けて行ったのが七代当主の今川氏親であり、検地を行い、統治のための法典である分国法「今川仮名目録」を制定しています。これは全国で最初の地域統治の手法であり、これ以降、戦国大名による地域経営として普及・一般化していきます。

　このことを今日的に表現すると中央政府による統制が緩むことで自治が拡大・拡充し、先駆的かつ先進的な行政・地域経営を行ったことになります。それを可能にしたのは、今川氏が中央権力と密接な関係を構築し、最先端の全国情報を入手し、時代の先を読むことができたためです。時代の後追いではなく、時代を先駆けたことが、戦国大名としての今川氏の最大の功績と言えます。静岡市が、今川氏の歴史から学ぶとすれば、この地域経営における先駆性・先進性であると思います。

　今川氏の支配の第三の特徴は、外部の優秀な人材の活用です。今川氏は、室町幕府の忠実な部下として指示に従いながら、室町幕府の中で大きな役割・責任を負うことで、多くの情報・知識を得て能力を磨いていました。それ故に幕府の力が弱くなった時、自立することができたのですが、そこでは「外部からきた優秀な人材」が大きな役割を演じています。最初の戦国大名となった七代の今川氏親の場合、今川家の当主になる際、母（北川殿）の弟である伊勢新九郎（後の北条早雲）が大きな役割を演じたことは有名です。

　この北条早雲は、氏親を補佐した後、伊豆に討ち入り、やがて小田原城を奪取して戦国時代を到来させています。つまり今川氏親と北条早雲によって

戦国時代が始まったことになります。静岡市の歴史的な特性は、東海道が東西を貫通し、多くの旅人が行き交い、中央権力をめぐる争いに巻き込まれることですが、それは様々な情報や人材を「外から」受け入れる受容性の高さともなります。日本の歴史を動かすほどの大きなことを成すためには、外部の人材の活用は必要不可欠であり、それを歴史の教訓として学ぶべきです。

　今川氏の支配の第四の特徴は、京都から多くの公家や文化人が駿府を訪れることによって、戦国三大文化のひとつとして今川文化を開花させたことです。この今川文化は、今川氏の滅亡によって多くの資料や文化財が失われているために、研究調査も進んでいません。今川館の跡も最近になってようやく発掘されつつある状況です。しかし、今川氏が京都の公家との姻戚関係を多く持ち、駿府を訪れた公家や文化人と濃密な接触を行っていたことは確かです。

　しかしそれが、駿府で暮らす人々にどれだけの影響を与えたかについては十分に解明されていません。今川文化が今川館の中だけで開花していただけならば、それは一時の徒花（あだばな）にすぎません。静岡市では、生活できる平地が限られているために、古い文化史跡の上に新しい文化史跡が積み重ねられる過程をたどっており、古い文化史跡の発掘が困難となっています。現在の静岡市に今川文化が残したものは何なのか、今、静岡市として今川文化から学び、継承するものは何なのか、今後の研究が待たれます。

　今川氏の支配の第五の特徴は、戦国大名としての今川氏が最終的には滅亡してしまったことです。しかし今川氏の歴史を調べてみると、戦国大名として滅亡した後も、今川家の直系は徳川氏の家臣となることで、明治まで存続し続けたことが分かります。これは戦国大名としては稀有なことであり、それも静岡市の歴史文化として研究調査し、そこから学ぶべきです。この点で取り上げるべきは、今川義元の子どもであり、戦国大名として最後の当主である今川氏真です。

　今川氏真の父の義元は、桶狭間の戦いで討ち死にしたとはいえ、優れた領国経営よって「海道一の弓取り」と称せられるほど評価の高い人物です。しかし氏真は、父よりはるかに低い評価になっています。それは、今川氏を滅亡させた張本人であるためですが、その後の彼の人生が武将にふさわしくないと思われているからです。武田氏によって駿府を追われた後、今川家を滅ぼした張本人のひとりである徳川家康を頼り、家臣になっており、さらに織田信長にも接近し、蹴鞠の披露までしているからです。

それ故に氏真は、「戦国三大愚人」とも呼ばれています。実際、氏真の人生の前半部である戦国大名としては失敗の連続であり、武将としての意地を貫けば戦死・自刃しても当然という場面に遭遇しています。しかし彼は、人生の後半部において、「生きる」という選択をして、人質であり敵であった人間に恥を忍んでひざまずいています。そのことによって氏真の子どもや孫は徳川家の家臣として生き延び、幕末には若年寄という重要な職責についています。

　戦国大名としては負け組であった今川家を明治まで存続させたという点では、勝ち組と評価することもできます。それが可能になったのは、京都の公家や文化人との交流の中で培った文化的な素養であり、彼らとの社会的なネットワークです。これらは武将としての評価ではマイナス材料となっていますが、武士による中央権力が京都の天皇を頂点とする公家勢力を巻き込み利用する上において、大いに活用されることになっています。実際、今川家は徳川幕府の中では大名に準ずる「高家」という高い地位についています。

　氏真の人生も、戦国大名ではなくなった後の「第二人生」を文化人として存分に楽しみ、当時としては長寿である77歳まで生きて亡くなっています。これまでの歴史研究では、今川氏真が駿府を追われ掛川城に移った後、徳川家康の要求を受け入れて退去した時点で戦国大名としての今川氏の「滅亡」と判断され、それ以降の氏真の人生には触れられていません。しかし静岡市の歴史を「目指す都市像」としての「歴史文化」と「健康長寿」から捉えれば、今川氏真こそが、その二つを体現している人物と言えます。

　今ようやく今川氏真についての新たな評価研究が始まりつつあるようですが、それに期待したいと思います。その際、留意すべきは静岡市の地域特性との関係であり、さらにこれからのまちづくりとの関連性です。最近、田辺市長は、今川義元公の復権を宣言したようですが、氏真の復権・再評価も目指すべきです。気候が温暖で自然が豊かな地域特性は、昔も今も同じであり、「中央志向」「権力志向」ではない生き方も、静岡で暮らしていれば可能であり、それを目指す生き方を選択すれば、今川氏真の歴史的評価も変わってきます。

　今川氏は、室町時代から戦国時代にかけて軍事的な争いでは敗者になりましたが、地域経営や文化においては優れた成果を挙げています。よく言われているように歴史は勝者によって書かれるので、敗者の視点は欠落する傾向があります。しかし、これからのまちづくり・未来に向けては、敗者であっ

ても学べること・引き出すべき教訓は多くあります。今川氏と今川文化は敗者の歴史文化となりますが、そこから多くを学ぶべきです。

　この点で徳川家康と徳川氏は、今川氏とは真逆の勝者の歴史文化となります。時間的な関わりでも、徳川家康が駿府で暮らしたのは、人質として過ごした期間が約11年、武田氏の滅亡後の五カ国領有時代が5年、晩年の大御所政治の期間は9年であり、230年の今川氏と比較すると一瞬のことです。この点で静岡市にとって徳川家康は「外から」きた人、一時滞在した人物にすぎません。しかし短期であっても、徳川家康が静岡市の歴史文化に大きな影響を及ぼしていることは確かです。

　実際、家康は五カ国領有時代に戦乱によって荒廃していた駿府のまちの復興に取り組み、駿府城の構築も行っています。関東へ国替えとなった後、家康が駿府に戻ってくるのは関ヶ原の戦いに勝利した7年後ですが、隠居しながら重要な政治的決定は家康が行うという大御所政治が駿府で展開されます。この期間、駿府のまちは徳川幕府の総力を挙げた整備・改修によって新しく生まれ変わり、駿府城も豪華絢爛に改築され、多くの家臣が移り住むことで人口も10万人を超え、江戸・京・大坂に並ぶ大都市となっています。

　当初、家康は駿府の中心から離れた郊外に新しい城を築き、外国船も引き込める運河を作ることも考えていましたが、安倍川の氾濫の危険性から断念し、それまでの城とまちを改修・拡張することにしました。それが、現在の旧静岡市の都市の骨格として継承されています。この点で駿府は、同じ家康によって作られた名古屋のまちとは異なります。名古屋の場合、新たな場所に大規模な城とまちを作り、そこに旧来の中心地である清州から人を移しています。

　これに対して駿府には、新たに城とまちを作るほどの土地がありませんでした。もし静岡平野が関東平野や濃尾平野と同じ規模の大きさであったなら、現在の静岡市は東京や名古屋に負けないほどの大都市になっていたかもしれません。ですが静岡平野は小さな扇状地平野にすぎず、それが変わることはあり得ません。したがって静岡市は、大きな平野の中に形成された大都市の後を追っても、追いつき追い越すことは困難です。静岡市が都市の発展を目指す場合、規模や量でなく、質で勝負せざるを得ないことを、歴史から学ぶべきです。

　この視点から大御所時代の駿府を評価すると、キーワードとして「隠居」という言葉が浮き出てきます。隠居とは家督を譲って悠々自適の暮らしを送

ることであり、江戸時代の中期に登場した言葉のようですが、現役を完全に退くという訳ではありません。隠居には、それなりの責任・役割があり、現役ではできなかった社会的な貢献や自由で創造的な仕事を行うことができます。実際、「隠居仕事」という言葉もあり、伊能忠敬や松尾芭蕉・井原西鶴なども、その仕事の大半は隠居した後になされています。

　徳川家康が隠居して大御所となったのも、将軍の座を子どもの秀忠に譲ることで、将軍位の世襲制を宣言するためであり、同時に徳川家が長く統治する基礎固めを行うためです。形としては現役を引退していますが、徳川政権を持続させるべく、豊臣家を滅ぼすための工夫を施し、徳川家による統治のために必要な諸制度の構築を積極的に行っています。そのために家康は、優秀な部下を駿府に呼び寄せ、大御所政治を行うことで、駿府を実質上の都＝首都として機能させています。

　何故、徳川家康が駿府を隠居場所に選んだのかについては、駿府で家康に仕えていた僧・廓山（かくざん）が次のように述べています。第一は人質として幼少期を過ごし、この地で人格形成を行ったこと、第二は気候が温暖で冬も暖かいため老人が過ごしやすいこと、第三は駿河米など食べ物が美味しいこと、第四は北が急峻な山地であり、東西に大きな河川があることで軍事的に要害の地であること、第五は必ず駿府を通る大名や使節を引見できること、というものです。

　第一の理由を除けば、他の四つの理由はすべて自然的・地理的特質に由来するものであり、「静岡暮らし」が老後の暮らし、すなわち「隠居生活」に適していることを歴史的に証明しています。それと共に注目すべきは、家康の大御所政治の特徴としての江戸と駿府の役割分担です。江戸には徳川の譜代の家臣を配置し、これは後に老中制へと発展していきました。一方、駿府の家康のもとには武士に限らず様々な身分のスペシャリストが置かれ、そこで決定した基本的な政策を、江戸の将軍である秀忠の名で実行させていました。

　つまり駿府に暮らすことによって海外を含む広域的な社会動向の情報を入手し、さらに高次な政治的な意思決定をなし、江戸の幕府を支え、動かしていたのです。これは、今日でも東京と静岡との役割分担として、まちづくりに活かすことが可能です。つまり静岡市で暮らしていても、全国さらに世界の最新の情報が入手でき、人間らしい快適な暮らしの中で、東京を支え、動かす意思決定・情報の提供を行える可能性を示すものです。

また第二・第三の理由は、家康が「長生きこそ勝ち残りの源である」という信条を持ち、日々の健康に気を付けていたことから、駿府を「隠居」の地と定めたことを示すものであり、「健康長寿」に適した地として今日の静岡市に引き継がれるべきものとなっています。さらに「長生きこそ勝ち残りの源である」という考えは、今川氏真の生き方に通じるものであり、家康と氏真の親交の中から浮かび上がる「隠居暮らし」の特性として、これも今日に引き継ぐべきものと言えます。

　日本の歴史の中で引退＝隠居した後、実権を握っていた事例は多くあります。しかしそれは、都に住み続けて行うものであり、都から離れた地方で都を事実上支配し続けたのは徳川家康が初めてです。それは「黒幕政治」あるいは「隠居政治」と呼ばれる大御所政治であり、徳川家康に続いて行ったのが、戦後、大磯の別荘で大きな政治的影響力を行使した吉田茂と言われています。しかし、この「隠居政治」は、家康の死と共に終焉を迎えます。

　家康が亡くなった後、多くの家臣は江戸に移ることで、駿府のまちは一挙に人口減少となります。その後、三代将軍・家光の弟の忠長が、一時期、駿府城主となりますが、改易・自刃した後は幕府の直轄領となり、駿府は江戸から派遣された城代が支配・管理することになります。やがて駿府城は城下の火災の延焼により焼失し、城主がいないために天守は再建されず、今日に至っています。したがって城下町としての性格は希薄になり、駿府は東海道の中で最大の宿場町として存続・発展していくことになります。

　その駿府が再び脚光を浴びるのは、明治維新の後、徳川家の最後の将軍となった徳川慶喜が暮らすようになってからです。慶喜は大政奉還の後、鳥羽伏見の戦いで賊軍にされたことを知って、江戸に帰り謹慎します。そして徳川家の家督を田安亀之助（後の徳川家達）に譲り、天皇への恭順の姿勢を貫きます。やがて明治新政府によって徳川家の駿府移封が決定されると、慶喜も駿府で謹慎生活を送ることになります。慶喜は謹慎が解かれた後も、駿府改め静岡で暮らし続け、家康とは全く異なる「隠居生活」を行っています。

　即ち政治から一切手を引き、もっぱら趣味の世界に没頭しています。それを支えたのは、潤沢な隠居手当ですが、それによって写真や狩猟、囲碁、謡曲などに没頭しており、旧幕臣ともほとんど会おうとしなかったようです。この駿府での隠居生活の後、慶喜は 1897 年に東京に移り、明治天皇にも拝謁し公爵にも叙せられています。1913 年に 77 歳で亡くなりますが、これは歴代の徳川家の将軍の中で最長命となっています。徳川慶喜は、今川氏真と

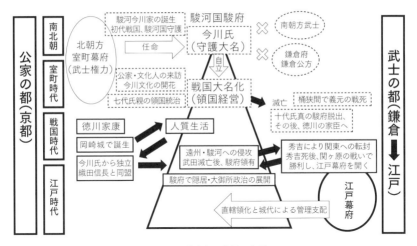

図 24 駿府支配体制の変遷

共に負け組に属しますが、「健康長寿」の人生を全うした点で同じです。

　図 24 は今川氏から徳川氏に至る駿府の支配の歴史をまとめたものですが、そこから浮かび上がってくるのは、東海道という日本を代表する街道が東西を貫通することで、静岡市は絶えず日本という国をめぐる大きな争いに巻き込まれてきたことです。その結果、「中央志向」「上昇志向」を持てば、容易に中央権力の争いに関与でき、勝者と敗者に分かれます。しかし勝者は出世し、敗者は追放されて、共にこの地から去ることになります。長く住み続けることはできません。

　静岡市は、昔から気候が温暖であり、暮らしやすい土地です。この暮らしやすさに惹かれて住み続けたいと願うと、権力や争いから一歩身を引かねばなりません。そこに巻き込まれると暮らし続けることができなくなるからです。そのために暮らしを脅かす武力の行使には、一貫して否定的であり消極的な姿勢・態度が意識・風土として根付きます。それ故に、それに馴染むようになると、今川氏のように争いに敗れ、滅亡することになります。

　その結果、人々は権力を求めて争いに加わり静岡を離れるか、そこから距離を置いて静岡で静かに暮らすかに、二極化することになります。しかし両者は無関係ではありません。駿府という都市の発展は、権力を求めて争いに加わり、東海道を移動する人たちによってもたらされたのであり、静岡で静かに暮らす人たちも、その恩恵を受けて暮らしています。「都市の発展」と

「暮らしの充実」は密接に繋がっているのですが、住民の意識としては、どちらを重視するかで二つに分かれます。

それは、「都市の発展」だけが追及されると「暮らしの充実」が脅かされ、「暮らしの充実」だけを重視すると「都市の発展」が損なわれる場合もあるからです。普段は「都市の発展」を重視する人が主導してまちづくり・行政運営が行われますが、それが「暮らしの充実」を損なうと思われると反対運動が盛り上がります。大型小売店の進出や静清バイパスの建設に対する激しい反対運動が静岡市で起きたのは、そのためです。しかし、その反対運動を推進した人たちが「都市の発展」に責任を持つことはありません。

自分たちの暮らしが当面守られれば、それ以上、責任を負いたくないからです。私は、それを「既得権擁護型住民運動」と名付けて、それを静岡市の住民運動の典型と認識しています。即ち、自分たちの「暮らし＝既得権」が侵害されると爆発的なエネルギーで反対運動を行いますが、それが守られれば運動は急速に鎮静化し、「まちづくり」には発展しません。何故なら「まちづくり」は、自分の権利を主張するだけでは実現せず、他人の権利を守る責任・義務が伴うからです。

自分の権利を主張するだけで、他人の権利を守る責任・義務を負うことをしない人たちを、私は「市民的半熟」と呼んでいます。市民として成熟していないからです。その結果、「都市の発展」を重視する人たちにまちづくりや市政は委ねられるのですが、既得権を侵害すると大きな反対が起きてくるので、新しい大胆なまちづくりや市政運営ができなくなります。後追い・物まね型のまちづくりや市政運営となり、そこに留まっていては、絶対に「世界に輝く」ことはできません。

「第三次静岡市総合計画」では、「都市の発展」と「暮らしの充実」が二本の柱として設定されています。静岡市の歴史を振り返った時、カネや権力を求めて争いに巻き込まれることで「都市の発展」が可能になったものの、その影響で「暮らし」が脅かされるという流れが繰り返されています。ただそれは、武力・軍事力で争いが行われた時代の話であり、平和・平時においては、時代の先端・先取りをする才能・能力によって、新しい時代を切り開く「都市の発展」が行われた時もあります。

今川氏による領国経営や今川文化の繁栄、徳川家康による大御所政治などが、それに当たります。そこに付け加えたいのが、戦国大名としての今川氏の滅亡後の、今川氏真の「第二の人生」であり、最後の徳川将軍としての徳

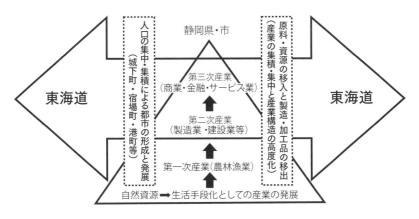

図25　静岡市の産業と都市の発展図

川慶喜の生き方です。彼らは、軍事的な争いでは負け組を代表する人物ですが、「暮らし＝生き続ける」ことにこだわることで新しい人生を切り開き、健康長寿を実現しています。

　武力ではなく平和的な手段による問題解決が求められている現代、そして高齢社会に突入して高齢者の能力発揮・社会貢献が重要視されている現代、二人の生き方は再評価に値するものです。それを支えたのは、静岡の温暖な気候と豊かな自然の恵みであり、「暮らしやすさ」だと思います。今川氏の領国経営も、徳川家康の大御所政治も、駿府での平和な穏やかな「暮らし」のもとで可能になったのであり、もし激しい戦いが駿府で繰り広げられていれば、それはできなかったはずです。

　「第三次静岡市総合計画」では「歴史文化のまち」から「都市の発展」の必要が導き出され、「都市の発展」は「産業経済の発展」とされています。これまでは、静岡市の「歴史文化」に焦点を当てて「都市の発展」を考えてきましたが、以下では、静岡市における「産業・経済の発展」から「都市の発展」を考えてみることにします。それを表したのが図25ですが、第一次産業から第二次産業、第三次産業と産業の集積・集中が進むことと、振興の集積集中による都市の形成と発展がパラレルに進行することが示されています。

　地域における産業の発展は、その地の自然資源に手を加え、そこから生活手段を作り出すことから、農林漁業を中心とする第一次産業が発展していきます。やがて農林水産物を加工して特産品として域外に販売するようにな

り、加工のための機械などの生産も始まり、工業の発展と集積が進行します。それとともに都市が形成され、そこに商業・サービス業も集積し、第二次産業・第三次産業が発達していきます。

　静岡市の場合、静岡平野が扇状地であるために水田が多く作られず、巴川沿いの清水平野も度々水害に見舞われており、稲作を中心とした農業の発達・大きな農村集落の形成は見られません。その代わり山間地の豊富な材木や林産物が安倍川沿いの「安倍街道」や、藁科川沿いの「藁科街道」から駿府のまちに送り込まれ、東海道沿いの浅間神社近くで「安倍の市」が始まっていました。そこは駿府周辺に住む人々の物品の交換・販売の場であり、同時に東海道を行き交う旅人も対象とした市場でもあり、それが産業・経済の発展を促しました。

　つまり静岡市の場合、北部の山間地と南部の沿岸部、東西の街道沿いから様々な物資が駿府に集まり、商品として売買されることで都市が形成・発展してきました。さらに三方を山で囲まれた地形が敵の襲来を防ぐ上で有効であったために、駿府が政治的・軍事的な拠点となり、駿府が周辺の地域の政治・経済の両面で中心都市となった訳です。小さな扇状地平野の「扇頂」にある駿府が、政治的な中心都市・商業流通の中心都市になり得たのは、他地域との交流、とりわけ東海道を通した日本全国との交流によると言えます。

　また駿府は、巴川河口に出来た江尻湊と水路で繋がっており、陸路だけでなく海路においても全国と繋がることができました。実際、駿府城は必要な物資を江尻湊から巴川を通じて運んでおり、旧静岡市の中心地と清水の港は昔から強く結びついていたのです。それが最も強まったのは、明治になって静岡市の特産品として生産されたお茶が、清水港から海外に輸出されるようになってからであり、静岡市と清水港の間には鉄道が敷かれ、現在も静岡鉄道の静岡清水線として利用されています。

　旧静岡市と清水港の関係は、お茶の輸出品としての地位が低下し、清水港周辺に素材型産業の進出・立地によるミニ臨海工業地帯が形成されることで希薄になっていきました。しかし旧静岡市と旧清水市は、発展を続けて都市区域が拡大したことで、次第に市街地が繋がっていきました。それが両市の合併、新静岡市の誕生を促すことになりますが、商業流通都市としての旧静岡市と、臨海工業都市としての旧清水市という、性格の異なる両都市の連携・一体化が新たな課題として提起されることになります。

　旧静岡市は、県庁所在都市として、商業流通都市として発展してきました

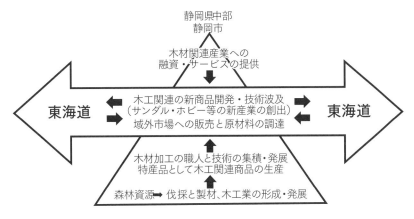

静岡県中部
静岡市

木材関連産業への
融資・サービスの提供

東海道 ← 木工関連の新商品開発・技術波及 → 東海道
（サンダル・ホビー等の新産業の創出）
域外市場への販売と原材料の調達

木材加工の職人と技術の集積・発展
特産品として木工関連商品の生産

森林資源 → 伐採と製材、木工業の形成・発展

図 26　旧静岡市における木工関連産業の発展

　が、地場産業である木工関連産業や茶関連産業も発展しています。それを示
したのが図 26 ですが、木工関連産業は、最初は森林資源の伐採と製材から
始まり、家康が駿府城を建てる際、全国から職人を集め、彼らが駿府に住み
着くことで木工関連の技術が集積され、そこから家具や下駄・ひな具などの
特産品が生まれます。

　明治になって静岡市は下駄の産地として大きなシェアを占めていました
が、生活スタイルの変化によって下駄からサンダルへ生産を切り替え、産地
としての存続を図っています。さらに木製の玩具の生産が始まり、それがプ
ラモデルに転換し、現在、ホビーの産業として定着しています。木工関連の
地場産業として木製家具も有名ですが、小規模であっても個性的な駿河漆
器・蒔絵・塗下駄なども健在です。しかし、これらも原材料の多くを域外か
ら仕入れて販売することで存続しており、地元の森林資源との関わりは希薄
になっています。

　その中で地元の資源・農産物とつながりを保っているのが、茶関連産業で
す。水が地下に吸い込まれる扇状地では、稲作はできませんが、果樹栽培は
可能であり、ミカンが静岡市の農産物として有名になりました。それと同時
に山間地に茶の木が多く植えられ、農家が作った茶葉を加工して製品化・販
売する茶商が静岡市内に集まり、静岡はお茶の産地として有名になります。
現在では、農家が栽培した生葉を荒茶に仕上げ、それを静岡市内の茶商が購
入し、最終の仕上げを行い、自社のブランドとして全国に販売しています
（図 27）。

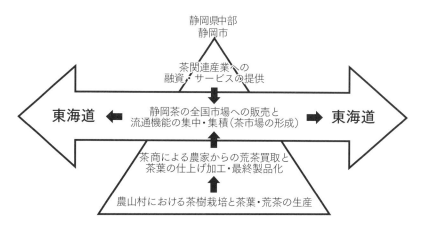

図27　旧静岡市における茶関連産業の発展

　しかし「茶の湯」に象徴される日本独自の消費文化は、京都や堺等の都市で生まれ、茶のブランドとしても宇治など都市の周辺地が茶産地の先進地となっています。静岡市を含む静岡県は、単なる茶の生産現場に留まり、茶の消費文化としては大きく劣ったままです。さらに静岡市の茶産地は急傾斜が多いことから、機械化が困難であり、平面の台地が茶畑となっている鹿児島などの新興産地の追い上げが激しくなっています。静岡市内では茶畑の荒廃が進む一方で、市内の茶商も静岡市以外から茶葉を購入する傾向が強まっています。

　このように静岡市では、昔から地域の資源を活かした数多くの地場産業が発展していますが、規模が大きくなると共に地域の自然資源・農林漁業との関わりや、地域の暮らしとの関係が希薄になります。茶業の場合、茶農家は生葉を生産し荒茶として茶商に売るだけになり、自分が栽培したものが、どのような味の茶になったかは知りません。茶商は農家から買い求めたものを火入れ・仕上げ加工すると同時に、それをブレンドし、自社ブランドとして全国に販売しますが、地元での茶の消費文化には無関心です。

　日本における茶の消費文化は、京都などの大都市で生まれ広がったものであり、静岡は単なる生産現場にすぎません。茶業は、静岡における「暮らし」にとって雇用と所得をもたらす上で大切ですが、その茶を消費する文化は静岡で育っていません。これは、地域における産業の発展の中で必然的に生じることですが、そこだけに留まると激しい産地間競争の中で生き残って

いけません。茶の産地であれば、それにふさわしい消費文化を育てるべきであり、そこからよりレベルの高い茶業を生み出すべきです。

　なお、静岡の地場産業として「家具」も有名ですが、どれだけの静岡市民が「静岡家具」を認識し、購入して使っているか疑問です。同じようにお茶も、静岡の市民の多くは「もらうもの」であり、「買うもの」と思われていません。静岡で作られた家具もお茶も、買うのは他地域の消費者であり、そこに留まっていると他地域の消費文化に依存する不安定な産業になってしまいます。今、求められているのは、他地域の消費者に喜ばれる新たな消費文化を、産地から提案していくことです。

　静岡市の産業経済の発展の歴史を振り返ると、地域の自然資源を使って生産された特産物も、東海道によって大都市と繋がることで容易に販売できていました。都市としての発展も、北部の広大な山地と長い海岸線、さらに東西の隣接する都市からの物資と買い物客の集中によって可能になりました。静岡市は、商業流通都市として発展し、さらに政治の中心地となることで高次の都市機能が集まり発展を加速させています。その結果、中央政治や大都市圏の動向によって左右される体質になりました。

　反面、それは東海道を通じて入ってくる様々な情報をいち早く受け入れ、対応するという「変わり身の早さ」にも繋がります。受容性の高さと変化への対応の速さが静岡市の地場産業の特質となっているのです。それは静岡市の歴史文化でもあり、それを受け継ぎ発展させることが必要ですが、同時に、そこからの転換も求められていると言えます。受容性の高さと変化への対応の速さを磨き上げることで、大都市への依存から脱却し自立することが課題となります。

　何故なら経済のグローバル化が進行する現在、国内の大都市及び海外からの消費ニーズに対応するだけでは、競争力の急速な低下を招くことになるからです。現在、静岡市の製造業の中心となっているのは、首都圏から進出した企業・工場です。そのため経済のグローバル化が進行すると、海外に移転する可能性が高まります。今、必要なことは、消費者のニーズへの素早い対応と高度な知識・技術を駆使したモノづくり・サービスの提供であり、これからは身近な地域での「暮らし」を重視し、「暮らしの充実」を図ることで、産業経済の振興を図るべきです。

「世界に誇れる『静岡暮らし』の実現」を目指して

　「第三次静岡市総合計画」では「世界に輝く静岡の実現」という目標を掲げ、その要素のひとつとして「歴史と文化」を挙げ、そこから「都市の発展」を目指すとしています。しかし静岡市の歴史・文化を振り返ってみた時、「静岡らしさ」として「暮らしやすさ」が基盤にあり、そこから「都市の発展」がもたらされ、「歴史文化」が形成されていることが分かります。この「暮らしやすさ」は、温暖な気候や多彩で多様な自然の豊かさ、さらに東海道による大都市とのアクセスの良さなどによるものです。

　それ故に多くの人たちが静岡を訪れ、日本のあり方をめぐる政争の場にもなりました。静岡で「上昇志向」「中央志向」を持てば、中央権力をめぐる争いに巻き込まれ、静岡を去ることになりますが、同時に他地域から多くの人が訪れ住み着くことで「都市の発展」も可能になりました。その結果、静岡で暮らす人々は、「上昇志向」「中央志向」を持つことで隣接する大都市・中央政府の動きに敏感に反応する人と、それに背を向けて「安定志向」「地元志向」で静かに暮らそうとする人に二分されることになります。

　「第三次静岡市総合計画」では「都市の発展」と「暮らしの充実」が「市政の目標」の二本柱とされていますが、前者は「都市の発展」を重視し、後者は「暮らしの充実」にこだわることになります。静岡市の「歴史文化」は前者に主導されて形成されていますが、後者の存在が根底にあり、「暮らし」を破壊すると「都市」も崩壊し、「暮らし」だけにこだわると「都市」も衰退していくことになります。「都市の発展」と「暮らしの充実」をどのように連携させバランスをとるのかが、静岡市の「歴史文化」から導き出される課題となります。

　「鳥の眼」から見た時、「世界に輝く静岡の実現」という目標は「虫の眼」からの願望にすぎず、静岡の「何を・どこを・誰を」輝かせようとしているのかが分かりません。「鳥の眼」から興味を引くのは、「静岡らしさ」としての「暮らしやすさ」であり、それがどのように「都市の発展」と繋がるのかという問題です。「都市の発展」と「暮らしの充実」は世界の都市の共通課題であり、それを静岡市がどのように解決するかは「鳥の眼」からも重大な関心事です。

　「静岡らしさ」としての「暮らしやすさ」に馴染むと、武力の行使におけ

る知識や技術は磨かれません。厳しい自然の下で苦しい生活を強いられる地域では、生きるための闘いが日常化し、そこで武力の行使の技術や意識も高度に発展し、その力を豊かな地域への侵略に向け、富を奪おうとします。しかし「暮らしやすい」地域では、その地域の豊かな自然を生かせば「暮らしの充実」が可能であり、他地域の侵略のための武力の強化や行使には関心が向けられません。

その結果、「暮らしやすい」地域は、他地域からの侵入・侵略を許し、滅んでしまうこともあります。しかし、そこでは平和・平時における地域経営・統治での優れた手法や手段を生み出すことができます。今川氏の支配の下で領国経営や今川文化の開化は、それを物語っています。しかし、戦国時代は武力によって問題の解決がなされた時期です。結局、今川氏は戦乱の中で滅んでしまいますが、その一因として今川氏が「暮らしやすい」駿府に馴染みすぎたことが指摘できると思います。

今川氏は230年にわたって駿府を拠点に栄えたにもかかわらず、戦国大名としては滅亡してしまったために低い評価しかされていません。しかしそれは、武力・軍事力による問題解決が一般的であった時代の出来事です。今は平和的な手段による問題解決が主流となっており、その視点からの今川氏の再評価がなされるべきです。それは、豊かな地域の資源を活かし、他地域との平和的な交流によって「都市の発展」と「暮らしの充実」を実現するという視点からの、地域の歴史の再評価となります。

この点で今川氏真の生き方は再評価されるべきです。確かに戦国大名としての氏真の人生の前半は失敗の連続であり、武力の行使における能力の欠如は明らかです。しかし氏真は、戦国大名として滅亡した後の「第二の人生」を、今川家を滅亡させた徳川家康の家臣として過ごし、織田信長の前で蹴鞠を披露するという恥を忍んでまで生き抜きました。結果、今川家は大名に準ずる「高家」という高い地位で明治まで家を存続させています。

同じように徳川家の最後の将軍である慶喜も、鳥羽伏見の戦いで逃げ帰り、戦うことなく明治政府に服従することで生き延びた人物として、低く評価されています。しかし視点を変えれば、それは徳川家の利益より、日本という国全体の平和的な問題解決を優先させた「生き方」であり、戦乱の回避に努力した人物として再評価されるべきです。「暮らしやすさ」が特徴である静岡市だからこそ、軍事力で勝者となった人物は輩出しませんでしたが、平和を重視することで問題解決を目指した人物は輩出しており、それを誇る

べきだと思います。

　勝者である徳川家康が駿府で隠居して行った「大御所政治」は、戦乱の世を終わらせ、長期の平和的な安定を目指したものであり、それを支えたのも駿府の「暮らしやすさ」です。「暮らしやすさ」こそ静岡市の「歴史文化」の底流にあり、それを一層磨き上げることを「まちづくりの目標」とすべきです。「暮らしやすさ」を維持・充実させることで「都市の発展＝産業経済の振興」を図れば、それが「世界に輝く静岡の実現」となります。

　この「静岡らしさ」としての「暮らしやすさ」を一言で表すと「静岡暮らし（Shizuoka Life）の実現」となります。それは「暮らしの充実」を先行・主導させることで「都市の発展＝産業経済の振興」を目指すことであり、「暮らしの充実」は「産業経済の発展」の結果としてしか認識されてこなかった、これまでの日本の産業経済の発展のあり方を180度変えることになります。それはまた、今、世界各国で抱えている課題であり、それを静岡市で変えていくことにもなります。

　江戸時代の長い鎖国の末、日本は産業経済の発展が大きく遅れていることを、黒船の来航によって思い知らされます。開国・明治維新によって日本は産業経済の発展に取り組みますが、そのためには欧米に負けない軍事力を身に付けることも必要でした。その結果、「富国強兵」がスローガンとなり、武力と経済力の強化が同時に追求されます。しかしそれは、戦争への道に繋がり、敗れた日本は平和を志向する中で産業経済の発展を目指すことで経済大国・先進国に仲間入りできました。

　現在、日本での「暮らし」は世界の中でも上位に位置しています。欧米先進国の物まね・後追いだけでは、産業経済の発展はできません。産業経済を発展させれば「暮らしの充実」が必ず実現するという時代は過去のものとなりました。これからは「暮らしの充実」を図ることで、その中から新たな産業を創出することが求められます。人間にとっての幸せ、「暮らしの充実」とは何かを常に考えながら、その実現のために努力するのが、経済大国・先進国としての日本の責任・役割となっています。

　そのためには、消費者が何を求めているのか、「暮らしの充実」には何が必要なのかを考えて、実際に作り出すことから始めねばなりません。さらには産業経済の捉え方を変えていかねばなりません。まず生活者のニーズがあり、それを充足させるものとして産業を捉えるべきです。例えば地震対策を「お金を使って行う行政の施策」だけで捉えるのではなく、そこで生み出さ

20大都市の健康寿命トップ5				
	男		女	
	都市名	年齢	都市名	年齢
1位	浜松市	72.98	浜松市	75.94
2位	千葉市	71.93	静岡市	74.63
3位	さいたま市	71.5	仙台市	74.42
4位	相模原市	71.43	京都市	74.34
5位	静岡市	71.28	横浜市	74.14

図28　20大都市の健康寿命トップ5

れた防災用品、防災システム等を商品として世界に売り出し、それを「お金を生み出す地震産業」の創出に結びつけていくべきです。

　大地震の発生が予測され、それに対する備えがなされている静岡では、地震対策から地震産業を創出し、そこから雇用と所得を生み出すことが可能です。同じく健康長寿への取り組みから、そのために必要な生活手段・サービス・システムを提供する「健康長寿産業」の創出も可能です。茶業も、茶産地である静岡で高度かつ独創的な茶の消費文化を育て、そこに多くの人を呼び込み、新たな商品と文化を世界に発信すべきです。さらに、お茶を消費することで健康長寿を実現し、その情報を伝えることで茶の販売を拡大すべきです。

　「第三次静岡市総合計画」の基本構想の中で、「歴史文化」とともに長所とされているのが「健康長寿」です。これは、静岡市が政令指定都市の中で「健康寿命」第2位（女性）の長さとなっていることを根拠としたものですが、政令指定都市の中の第1位は、静岡県内で静岡市と類似した規模の都市である浜松市です（図28）。静岡市は、自然環境や気候・交通を含む生活の利便性などから見て、浜松市より優れています。にもかかわらず静岡市の「健康寿命」が浜松市より短いことは問題と言わざるを得ません。

　ちなみに厚生労働省の「健康寿命」の調査は「3年ごと」であり、「基準年齢」をゼロ歳としています。さらに大都市以外は算出不能としています。これに対して静岡県は、県内の市町村を対象に65歳以上の高齢者の「お達者度」の調査を行っており、それを見ると静岡市は男性が24位、女性が22位となっています（図29）。これは県内で中位に位置し、浜松市の男性が3位・女性が7位と比較しても低くなっています。つまり静岡市は、静岡県内

男性				女性			
順位	市町	お達者度	平均余命	順位	市町	お達者度	平均余命
		年	年			年	年
1	長泉町	19.05	20.57	1	吉田町	21.67	24.87
2	磐田市	18.18	19.60	2	伊豆市	21.49	24.27
3	浜松市	17.95	19.44	3	東伊豆町	21.47	25.49
4	裾野市	17.86	19.05	4	裾野市	21.27	24.17
5	藤枝市	17.82	19.38	5	袋井市	21.25	24.18
6	湖西市	17.72	18.94	6	森町	21.22	24.43
7	掛川市	17.62	19.37	7	浜松市	21.16	24.22
8	三島市	17.55	18.91	8	御殿場市	21.13	23.99
9	川根本町	17.49	18.97	9	牧之原市	21.00	23.81
10	御殿場市	17.49	18.97	10	磐田市	21.00	23.88
11	御前崎市	17.46	19.04	11	島田市	21.00	23.48
12	島田市	17.41	18.58	12	清水町	20.85	23.78
13	函南町	17.38	18.90	13	伊豆の国市	20.84	24.15
14	森町	17.38	18.60	14	焼津市	20.79	23.74
15	袋井市	17.28	18.67	15	御前崎市	20.74	23.78
16	松崎町	17.28	18.50	16	函南町	20.73	23.85
17	焼津市	17.27	18.71	17	湖西市	20.68	23.01
18	牧之原市	17.24	18.72	18	沼津市	20.60	22.99
19	河津町	17.23	18.84	19	静岡市	20.59	23.84
20	菊川市	17.23	18.93	20	三島市	20.56	23.38
21	清水町	17.19	18.43	21	川根本町	20.55	23.97
22	伊豆市	17.10	18.31	22	藤枝市	20.49	23.60
23	東伊豆町	17.07	18.44	23	下田市	20.27	23.03
24	静岡市	16.96	18.46	24	富士宮市	20.25	23.31
25	下田市	16.91	18.13	25	掛川市	20.25	23.79
26	吉田町	16.90	18.17	26	西伊豆町	20.22	22.87
27	沼津市	16.86	18.00	27	長泉町	20.13	23.27
28	富士宮市	16.77	18.27	28	富士市	20.11	23.79
29	小山町	16.67	18.56	29	菊川市	20.09	23.05
30	富士市	16.53	18.32	30	熱海市	19.98	22.91
31	伊東市	16.43	17.85	31	南伊豆町	19.92	22.68
32	伊豆の国市	16.41	17.81	32	松崎町	19.88	22.87
33	西伊豆町	16.39	17.83	33	伊東市	19.71	22.75
34	南伊豆町	16.23	17.24	34	河津町	19.52	22.22
35	熱海市	16.07	17.28	35	小山町	19.14	22.46
	静岡県	17.30	18.75		静岡県	20.68	23.72

図29　65歳からの市町別平均自立期間「お達者度」と平均余命

では決して「健康長寿」を自慢できるわけではないのです。

　にもかかわらず「第三次静岡市総合計画」では、「健康寿命の延伸」が目標に掲げられていません。「静岡市第七期静岡市高齢者保健福祉計画」でも、「健康寿命の延伸」は「本計画策定に当たっての重要な視点」に留められており、目標とはされていません。また静岡県が行っている「お達者度」の調査も無視されています。「鳥の眼」から見た時、まず「健康寿命日本一」である静岡県に目を向けますが、そこでの静岡市の順位を見れば、静岡市への関心は一挙に低下します。

　「目指す都市像」として「健康長寿のまち」を掲げながら「健康寿命の延伸」を目標としていないことは納得できません。基本計画の中で、「歴史」と「文化」は独立した重点プロジェクトとされていますが、「長寿」は重点プロジェクトとされていません。「健康」の中の政策＝「健康で長生きできる仕組みづくり」に組み込まれているだけです。「長寿」とは高齢者に関わる問題であり、それが重点プロジェクトとされていないのは、明らかに高齢者に対する静岡市の視線の冷たさを感じます。

　「暮らし」において、現役をリタイアした後の生活は重要な意味を持っています。まして静岡市の歴史文化・地域特性から見て、高齢者の「暮らしやすさ」は「静岡暮らし」の基幹的位置を占めます。それを一層充実させることは、「健康長寿で日本一になる」という目標設定に繋がります。静岡市の歴史において、徳川の最初と最後の将軍が駿府で暮らしたこと、しかもまったく対照的な「隠居暮らし」であったことも、静岡市の都市ビジョン・まちづくりに生かすことができます。

　「隠居暮らし」と言っても、現役を引退してひっそりと暮らす訳ではありません。元気に政治や趣味の世界で能力を発揮する「隠居暮らし」であり、それが静岡市の歴史文化として存在しています。静岡市は、以前からリタイアした後に暮らす街として知られていましたが、それは「活気のない」「陰に隠れて静かに暮らす」というマイナス・イメージで捉えられていました。しかし世界が高齢化に直面し、高齢社会大国になった日本のあり方が注目されている中、静岡市が「隠居文化創造都市」を掲げれば、世界から一目置かれることになります。

　健康長寿とは「元気に長生き」という意味だけですが、「隠居」とは現役を退いた後も元気に「第二の人生」を謳歌することであり、そこでの「暮らし・生き方」を「文化」と位置づけ、具体的に示すことが「隠居文化創造都

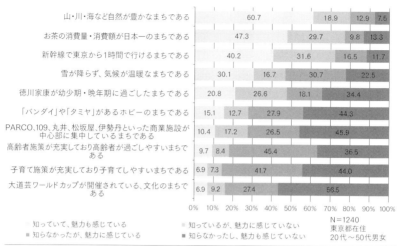

出典：静岡市「東京都在住者の静岡市のイメージおよび移住に関する調査」（2015年）

図30　東京在住者の静岡市のイメージ

市」となります。それは世界が抱えている高齢者問題の解決の方向を示すものであり、「鳥の眼」を引き付けることになります。それは同時に、静岡の「暮らしやすさ」を世界にアピールする絶好のチャンスとなります。

　しかし「暮らし」の中で健康長寿や隠居生活は主として高齢者の問題であり、「暮らし」を子育ての問題を抜きに語ることはできません。

　この点で注目されるのが「東京都在住者の静岡市のイメージ」調査です。図30のように、静岡市のイメージとして「知っていて、魅力も感じている」という項目では「自然が豊か」「お茶のまち」「新幹線で東京から1時間」「気候が温暖」が上位に並んでいます。それに続くのが「徳川家康が幼少期・晩年期に過ごしたまち」となっています。これらは予想通りですが、注目すべきは「知らなかったが、魅力に感じている」という項目です。

　そこでは「高齢者が過ごしやすいまち」が45.4％、「子育てしやすいまち」が41.7％あり、第1位と第2位となっています。ちなみに「徳川家康が幼少期・晩年期を過ごした」は18.1％と7位であるのに対して、「知っているが、魅力に感じない」では26.6％と増えて3位になります。つまり静岡市のイメージとして「高齢者が過ごしやすいまち」「子育てしやすいまち」はあまり知られていないが、それを魅力と感じる人は多くなっており、逆に「徳川家康が住んだまち」はよく知られているが、魅力とは感じられていな

現代における三つの社会システムと役割分担

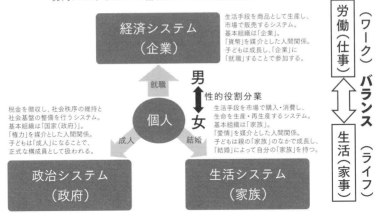

図31　現代における三つの社会システムと役割分担

いのです。

　東京都在住者を「鳥の眼」とすると、静岡市の魅力として徳川家康に代表される「歴史」や「文化」より、「高齢者が暮らしやすい」「子育てしやすい」という「暮らしの充実」に大きな関心を持っていることが分かります。これは、「第三次静岡市総合計画」が「都市の発展」に繋がる「歴史」と「文化」を重視しているのと反対の傾向を示しています。つまり東京都在住者は、「暮らしの充実」に繋がる「健康長寿」に大きな関心を寄せており、それが静岡市の新たな魅力となる可能性を示しています。

　「第三次静岡市総合計画」では「都市の発展」と「暮らしの充実」が市政の二つの目標とされていますが、ここで両者の違い・関係について考えてみます。図31は現代社会を構成する三つのシステムを示すものですが、「経済システム」とは、必要な生活手段を生産し、分配する社会システムとなります。その基本組織は「企業」であり、企業は生産した生活手段を商品として市場で販売します。この売買は貨幣によって行われるので、「貨幣＝お金」を媒介とした人間関係・社会関係となります。

　「政治システム」とは、「政府＝国家」を基本組織とするものであり、「政府＝国家」は国民・企業から税金を徴収し、そのお金で道路の整備や様々な社会基盤の整備、犯罪の取り締まりなど社会秩序の維持を行います。そのために「政府＝国家」には大きな権力が与えられており、その権力をどのように使うかは、民主主義の政治体制では国民の選挙で選ばれた人が決めること

になります。したがって、このシステムにおける人間関係・社会関係は「権力」を媒介としたものになります。

これに対して「生活システム」は、「家族」を基本組織として、生命の生産と再生産を担うものです。誕生した子どもたちは親の「家族」の下で育てられ、成人になると結婚して自分の「家族」を持ち、そこで子どもを産み育てます。生きていくために必要な生活手段は、企業に雇用され働くことで賃金をもらい、それで必要なものを市場で購入し、消費することで生活を営みます。現代の家族は両性の自発性に基づく合意によるものであり、夫婦及び親子の関係は「愛情」を媒介にしたものとなります。

「暮らし」とは、この「生活システム」のことですが、現代では「生活システム」の弱体化が大きな社会問題となっています。近代以前、「家族」は家業があり、生活手段の生産組織でもありました。近代以降、市場経済が支配的になることで企業が生活手段の生産・分配の基本組織となり、「家族」は生活手段を消費するだけの組織となりました。企業に雇用され働いて収入を得るのが男性の役割となり、女性は「家族」の中で消費活動としての家事を担わされるという「性的役割分業」が生まれます。

働いて多くの収入を得ることが、豊かな消費生活を可能にすることから、企業を主体とする経済の発展が追求されていきます。そこに参加する男性が「家族」の中でも優位に立つことから女性からの批判が起こり、第二次女性解放運動の盛り上がりによって、女性の社会参加が進みました。しかし男性の家事への関与が不十分なままの女性の社会参加は、「家族」の機能の低下・弱体化を生じさせることになります。「家族」が担っていた様々な機能が、お金で買うことに委ねられ、さらに行政によるサポートへの依存が強まります。

それを表したのが図32ですが、「家族」の機能低下・「生活システム」の弱体化は「生命の生産と再生産」の危機をも生じさせています。「結婚をしない」「子どもを産まない」ことを選択する人たちが増加することで少子化が進行し、それが人口減少の一因となってきているのです。「地域」も「家族」の集合で成り立っており、「家族」の機能低下は「地域」の機能低下となり、人と人の繋がりも希薄化しています。

ここで問題なのは、女性の社会進出ではなく、男性の「家族」「地域」への回帰の遅れです。それが「家族」「地域」の機能の低下、「生活システム」の弱体化の主因ですが、根本的な原因は、長く働かざるを得ない社会状況の

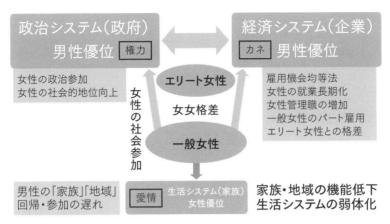

図32　女性の社会進出と「生活システム」の弱体化・「公共・市場システム」の強化

　存在にあります。三つの社会システムのバランスの回復が必要であり、それを静岡市で先行的・先駆的に実現することを目指すべきです。その視点から「第三次静岡市総合計画」を見直し再構築する必要があります。

　それは「暮らしの充実」を「生活システム」の再生・強化と位置づけ、そのための「都市の発展」＝「経済システム」のあり方を変えていくことになります。静岡市では「生命の生産と再生産」を担う「生活システム」が強固に作動しており、それを支える「経済システム」と「政治システム」がうまく機能していることを、「静岡暮らし（Shizuoka Life）」として世界にアピールすべきです。それを「世界に誇る『静岡暮らし（Shizuoka Life）』の実現」として目標に掲げるべきです。

　「静岡暮らし」は、「静岡らしさ」としての「暮らしやすさ」を磨き上げ、「暮らしの充実」が「都市の発展」を先導・誘導します。そして静岡市の市民とその「暮らし」、その生活空間としての静岡市が、「世界で輝く」ことを目指します。市政の目標としては、「安心・安全で幸せな暮らしができるまち」と「暮らしを良くするために発展・成長するまち」の二つを掲げ、「都市の発展」が必ずしも「暮らしの充実」をもたらしていない大都市の現実を踏まえ、「発展・成長は暮らしを良くする」と明確にします。

　成果目標は、「世界に誇る『静岡暮らし（Shizuoka Life）』の実現」という目標に合わせて、「暮らしやすさ日本一の実現」とすべきです。既に述べたように静岡市は、「センシュアス・シティ・ランキング」や「都市創造性

ランキング」で上位に位置していますが、「住みよさランキング」や「魅力度ランキング」では順位が低いのが現状です。しかし、この低い順位は生活インフラの整備の遅れや静岡市の魅力のPR不足によるものであり、努力すれば日本一になることは十分に可能です。

　現行の計画では、成果目標は「平成37年（2025年）に総人口70万人を維持」となっていますが、そこには「静岡らしさ」としての「暮らしやすさ」を感じさせるものはなく、それが「世界に輝く静岡の実現」に繋がるかも疑問です。既に静岡市の人口は70万人を割り込み、今後も人口減少は避けられない見通しになっていることから、この成果目標は見直さざるを得ない状況になっています。したがって「暮らしやすさ日本一の実現」を掲げた方が、「世界に誇れる静岡暮らしの実現」という目標に合致します。

　図33は、現行計画の重点プロジェクトに配置された政策をまとめたものですが、「都市の発展」の中の「歴史」「文化」の内容は「観光・交流」が中心の政策となっています。静岡市の「歴史」や「文化」の魅力をアピールし、世界から多くの人を招き入れて都市の活性化を行う施策・事業が中心な

政策群	重点プロジェクト	政策
都市の発展	歴史	①静岡の歴史的な名所の核（ランドマーク）づくり。 ②「東海道歴史街道」でおもてなし。 ③世界に発信し、世界から人が集まる三保の松原へ。
	文化	①文化とスポーツの殿堂づくり。 ②港町・清水の海洋文化拠点の創出。 ③伝える食文化、高める伝統文化。
	中枢	①静岡市に住みたいと思う人の移住・定住促進。 ②次回の開催地は静岡です。 ③育てよう！私たちのオンリーワン産業を！
暮らしの充実	健康	①住み慣れた地域で健康長生きの仕組みづくり。 ②静岡の子どもたちが、笑顔で育つために。 ③楽しく歩けて自転車にも乗りやすいまちを創る。
	防災	①災害対応力の強化。 ②風水害や土砂崩れへの備え。 ③再生可能エネルギーの普及など。
	共生	①認め合い、共に助け合うまちへ。 ②恵み豊かな自然の継承。 ③地域コミュニティの強化と市民協働のまちづくり。

図33　第三次静岡市総合計画の重点プロジェクト

のです。しかし静岡市は、昔から観光地として有名ではありません。実際、これまでの静岡市の総合計画・政策や施策を見ても、観光を重視してきたことはありません。

　しかし人口減少が問題化した現在、多くの人たちが静岡市を訪れ、短時間であっても滞在し、静岡市の魅力を実感してもらうことで移住・定住してもらうことは大切です。観光・交流を重視することは必要であり当然です。ただ「鳥の眼」から見た時、既存の「歴史」「文化」の資源がそのまま観光資源になるかは疑問です。これまで述べてきたように静岡市の最大の魅力は「暮らしやすさ」であり、それをアピールすることこそが大切です。この点で「歴史」「文化」を重点プロジェクトとすることに無理があります。

　数十年前、静岡青年会議所のOBを中心に「人の集まるまちづくり推進会議」が設立され、様々な活動が行われてきました。この「人の集まるまちづくり」という言葉は、その後、天野進吾市長によって市政の目標にもなりましたが、その意図は、そこで暮らしている住民が幸せになり、その幸せを分けてもらうために人が自然に集まるというものです。これには、従来の観光都市が、人を集めることにこだわり、結果として観光客と観光業者以外の住民は暮らしにくくなっていたためにそれを避けるという背景がありました。

　静岡市が「人を集める」のではなく、「人の集まる」まちづくりを目指すことは、現在も正しい方策と考えています。その活動に私も参加したことが、この「静岡暮らし」の提言に繋がっています。静岡市の「歴史」「文化」の底流に「暮らしやすさ」が存在しており、それに磨きをかけることで「静岡暮らし（Shizuoka Life）」をアピールすることは、この「人の集まるまちづくり」そのものです。「歴史」「文化」「共生」という言葉は重点プロジェクトとして抽象的であり、本来その意図していることはすべてのプロジェクトで追求されるべきものです。

　「歴史」「文化」とともに「中枢」も「都市の発展」の重点プロジェクトとなっています。言葉からイメージされるのは旧静岡市の中心市街地に集積した高次の都市機能であり、地方都市としては珍しいほどの賑わいをみせる中心商店街の存在です。さらに旧清水市の中心市街地の衰退の問題もあります。ところが「中枢」の政策は「移住・定住促進」「国際会議誘致」「戦略産業振興」の三つに留まっています。この中の「移住・定住促進」は過疎化が深刻な中山間地の課題であり、それが「中枢」に含まれていることも疑問です。

「暮らしの充実」の中の「健康」「防災」「共生」という重点プロジェクト
は、いずれも必要不可欠な政策となっていますが、基本構想で強調されてい
る「健康長寿のまち」としては「長寿」「健康寿命の延伸」がもっと重視さ
れるべきです。静岡市のイメージ調査で明らかになっているように、「高齢
者が過ごしやすい」「子育てがしやすい」ことが静岡市の新たな魅力であ
り、「都市の発展」を支え促すものとして「暮らしの充実」の政策・施策内
容の充実を図るべきです。

　「まちづくりの目標」を「世界に誇れる静岡暮らし（Shizuoka Life）」と
して、成果目標を「暮らしやすさ日本一の実現」とした場合、次のような実
現のための重点プロジェクトが考えられます。市政の目標であり政策群とし
ての「安心・安全で幸せな暮らしの実現」には「防災・防犯」「子育て・教
育」「健康・長寿」が、「暮らしを良くする成長・発展」には「中心市街地」
「企業・創業」「農山村振興」の三つが、それぞれ配置されます。

　これを現行計画と比較すると、「歴史」「文化」「共生」がなくなり、「中
枢」が「中心市街地」に、「健康」が「健康・長寿」が書き改められ、「起
業・創業」「農山村振興」「子育て・教育」が新たに加えられています。「歴
史」「文化」「共生」がなくなったのは、それが抽象的であり、具体的な政策
は新たな重点プログラムの中に含まれるからです。「中枢」や「健康」は内
容を明確に示すために書き改めたもので、新たに加えたものは目標の実現の
ために必要だからです。

　具体的には、「中枢」を「中心市街地」とするのは、全国的にも注目され
ている旧静岡市の中心市街地の賑わいの維持と旧清水市の中心市街地の再生
を重要視したからです。「起業・創業」を新たに加えたのは、「暮らしの充
実」に貢献する産業・経済振興のためには旧来の発想・スタイルからの転換
が求められているからです。「農山村振興」が加わったのも、広大な山間地
の存在が静岡市の地域特性であり、そこでの「過疎化」への対応が「人口減
少」への対策として重要だからです。

　「健康」が「健康・長寿」となったのは、高齢者対策、特に高齢者の能力
活用と社会貢献を「隠居文化創造」として強化するためです。「防災」は南
海トラフの大地震への備えを一層の強化するため、そのまま引き継いでいま
す。「子育て・教育」が加わったのは、「暮らしの充実」において「子育て・
教育」は欠かせないものであり、「共働き　子育てしやすい街ランキング
（地方編）」で静岡市が第1位となっていることを踏まえ、それを一層強化す

「地方自治体」としての静岡市

基本構想	まちづくりの目標（世界に存在感を示す）…「世界に誇れる静岡暮らし（Shizuoka life）の実現							
	目指す都市像（長所を伸ばし活かす） ①「安心・安全で幸せな暮らしが出来るまち」の実現 ②「暮らしの充実のための発展・成長するまち」の実現							
基本計画	成果目標…「暮らしやすさ日本一の実現」							
	実現のための政策群と重点プロジェクト		政策課題と行政分野					
	安心・安全で幸せな暮らしの実現 ①防災・防犯 ②子育て・教育 ③健康・長寿	暮らし向上のための成長・発展 ④中心市街地 ⑤起業・創業 ⑥農山村振興	暮らし	防災・消防	地域振興	観光・交流		
				子ども・教育		農林水産		
				健康・福祉		商工・物流		
				生活・環境		文化・スポーツ		
			基盤整備	社会基盤		都市・交通		

行政区		駿河区		葵区	
		清水区			
自然・地形	沿岸	都市近郊住宅・ 工場・農地		中心市街地	山間地

「行政区域」としての静岡市

図34　「地方自治体」としての静岡市と、「行政区域」としての静岡市

ることを示すものです。

　図34は、「地域＝行政区域」としての静岡市と「市役所＝地方自治体」としての静岡市の関係を表したものですが、「地域」としての静岡市は「自然・地形」の項目において「山間地」「中心市街地」「都市近郊住宅・工場・農地」「沿岸」に分けられています。そこに「行政区域」のひとつとしての「区」を置いてみると、旧静岡市の「葵区」は扇状地の「扇頂」にある「中心市街地」とそれに続く「扇央」に形成された「都市近郊住宅地・工場・農地」、さらに北部の広大な「山間地」によって構成されています。

　「駿河区」は、「葵区」の「都市近郊住宅地・工場・農地」の続きと「沿岸部」によって構成されていますが、日本平という「山間地」も含まれます。以前は「駅南」と呼ばれた地域ですが、「駿河区」が置かれることで区役所周辺が「副都心」となるかどうかが問われています。旧清水市である「清水区」は、「山間地」から「市街地」「都市近郊住宅・工場・農地」「沿岸」までそろって含まれており、港の周辺と国道1号線上に多くの工場が立地しているのが特徴となっています。

　全国の政令指定都市の中で静岡市は最も少ない「区」の数となっており、異質多様な地域の寄せ集めという特徴が「区」においても現れています。こ

要素	分野	政策
地域振興	観光・交流	1 ブランド力ある地域資源を活用した観光の推進 2 国内外からの誘客と交流の推進 3 来訪者が再び訪れたくなる受入態勢づくりの推進 4 まちなかの魅力向上により賑わい創出を推進
	農林水産	1 農林水産の静岡市ブランド創出の推進 2 産業・産地を担う人材・組織の育成の推進 3 生産基盤の確保 4 オクシズ等の地域の活力強化
	商工・物流	1 本市を代表する産業の創出 2 世界・全国に挑戦する中小企業の振興 3 社会基盤を活かしたロジスティクス産業の拡大 4 人材の育成と多様な人材が活躍する雇用の場の創出
暮らし	文化・スポーツ	1 歴史的価値のみがきあげと世界への発信 2 芸術文化・スポーツを楽しむ機会の拡大 3 芸術文化・スポーツを楽しむための支援の推進 4 学びを支援しまちづくりに関わる人材を育成
	子ども・教育	1 子ども・子育て家庭の支援と住み育てやすいまちづくり 2 学校、家庭、地域の連携による社会を生き抜く子どもの育成 3 地域社会や世界で力を発揮できる人材の育成 4 すべての子ども・若者が活き活きと輝く環境づくり
	健康・福祉	1 住み慣れた地域で暮らせる地域社会の推進 2 高齢者が生きがいを持ち、自分らしい生活を送れる長寿社会の推進 3 障がい者が地域で共に暮らせる社会 4 健康づくりの推進
	防災・消防	1 自動・共助・公助による巨大地震に対する減災の推進 2 風水害に備え防災体制整備を推進 3 火災、救急、救助に対する消防力の強化 4 危機への体制整備の推進
基盤整備	都市・交通	1 魅力と親しみのある「まちの顔」の創造 2 魅力と活力を高めるまちづくりの推進 3 安心とうるおいのある住環境の整備の推進 4 多彩な交流と活動を支える交通環境の充実
	社会基盤	1 地域連携や交流の拡大に貢献する道路の整備と活用 2 安全性・快適性の向上のための道路環境の改善 3 上下水道の効率的な事業運営 4 維持管理・更新の計画的推進 5 災害に耐える社会基盤の強靭化
	生活・環境	1 地球温暖化対策 2 自然環境を守り次の世代へ繋ぐ 3 住み良さを実感できる生活環境 4 環境に配慮した廃棄物政策の推進

図 35　第三次静岡市総合計画の「三つの行政領域」

の「区」を対象に「市役所」としての静岡市による行政が展開されています
が、それは基本的に国が行う政策・施策の枠内で、国の政策・施策・事業と
絡めながらなされます。図の中では右側の「政策課題と行政分野」に示され
ており、行政分野とは基本的に国の省庁・政策によって区分されたものとな
ります。

　現行計画では、この10の行政分野を「賑わい・活気」「まち」「ひと」「安
全・安心」の4要素でくくっていますが、「賑わい・活気」が「都市の発展」
に関わり、「安全・安心」が「暮らしの充実」に深くかかわることは確かで
す。しかし「ひと」でくくられている「子ども・教育」は「暮らし」に関わ
る問題であり、「まち」の「都市・交通」と「社会基盤」は「賑わい活気」
と「安全・安心」の双方に関わります。

　行政分野をくくるのであれば、「地域振興」「暮らし」「基盤整備」の三つ
にすべきです。この三つに分ける理由は、「地域振興」は企業の活動として
の産業・経済活動によって可能となり、「暮らし」は住民の生活そのもので
す。行政は、それをサポートするだけなので、ここでは企業や住民との連携
が重要になります。これに対して「基盤整備」は、企業や住民が納めた税金
で行うものであり、行政の責任は大きくなります。それは「都市の発展」と
「暮らしの充実」への貢献によって評価されるべきであり、それが自己目的
化すると様々な問題が生じるので、他の行政分野と区別すべきです。

　この三つの行政領域と10の行政分野、41の政策を簡単に整理すると、図
35のようになります。「地域振興」とは「都市の発展＝産業経済の振興」で
あり、そこに「観光・交流」「農林水産」「商工・物流」が所属します。「暮
らし」とは「暮らしの充実」を目的とするものであり、「文化・スポーツ」
「子ども・教育」「健康・福祉」「防災・消防」で構成されます。そして「基
盤整備」は、「都市・交通」「社会基盤」「生活・環境」の3分野となります。

　「暮らし」に関わる行政領域の中で「防災・消防」は「基盤整備」との関
係が強い分野です。さらにそれは、地域の特性によって災害の種類が異なる
ことから、「地域との関係」も重要になってきます。例えば地震の被害とし
て山間地では土砂崩れ・山津波への対応が重要であるのに対し、中心市街地
では建物の倒壊や火事・避難民問題などが課題となります。都市近郊の住宅
地では、家事の他に液状化による家屋の被害も予想され、沿岸部では津波の
被害が最も懸念されます。

　このように静岡市では、山間地から海岸線まで異なる性格の被害が同時に

起こることが予測されており、それは行政の責任だけで対応できるものではありません。「ハード」な施設整備等は行政の責任ですが、「ソフト」の面での対応としての助け合いは住民の「自助」「互助」に委ねるしかありません。それを引き出し、組織化するのも行政の責任ですが、それが第三次静岡市総合計画では「つながる力」と表現されています。そして、この「つながる力」は、「子ども・教育」や「健康・福祉」の分野でも重要になっています。

　「文化・スポーツ」は、「暮らしの充実」に欠かせないものですが、最近では「地域振興」との関わりが強くなっています。これまで「地域振興」と言えば産業経済の発展促進でしたが、産業構造が高度化した現在では、第三次産業と分類されてきたサービス業や高度な知識・頭脳を使ったビジネスが日本経済をけん引するようになっており、製造業では「知識集約化」、農業では「六次産業化」が課題とされています。これらの「文化・スポーツ」との関連も深く、「暮らし」と「地域振興」の関係が強くなっています。

　今、日本で最も強い国際競争力を保持しているのは、「暮らし」の中の「遊び」に関連した漫画やゲーム等の産業です。つまり「暮らしの充実」を追求することで、新たな産業経済の発展が起きているのです。これまでは「産業経済の発展」が先行し、「暮らしの充実」をもたらしていくというのが

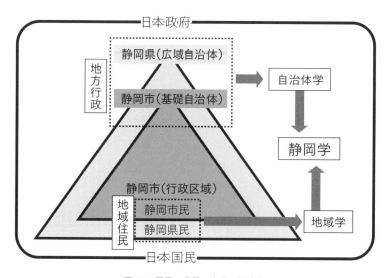

図36　国民・県民・市民の概念図

常識でした。しかしこれからは、「暮らしの充実」を先行させて「産業経済の発展」に繋げていくように変わってきています。「地域振興」と「暮らしの充実」は切り離すのではなく、両者を一体化させて考えるべきです。

人口減少への対応も、まず静岡市を「産み育てる」ために最も適した都市とすることを基本とすべきであり、リタイア後も生きがいを持ち、社会貢献できる都市としてアピールすべきです。人口流出への対応も、「流出を防ぐ」という発想ではなく、他地域に人材を送り出し、育った人材に帰ってもらう、さらに優れた才能・能力を持った人材を誘致し、静岡で才能を開花してもらうという視点から行うべきです。「観光・交流」も「人材放流」と「人材誘致」による交流人口の増大、そこから定住人口の増加として位置づけるべきです。

したがって人口流出への対応も、既存の産業における働く場所の確保だけで論じるのではなく、若者や女性の遊び感覚、生活感覚を活かした新商品の開発、起業・創業の機会創出で行うべきです。「産業・経済」「企業活動」の出発点は「消費者ニーズ」であり、それは「暮らし」の中で生まれるものです。第三次静岡市総合計画では「都市の発展（産業・経済の振興）」を「創造する力」によるとしていますが、それは「暮らしの充実」の中でも生まれるものであり、「創造する力」を生み出す「静岡暮らし」こそ目指すべきです。

おわりに

「静岡市」という言葉には、二つの意味があります。ひとつは静岡市という「地方自治体」であり、「市役所」と一般的に呼ばれているものです。もうひとつは静岡市という「地域」であり、自分が暮らしている「場所・住所」のことを指します。この二つの「静岡市」は密接に関係しており、静岡市という行政機関が所管する「行政区域」が、静岡市という「地域」となります。これは静岡県も同じであり、広域自治体としての静岡県には「県庁」としての意味と「地域」「場所・住所」としての意味の二つがあります。

図36のように、日本で暮らす人は日本政府によって統治される日本国民であり、同時に広域自治体である都道府県民、さらに基礎自治体である市町村民になる仕組みになっています。静岡市民は、静岡市で暮らす市民として静岡市という自治体と関わりますが、同時に静岡県民として静岡県、さらに日本国民として日本という国家に関わるのです。この三つの立場の中で、ど

こに重点を置いて暮らすかは個々人によって異なりますが、生活していく上で念頭に置いておかねばならない点であることに変わりはありません。

　学問研究の分野では、静岡県や静岡市などの「地方自治体・地方行政組織」を対象とするのが「自治体学」となり、静岡県や静岡市という「行政区域・地域」を対象とするのが「地域学」となります。この「自治体学」と「地域学」は、「行政機関」と「行政区域」として密接な関係にありますが、一体のものではありません。ところがこれまでは両者を区別することなく、「地域」や「自治体」について語られ、分析・研究されてきた傾向があります。それは、統計数値で「地域」を分析する際に、特に顕著となります。

　一般に統計数値は、自治体の「行政区域」で集約されます。しかし、その数値だけを見ていても「地域」の実態は分かりません。例えば静岡市のような過疎化が深刻な農山村と人口が集中・集積している都市部が同じ「行政区域」に含まれていると、農山村部の人口減少は静岡市全体の人口には数値として表れません。「過疎」という地域問題が覆い隠されてしまうのです。したがって地域の現状を見るためには、より細かな町内ごとの区分で見ていかねばなりません。

　ところが、この作業を怠り、自治体の「行政区域」で集約された数値だけで地域の分析を行うと、人口規模の小さな自治体ほど過疎化が深刻であるという結論が導き出され、合併により自治体の規模拡大を図ることが過疎対策として有効だという政策提言がなされます。しかし、過疎化が深刻な旧安倍六か村は、1969年に静岡市と合併しましたが、人口減少は持続したままであり、しかも、翌年に施行された「過疎法」では、旧安倍六カ村が対象外とされています。

　過疎化という地域問題が存在するにもかかわらず、統計数値では過疎化が表れないために、政府の過疎対策がなされず、静岡市の単独事業として小規模の過疎対策事業が細々となされるに留まっています。このような事象は、平成の大合併によって行政区域が拡大することにより、全国各地で起きていると思われます。異なる特徴・問題を抱えた地域が合併によって同じ「行政区域」となり、その地域で抱えている問題が顕在化しにくくなっているのです。

　「行政区域」内の様々な問題について、その「行政区域」を所管する「地方自治体」は、当然、それを認識・把握し、対策を講じているはずですが、それができていない自治体も多くなっています。「行政区域」が拡大し、異

質多様な地域問題への対応を迫られているにもかかわらず、自治体職員の数は削減され、地域に出かけて実態を把握する時間も人員を少なくなっているからです。さらに地域の問題把握や行政効果の評価を、すべて数値化しようとする傾向が顕著となることで、地域の実態認識がより困難になってきています。

　つまり「自治体」と「地域」の乖離が進行し、「自治体」から「地域」が見えにくくなっているのです。特に静岡市のような異質多様な地域の合併によって誕生した自治体では、その傾向は顕著です。地域の実態を無視して、人口規模だけで「合併」を失敗と決めつける川勝平太・静岡県知事の見解は、その典型です。このような誤った認識を正すために、これまで「地域」としての静岡市の実態・特性と、「自治体」としての静岡市の政策・都市ビジョンとしての「総合計画」を見てきました。

　それは、静岡市という「自治体」と、静岡市という「地域（行政区域）」を総合的に研究しようとする「静岡学」の事始（ことはじめ）でもあります。目的は、静岡市という「地域」で暮らす人々が抱える問題を解決し、幸せにするために、静岡市という「自治体」は何をすべきかを考えることにあります。それは、「自治体学」と「地域学」を統一させようとするものであり、ここでは静岡市に対象を絞っていますが、それは静岡県という「地域」と「自治体」を対象とした「静岡学」と重なるものです。

　広域自治体としての静岡県は、1871年（明治4年）の廃藩置県によって誕生しましたが、それ以前、県西部（遠江）は浜松県、県東部の伊豆は足柄県でした。その後、浜松県・足柄県が廃止され、1876年（明治9年）に静岡県に編入されることで、現在の静岡県になりますが、それ以降、静岡県の「行政区域」に変化はありません。それは基礎自治体である市町村とは異なり、広域自治体としての県の合併が行われることがなかったからです。つまり「自治体」と「地域」の乖離という問題は、静岡県には生じていないのです。

　これが静岡県と静岡市の違いですが、地域の特性で両者には重なる部分が多くあります。日本全体の中で静岡県を特徴づけると、「域際」「回廊」「多彩」の三つに集約され、それが静岡市の地域特性にもなります。「域際」とは、静岡県が西日本と東日本の境界に位置しているからであり、「回廊」とは、西日本の都（京都・大阪）と東日本の都（鎌倉・江戸）を繋ぐ「廊下」である東海道が東西を貫通しているからです。「多彩」とは、平野の規模が

小さく海と山が接近し、多様で多彩な自然・地形・特産物に恵まれていることを意味します。

　異質多様な地域の寄せ集めという点でも、静岡県は静岡市と同じです。律令体制の下での地域区分では、現在の静岡県西部は「遠江国（遠州）」であり、県東部の伊豆半島は「伊豆国」、そして県中部と富士山周辺の東部が「駿河国」となります。つまり三つの異なる「国」を統合して現在の静岡県が誕生したのです。したがって静岡県西部では、浜松県が廃止され静岡県に編入されることに強い反対運動が起こっており、伊豆でも昔から江戸と強い繋がりがあり、静岡県への編入には反対運動が起きています。

　民俗文化という点では、西日本と東日本の境界は富士川とされており、道祖神や風の神の伝統行事は富士川の西になると途絶え、北の甲府・信濃を経由して北遠地方に下りてくるという経緯となっています。現在でも富士川は、中部電力と東京電力の境界線となっており、同じ駿河国であった県東部は首都圏との繋がりが強く、県中部とは異なる住民意識となっています。したがって道州制に移行する場合、伊豆も含めた県東部は「東海州」に所属することに強い反対が起こることが予想されます。

　このように「異質多様な地域の寄せ集め」という点で静岡県と静岡市は共通しており、静岡市は静岡県の縮図とも言える状況になっています。そしてまた静岡県は、昔から日本の縮図とも言われており、静岡市もまた日本の縮図とも言えます。この「日本の縮図」という地域特性は、これからの静岡県・静岡市の「まちづくり」に活かすことができます。静岡県・静岡市に来れば、日本人の多様で多彩な「暮らし」を体験できるからです。交通環境にも恵まれているため、日本全国各地への移動もスムーズに行えます。

　つまり日本に憧れ、訪ねたいと願っている世界の人々を静岡県・静岡市に招き、交流・移動人口を増加させることで、地域の活性化に繋げられるということです。本章では静岡市の地域特性としての「暮らしやすさ」があり、それを「静岡暮らし（Shizuoka Life）」として世界にアピールすることを提起しましたが、それは静岡県にも通じるものです。静岡市の「静岡暮らし」を静岡県に拡大することで、その魅力はさらに広がります。

　今日、外国人による日本の「観光」は、「珍しいものを観る」ことから「生活を体験する」ことに移行しつつあります。日本人の平均的な「暮らし」では、静岡県・静岡市での生活体験が最も適合的であり、「静岡暮らし（Shizuoka Life）」が世界に通用する時代が到来しようとしています。それは、

「異質多様な地域の寄せ集め」という地域特性を活かすものであり、放置すれば分裂・解体に繋がるものを連携・一体化させることで、地域の活力・魅力に転じさせるものとなります。

　したがって今、静岡県・静岡市に求められることは、「異質多様な地域」を連携・一体化させることにあります。川勝平太・静岡県知事の「静岡県都構想」は静岡県の分裂・解体を促進させるものであり、現在の静岡県を維持・持続させるものではありません。「異質多様な地域の連携・一体化」を静岡県より広域的に推進すべきです。具体的には、静岡県と愛知県東部、長野県南部、山梨県、神奈川県西部を連携・一体化させ、それを「東海州」あるいは「富士山州」とすることを目指すべきです（図37）。

　それは現在の「大都市一極集中型」の都市構造の転換を目指すものであり、地方都市が互いに連携する「多極ネットワーク型」の地域構造の実現になります。現在、既に遠州と東三河・南信州の自治体により「三遠南信協議会」が設置されており、静岡県の前知事からは静岡県と山梨県が一体となり「政令県」を目指す構想も提起されています。これに神奈川県の小田原市が加われば、ひとつの「州」となることができます。

　現状のまま「道州制」に移行しても、東京一極集中・名古屋一極集中を強めるだけであり、それを阻止するために東京と名古屋の中堅に地方圏が連携し自立できる「都市圏」を構築することは国土の均衡ある構造に貢献するこ

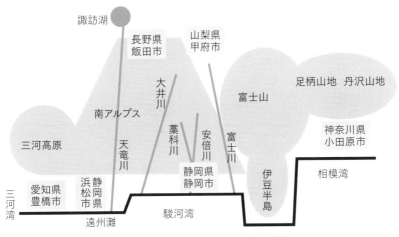

図37　「東海州」または「富士山州」の構想図

とになります。静岡県及び静岡市は、全国の地方都市のリーダーとして、地方都市が大都市への依存から脱却し自立する動きの先頭に立つべきであり、それが「東海州」あるいは「富士山州」構想の提起となります。

　静岡市が広域都市圏として目指すべきは、「駿河湾都市圏」構想です。南海トラフ大地震の発生を引き金にして富士山の噴火活動が始まると、火山灰は西風に流されて関東地方に向かうことが予想されています。そうなると噴火被害の救援活動は、静岡市を中心とした西駿河湾から行われることになり、東駿河湾と西駿河湾をひとつにした「駿河湾都市圏」の構築が必要になります。それは、富士川を境に「東海州」と「関東州」に分けられないための措置でもあります。

　静岡市の産業経済の中枢は、市が静岡県の県庁所在都市であり、全国的企業の支社や支店・営業所が立地していることで成立します。もし静岡県がなくなれば、これらの支社や支店・営業所はすべて静岡市から立ち退くことになるかも知れません。それは静岡市の経済を根底から崩すことになります。この点に関する静岡市の行政及び経済界の危機意識は希薄ですが、それが現実の問題となってからでは手遅れとなります。

　静岡市の人々は自分たちの市が県庁所在都市であることを当然のように思い込んでいますが、それが失われる危険性・可能性について早期に検討すべきです。昔の人々は東海道を徒歩あるいは馬で移動しており、静岡市の宿場を通過・滞在せざるを得ませんでした。しかし現在、交通は鉄道となり、さらに新幹線へと高速化し、道路も高速道路の整備によって、静岡市は単なる「通過地点」にすぎなくなっています。高速交通は陸上から空へ重点移動しており、交通体系における恵まれた条件は低下の一途をたどっています。

　何もしなくても、「静岡市に来てくれた」「静岡市に滞在してくれた」「静岡市という名前を知っていてくれた」という時代は過去のものです。いかにして静岡市に来てもらうか、静岡市を知ってもらうかを、今、真剣に考えねばならない時になっています。これまで述べてきたことは、そのための「総論」としての問題提起であり、もっと具体的な政策提言は「各論」において述べたいと思います。

2018 年 4 月 24 日

静岡市の地域特性

☆静岡市の自然的・地理的・環境的な特徴
　北部山間地（南アルプス南麓）…人が住みにくい急峻で広大な山地と狭隘な平地
　　　　　　　　　　　　　　　　閉塞型河川（大井川・安倍川）の上流・原流域
　中部平地（静岡平野）…安倍川によって運ばれた土砂が堆積した扇状地平野
　　　　　（清水平野）…巴川流域の低湿地。上流・中流での水害と争いの頻発
　南部平地・沿岸部…扇状地の末端での小規模な水田。繰り返された水害・津波被害。日
　　　　　　　　　　本平と三保半島の形成と清水港の発展

☆静岡市における都市の形成と文化の特性
　東西軸の「東海道」に沿った宿場町の形成（蒲原・由比・興津・江尻・駿府・丸子）
　静岡平野の扇央の駿府・城下町と巴川河口の江尻湾の連帯による都市の発展
　東海道を行き交う「旅人」と川沿いで生活する「土着民」の出会いから文化の形成

☆静岡市の政治的社会的特性と市民性（駿河ボケ）
　中央権力による東海道の支配と地方支配者の派遣。その入れ替わりの激しさ
　上昇（中央）志向の地方権力者の地域からの離脱（勝ち組→出世。負け組→追放）
　権力者への表面的な忠誠による自己保身の住民による市民性（駿河ボケ）形成

図40　まとめ（静岡市の地域特性）

今がチャンスだ！　飛べ静岡！〜静岡市の地域特性と「総合計画」〜　　205

どうした浜松、どうなる浜松！
〜浜松市の地域特性と総合計画〜

はじめに……「浜松の『静岡化』」を考える！

　浜松市は、2005年（平成17年）に北部の山間地である佐久間町・水窪町・龍山村・春野町・天竜市と、東部の天竜川下流の扇状地平野の扇頂・扇央に位置する浜北市、さらに西部の浜名湖周辺の三ヶ日町・細江町・引佐町・雄踏町・舞阪町を編入合併しました。その結果、浜松市は日本国内の第二位の広さを誇る市になりましたが、それは異質多様な地域を同じ行政区域に抱え込むことを意味します。

　さらに浜松市は、広域合併によって人口が80万人を超え、政令指定都市としての要件をクリアーすることになり、2007年（平成19年）に政令指定都市になります。この浜松市の広域合併と政令指定都市化は先行していた静岡市の後追いであり、浜松市と静岡市は高次の都市機能が集積した都市でありながら、同時に過疎の農山村も抱え込むという点で類似した都市になったことを意味します。これが「浜松の『静岡化』」の第一段階となります。

　広域合併と政令指定都市への移行の段階で浜松市は、「各地域の歴史・文化・生活を尊重した個性豊かな分権型（クラスター型）のまちづくり」という理念と「一市多制度」という構想を打ち出しています。それは旧市町村ごとに「地域自治区」を設置し、それを政令市昇格後に七つの行政区に組み込み、地域ごとの多様な条件や課題にあった行政施策を行おうとするものであり、それを合併以前に発表しています。

　先行した静岡市の場合、区割りの決定は合併後でしたが、旧清水はそのまま「清水区」として、旧静岡市はJR東海道線を境に「葵区」と「駿河区」に分けるというものです。この三つの区というのは、全国の政令指定都市の中で最も数が少ない区割りとなっています。さらに合併後の静岡市では、権限の多くは新たに設置された「区」に移譲されることなく、中央集権的な行政機構の維持が特徴となっています。

　これに対して浜松市が目指したものは、全国の政令指定都市の中で最も分権的な行政組織の構築であり、地方に誕生した政令指定都市として先駆的で先進的な方向を目指したものでした。同じ静岡県内で類似した政令指定都市でありながら、「集権型」の静岡市と「分権型」の浜松市の違いは鮮明であり、どちらが優れているかが注目されることになります。ところが浜松市では、この「分権（クラスター）型」「一市多制度」の政令指定都市構想は、

早期に否定されてしまいます。

　合併後の市長選挙で、現職市長の「一市多制度」に対して「一市一制度」「ひとつの浜松」というキャッチフレーズを掲げた対立候補が当選したからです。当選した新市長は、就任後に旧市町村ごとに設置されていた「地域自治区」の廃止に踏みきり、さらに行政区を7区から2区か3区に再編するという構想を提起し、その実現に努めています。都市内分権は維持すると主張していますが、「区」の削減は「分権型」から「集権型」への転換を印象付けるものであり、静岡市に類似した行政組織となることが予想されます。

　これが「浜松の『静岡化』」の第二段階となりますが、この一連の動きを主導したのは旧浜松市の経済界と言われています。その意図は、「分権型＝クラスター型」が「人口減少時代を見据えた行財政改革の観点から望ましいものではない」というものであり、「行政区再編」による財政支出の削減を目指すものと言えます。実際、浜松市は行政区再編によって、人件費削減などで約6.5〜10億円の効果があることを試算として発表しています。

　浜松市の市民性として「やらまいか精神」が強調されています。これは「やってみよう」「やってやろう」というチャレンジ精神を表す言葉とされています。しかし、前章で紹介した住民の「創造力」の「都市創造性ランキング」では、浜松市は東京都と政令指定都市の中で19位という低さになっています。第2位の静岡市と比較すると、静岡市より優っているのは「独立性」だけであり、他の指標はすべて下回っています。

　特に衝撃的なのは、図1のように「チャレンジ」で第20位となっていることです。これは静岡市の15位よりも低い数字です。浜松の市民性とされている「やらまいか精神」とは「チャレンジ精神」そのものであり、それが日本国内の大都市の中で下から2番目の低さであることは、私自身、一瞬目を疑いました。そこから感じたことは、浜松の「やらまいか精神」が「空洞化」しているのではないかという疑問です。

　このランキングでは、「創造性」を10の指標で評価しており、「チャレンジ」はそのひとつにすぎません。静岡市は、第2位というランキングの高さは意外でしたが、その内容は10の指標の中で「受容性」「伝統継承」「遊び心」が第1位と高く、「チャレンジ」が15位と最も低くなっています。これは、これまで言われてきた静岡市の市民性と一致するものです。ところが浜松市は、全体の順位が19位と低い上に、最も高いと思われた「チャレンジ」で静岡市より低くなっています。これは驚きであり、これまでの常識を覆す

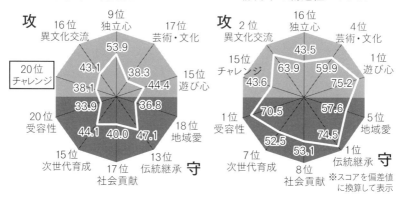

図1　浜松市と静岡市の創造性バランスの比較

ものです。

　図2・3は、この「都市創造性ランキング」での浜松市と静岡市の違いを男女別・年齢別に比較したものです。ここで顕著なのが、「創造性スコア」の浜松市の男性での著しい低さです。女性の場合、静岡市がほぼ全国21都市平均と同じ、浜松市がそれよりやや低いものの大きな差はありません。ところが男性の数値では、静岡市が全国21都市平均を大きく上回っているのに対して、浜松市は逆に大きく下回っています。

　次に、浜松市と静岡市の「創造性スコア」の違いを年齢別に見てみると、ここでは20歳から34歳までの層が静岡市よりやや低いものの大きな差は見られないのに対して、それ以上の年齢層で大きな開きが出ています。35歳から49歳までの層で浜松市は全国21都市平均を大きく下回っており、50歳から64歳までの層では静岡市が全国21都市平均より高い数値となっていることが注目されます。

　ここから言えることは、これまでの浜松市の発展を主導してきた男性・中高年世代における「創造性スコア」の低さです。それは、これまでの浜松における「やらまいか精神」の主要な担い手であった層での落ち込みを意味します。この都市ランキング調査のサンプル数の少なさなどから、この数値の正確性には疑問が残りますが、これまで市民の「創造力」に焦点を当てた調査がない状況の下で、この数値は真剣に検討すべきものです。

　これまで浜松市は、「やらまいか精神」によって新しいことに「実験・冒

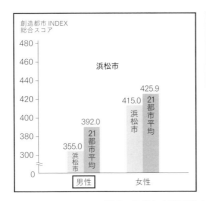
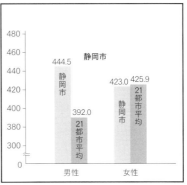

図2　浜松市と静岡市の創造性スコア性別比較

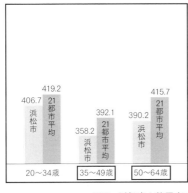
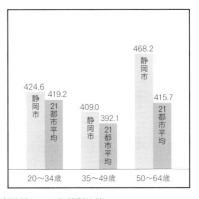

図3　浜松市と静岡市の創造性スコア年齢別比較

　険・挑戦」することを誇りにしてきました。これに対して静岡市は、何事にも慎重である「やめまいか精神」が特性であると揶揄されていました。しかし、この「都市創造性ランキング」では、浜松市より静岡市の方が市民の「創造力」で高くなっており、両市の市民意識での大きな違いがなくなっています。これが「浜松の『静岡化』」は第三段階となります。

　行政区域の中に広大な山間地を抱え込んだこと、「区」の数を静岡市と同じように減らすことは、「カタチ」の上での「浜松の『静岡化』」ですが、この市民レベルでの「創造力」の低さは「ナカミ」での「浜松の『静岡化』」であり、見逃すことはできません。何故なら、浜松市の「やらまいか精神」は、浜松市の「総合計画」や「総合戦略」の基本・前提になっており、それ

が揺らぐとすべての政策・施策の見直しが迫られるからです。

　浜松市の「やらまいか精神」は、現在も健全に維持されているのか、その現状と課題について真剣に検討されるべきです。そのためには、浜松の「やらまいか精神」を市民風土として前提にするのではなく、そもそも浜松市の「やらまいか精神」とは、どのようなものであり、それがいつ頃から・どのように形成され、取り上げられてきたのか、どのように変化・発展あるいは衰退しているのかについても検討すべきです。

　そこで以下では、「やらまいか精神」について浜松市の地域特性を解明することで、その特徴と変化について考察することにします。そしてそれが、どのように浜松市の総合計画や政策・施策に取り入れられてきたのかを明らかにしていきます。それと同時に、浜松市のライバル都市である静岡市と比較することで、両市の違いと共通点も明らかにして、これからの両市の都市づくり・政策に貢献したいと思います。

浜松経済界の特質（浜松商法）と合併による
政令指定都市への移行

　私は 1974 年（昭和 49 年）に静岡大学に赴任し、「静岡地域学」を生涯の研究テーマに設定しました。そして、旧浜松市やその周辺の市町村に度々訪れ、自治体や地域住民との交流も行ってきました。今回の浜松市の広域合併のきっかけとなった浜松経済同友会による「浜名湖市構想」の委員会の委員長も務め、2002 年（平成 14 年）から毎月浜松市の経済界との意見交換に参加していました。さらに浜松市の行政改革推進の委員長も務め、この問題に関する発言も行ってきました。

　その中で漠然として感じていたことは、浜松市の「やらまいか精神」とは中心部の一部でみられる事象であり、都市近郊の住宅地や中山間地では希薄なのではないかというものです。「やらまいか精神」で都市の発展を主導したのは、浜松市の経済界の一部であり、それを行政が積極的にサポートしてきたものの、多くの市民は取り残されているのではないかという疑問が湧いたのです。

　旧浜松市を中心としたエリアで「ホンダ」「スズキ」「ヤマハ」「カワイ」という巨大な世界的企業が生まれたこと、さらに特殊な分野で世界の先端に位置する特徴ある中堅企業が存在していること、それを支える多くの高度な

技術を備えた中小企業が集積していることは、世界においても特筆すべき現象です。それを可能にしたのは新しいものに対する「実験・冒険・挑戦」の「やらまいか精神」であったことも事実であり、それを浜松市の特性として「誇り」にすることも当然です。

「やらまいか精神」という言葉を使って浜松人の気質と個性的な浜松企業の輩出を説明したのは、1980年に出版された梶原一明『浜松商法の発想―ホンダ・ヤマハ・カワイ・スズキの超合理主義』（講談社）と言われています。この本によって「やらまいか精神」は広く知られるようになり、浜松の市民性を表す言葉となりました。しかし2000年以降、私が浜松経済界の人たちと接触する中で感じたのは、『浜松商法の発想』で紹介されていることとは異なるものでした。

まずどこに行っても出てくるのは、スズキ株式会社社長（当時）の鈴木修氏のことでした。多くの人が「修さん」という愛称で呼び、信頼と愛情を込めた言葉が行き交っていたのです。そのこと自体は当然であり、違和感はありませんでしたが、浜松経済界における鈴木修氏の占める地位の高さを実感しました。『浜松商法』の中で指摘されていた「群れをつくらない」「地元の財界を事実上つくらなかった」ということは、接触している限り感じられません。むしろ浜松経済界として一体となり、行政へ働きかけている様子が強く印象付けられました。

浜松企業の特徴は、限られたエリアの中に多くの個性的な企業が林立しながらも、経営者間の個人的な交流はほとんど見られない点にあります。むしろ身近な企業間の激しい競争こそが特徴であり、それが「やらまいか精神」を生み出し、世界的企業を育てたと言われています。実際、自転車にエンジンを付けただけの「ポンポン」と呼ばれた初期のオートバイが生まれた時、40社以上のオートバイ・メーカーが乱立しましたが、その競争を勝ち抜いたのが本田技研であり、ヤマハ発動機でした。

「やらまいか精神」とは、この地域内での激しい企業間競争の中で生まれたものであり、この競争を打ち勝って成長するためのキーワードでもあったのです。しかし競争の中で勝利した企業が世界的な企業として膨張・肥大化していくと、地域内の多くの企業は下請けとして再編・組み込まれていき、競争の形は変化していきます。「一国一城の主」として独立心の旺盛な企業間の競争から、巨大な企業の下に組み込まれた下請け企業間の競争に変質していくと、「やらまいか精神」も当然変わっていくことになります。

それでも浜松企業の特徴は、大企業による支配が構築されていない新たな業種・分野へ積極的に進出していくことにあり、そこで「やらまいか精神」は継続・展開されていきます。光技術の浜松ホトニクスに代表されるように、特殊な分野で世界最先端の技術を誇る中堅企業も登場し、繊維や楽器・オートバイ中心の産業構造をハイテク、コンピューター・ソフトで強化することによって新産業の創出を促し、浜松産業の成長を持続させてきました。

　しかし2008年（平成20年）のリーマン・ショック以降、好調だった浜松の製造業は大きく落ち込み、業績の低迷が続いています。製造業に大きく依存することは、以前から浜松経済の弱点と認識されており、浜松市としては1980年代から「テクノポリス」やアクトタワーを中心とするアクトシティ浜松の建設、静岡文化芸術大学の開学などで対策を講じていましたが、それが十分に成果を挙げない状況で浜松経済は不況に陥ったのです。

　この苦境を「やらまいか精神」で乗り切れるかどうかは分かりませんが、「やらまいか精神」が注目されていた時と現在では、浜松市の経済も経済界も大きく変わっていることに注目すべきです。資金が乏しく技術に不安を抱えながらも無数の中小零細企業が夢だけは大きく膨らませた「戦後復興期」。そして、競争を勝ち抜いた世界企業が互いに牽制し合い競い合った「高度成長期」。こうした時代は過去のものとなりました。

　現在、浜松経済界は、競争だけでなく、連携協力によって行政にも働きかけ、この苦境を乗り切ろうと努力しているようです。その中心にスズキ株式会社の鈴木修氏がいることは確かであり、鈴木修氏を頂点とした一極型の構造が浜松経済界で構築されています。それは明らかに『浜松商法の発想』で紹介された浜松経済界とは異なる様相となっており、それが「やらまいか精神」に及ぼす影響について、これから注目する必要があります。

　実は、鈴木修氏の現在に至るまでの経営者としての活動そのものが、それまでの代表的な浜松企業の経営者と異なる状況になっています。現在、鈴木修氏は88歳になり、会長職に退いていますが実権を保持したまま第一線での活躍を続けています。それは浜松企業の経営者としては異質です。実際、浜松で創業した代表的な企業の経営者の多くは、早期に引退を決めており、「あっさりとした引退」こそ「浜松気質そのもの」と言われてきました。

　例えば、ホンダを創業した本田宗一郎氏は、自らが提案した空冷式エンジンが新たな時代に適応しないことが分かると、67歳の若さでさっさと社長を退きました。同じように日本楽器の事実上の創業者と言われている川上源

一氏も、65歳で突如引退を宣言し、世間を驚かせています。スズキ自動車の創業者の鈴木道雄氏も、70歳で社長を辞任し、家具屋に転身しており、その後、スズキ自動車の経営と一切の関わりを断っています。

この「あっさりとした引退」と共に浜松企業の特徴とされているのが、婿養子を事業の後継者とする「養子経営」であり、『浜松商法の発想』では「養子でない企業の方がむしろ少数派です」という発言も紹介されています。実際、鈴木修氏自身も婿養子であり、義理の父親の鈴木俊三社長も創業者の鈴木道雄社長の長女の婿であり、後継者となっています。カワイ楽器の場合も、創業者の河合小市氏の後継を巡って長女と次女の婿同士が激しく争った結果、次女の婿である河合滋氏が社長に就任しています。

この「養子経営」の伝統は鈴木修氏も継承を意図しており、優秀な人物であるとして評価の高かった長女の婿に後を託す予定だったと言われています。ところが長女の婿が早逝し、早期の引退と「養子経営」の継続が困難になり、現在に至っているようです。現在、鈴木修氏が会長に退いた後、社長に就任したのは長男の俊宏氏であり、「養子経営」が途切れることは確実視されています。先に紹介した日本楽器の場合も、引退した川上源一氏がその後社長に復帰し、長男の川上浩氏に継承したために「養子経営」は途切れています。

「あっさりとした引退」や「養子経営」は、今日では浜松企業の特徴とは言えなくなっています。それは「市街戦」とも言われるほどの「浜松企業間の激しい競争」に変化をもたらしていきます。特に河合楽器の社長・河合滋氏の商工会議所会頭への就任は、日本楽器と河合楽器の激しい対立の後であり、それに日本楽器が同意したことは浜松伝統の"市街戦"意識の「雪解け」とされています。ちなみに、同時期の浜松市長選挙において、浜松経済界としては珍しく一体となって介入し、栗原勝氏の当選を実現させています。

この「競争・対立」から「連携・協力」への変化は、激しい競争を勝ち抜き世界企業へ成長した浜松企業の新たな経営によってもたらされた側面があります。これらの企業は、当初、新たな技術・商品の開発によって成長する「創造型企業」でしたが、大規模化することで多くの下請け企業・関連企業を抱え込むようになり、「統合・調整」を重視する経営への転換を迫られ、傘下の企業に「連携・協力」を求めるようになったからです。

それと同時に、この頃から浜松の代表的な企業のカリスマ経営者の引退・

世代交代が進み、現役として活躍を続けるのはスズキの鈴木修氏だけになってしまいます。その結果、浜松経済界は、独立独歩・個性的で自立・競争志向の経営者が「牽制・競い合う」多極型構造から、鈴木修氏を頂点に「連携・協力」する一極型構造に次第に移行していくことになります。同時に「養子経営者」に代わって「二世・三世の経営者」が主流となりました。

　しかし、この変化は時代の流れに沿うものであり、批判・否定されるものではありません。実際、その後も「よそ者経営者」が多く加わる「連携・協力」によって浜松の経済発展に貢献しています。ただ問題は、この変化に応じた「やらまいか精神」の維持・継続であり、それによって新たな浜松企業の輩出・成長が可能かどうかです。この点で注目すべきは、『浜松商法の発想』から20年後に発行された竹内宏編著「『浜松企業』強さの秘密」（2002年、東洋経済新報社）での浜松企業の分析です。

　この本の分析対象はリーマン・ショック以前の浜松市経済であり、その中心は急成長した浜松企業の秘密を明らかにするというものです。内容は「浜松商法の発想」で紹介されたことと重なる部分もありますが、高度成長が終焉して以降の浜松市経済と企業も分析されており、製造業主体の浜松市経済及び浜松企業の課題・問題点についても鋭く切り込んでいます。本書で語られた内容は、リーマン・ショックから現在に至る浜松経済と企業が抱える問題と繋がるものとなっています。

　そこで指摘されている問題点は、第一が「産業の空洞化の危険性」、第二に「浜松の企業の開業率の低さ」、第三が「浜松の企業にかつてのような元気がない」という点です。その中で特に問題とされているのが、「ベンチャースピリット」を持った企業家が今後登場できるかという問題であり、それは明らかに「浜松商法の発想」が書かれた時点では予測できなかった問題です。

　例えば、巨大企業がしっかりとした組織を構築してしまうと「天才が能力を発揮する機会が全くない」状況になります。浜松でも優秀な頭脳は東京の一流大学に進学し、そこで就職・活躍することで、「浜松は静岡に似てきた」と指摘されています。また浜松では「起業家の評価も下がり始め」「仲間の評価の舞台は、浜松の産業界から中央官庁や中央の企業のポストに変わってきた」ことも、問題として提起されています。

　ここで指摘されているのは、「浜松の『静岡化』」の始まりであり、それはリーマン・ショックによる経済の低迷と平成の大合併による新浜松市の誕生

によって加速され、現在に至っています。ただ浜松市経済の低迷は、これまで浜松市固有の問題として議論され、静岡市との比較はなされていません。これまで両市の違いが問題にされたことはあっても、両市の共通性に関心が向けられたことはなかったからです。

　しかし浜松市と静岡市は、同じ静岡県内にある都市であり、多くの共通性があります。静岡県だけを見れば違いが際立ちますが、日本全体・世界から見れば違いは大きくありません。これからの都市づくりは、日本だけでなく世界を見据えて行う必要があり、両市の違いだけでなく共通点も解明し、互いにライバルとしてだけでなく、連携・協力も視野に入れてまちづくり・都市政策を考える必要があります。

　そこで、これまでの両市の歩みを簡単に振り返ってみます。静岡県という地域が誕生したのは、1876年（明治9）の府県制によるものですが、それ以前、浜松は「遠江国」、静岡は「駿河国」と分かれていました。さらに伊豆半島は「伊豆国」であり、現在の静岡県は三つの「国」に分かれていたことになります。したがって明治になってからの初期の「府県制」は、浜松県と静岡県、伊豆は小田原と共に足柄県に分かれていました。

　現在の静岡県は、浜松県と静岡県を統合し、さらに足柄県を廃止し、小田原を神奈川県、伊豆を静岡県に組み入れることによって誕生しました。この統合には浜松や伊豆で活発な反対運動が展開されましたが、撤回されるまでに至りませんでした。そして統合静岡県の県庁所在都市が静岡市となり、浜松市は県庁所在都市ではなくなります。これ以降、浜松市は静岡市をライバルと見なし、対抗心を燃やしながら都市づくりに励んできました。

　したがって静岡市が清水市と合併し政令指定都市となることは、浜松市が都市間競争において後れを取ることになります。県庁所在都市ではないというハンディキャップに加えて、政令指定都市ではないという新たな格差が生まれることになり、それは浜松市にとって看過できない問題となります。そこで浜松市も周辺都市との合併による政令指定都市の実現を目指すことになります。ただ問題は合併の相手です。

　浜松経済同友会が提起した「浜名湖市構想」では、主要な合併相手は浜名湖西岸の湖西市と、浜松市の東部の天竜川平野（浜松平野）北に位置する浜北市でした。そこには、北遠の山間地の市町村は含まれていません。浜松経済同友会の「浜名湖市構想」に関わっていた私も、広大な山間地と先行して合併した静岡市の事例から、北遠の市町村と合併することは反対でした。

その理由は、都市と農山村では地域の特性・住民ニーズが違っており、合併しても地域の特性に合致した効率的な行政が展開できないからです。特に過疎化と高齢化に悩む農山村の振興は、国からの財政的な支援が必要であり、ひとつの自治体の枠内では対応できないからです。さらに人口減少の農山村が隣接する人口増の都市と合併しても、人口減少の農山村の自治体が数字の上で減るだけであり、人口減少・過疎化が止まる訳ではありません。

　それは広大な山間地を抱える静岡市で明らかになっている事実です。静岡市の場合、山間地にある旧安倍郡の六カ村と合併したのは1969年（昭和44年）ですが、それ以降、現在に至るまで旧安倍六カ村は人口の減少が続いています。にもかかわらず静岡市の旧安倍六カ村は、国の「過疎地域」に指定されず、結局、静岡市内の山間地には、市の単独事業としての過疎対策が細々と行われるに過ぎなくなります。

　これは合併が、国の過疎対策が本格的に始動した1970年（昭和45年）の過疎法の制定以前に行われたためです。静岡市と合併した旧安部六カ村での人口減少が続いていても、静岡市全体は市街地での人口増によって山間地の人口減少は相殺されていたからです。つまり過疎化という現象は続いていても、それが統計数字に表れなくなり、隠されてしまったのです。この結果、静岡市の山間地は国の過疎地域に指定されなくなりました。

　こうして静岡市の山間地には、過疎法に基づく国や県の施策・事業は実施されず、同じ行政区域内にある都市部の負担で農山村の振興を行うことになります。それは都市部の財政的な負担を大きくすることで、都市部の住民から農山村は"お荷物"扱いをされることになり、放置されかねない事態まで至る可能性が出てきます。それが、地域性の異なる農山村と都市部の合併への私の反対理由となります。

　したがって私は、北遠の市町村に対しても、合併によって浜松市の力で農山村の振興・活性化を期待しても限界があること、「三遠南信」という視点で考察すれば、浜松市と豊橋市・飯田市の間に広大な山間地が広がっており、山村としての固有の伝統文化・生活様式として多くの共通点があるため、そこで結束して生き残ることも提案していました。それは、将来の道州制への移行を見据えて、奥三河・南信濃と北遠の連携による地域づくりを目指すものであり、そこへの国及び州政府からの支援を期待するというものでした。

　しかし平成の大合併の大きな流れは、地域の特性・共通性を考慮すること

なく、小規模な基礎自治体の数の減少、基礎自治体の規模拡大を最優先に推進されました。静岡県の場合、地域性の異なる南北軸における市町村合併となり、縦に細長い「短冊型」の自治体が多く生まれました。逆に都市化によって市街地が連続し、都市圏・生活圏として一体化しているにもかかわらず、東西軸での都市間の合併は進みません。

　私も県内のいくつかの合併協議に関わりましたが、地域の特性・住民ニーズに関わる合併後の都市づくり・地域づくりの議論はなおざりにされ、もっぱら行財政の問題や、合併による国からの財政支援の獲得が議論の中心となっていました。一時的であっても国からの財政支援を望むのは、地域経済が低迷した財政的に苦しい自治体であり、都市として発展した財政的に健全な自治体は、東西に連坦する隣接の自治体との合併を忌避することになります。

　浜松市の場合も、東西軸で繋がる湖西市は合併から離脱し、人口増の浜北市も最後まで合併に消極的でした。逆に北遠と浜名湖周辺の市町村は合併の枠組みに加わることに積極的であり、結果的に地域性の大きく異なる市町村の合併によって新浜松市の誕生となりました。これは浜松市としても、望んでいた事態ではありません。政令指定都市になるために仕方なく選択せざるを得なかったとも言えます。

　静岡市の場合、清水市との合併は県内では珍しい東西軸での合併となりました。その理由は清水市の衰退・停滞によるものです。中心市街地の賑わいが維持されている静岡市と合併し、政令指定都市となることによって清水市の活性化への事業が多く実施される。そんな思惑もあり、清水市も合併を受け入れたのです。それは過疎化が進行する北遠の山間地と合併した浜松市とも共通する状況です。

　この点で平成の合併は、それまでの都市圏・生活圏の拡大に応じた隣接する自治体間での合併とは異なります。地域の個性・特性が異なり、格差が大きな地域・自治体間での合併こそ、平成の大合併の特徴であり、それが静岡県内における南北に細長い「短冊型」の自治体を生み出しました。それは地域の経済が低迷し、これ以上の国からの支援が期待できない弱小の自治体の必死の生き残り策でもあったのです。

　したがって私は、この平成の合併を批判するだけでは問題は解決しないと考えていました。合併とは「目的」ではなく「手段」に過ぎない。大切なことは、合併によって、どのような都市を創っていくのか、住民の暮らしをど

のように守っていくかという点にあります。そして何よりも留意すべきは、既存の自治体の多くがこれまでの広域合併によって異質多様な地域を抱え込んでいるという現実です。

　合併に反対するだけでは、既に異質多様な地域を抱え込んでいる現状を容認することになり、異質多様な地域の特性を考慮した自治体の政策・行政運営を考えていくことに繋がりません。私は以前から、浜松市や静岡市の歴史を振り返り、それが合併の歴史でもあり、既に異質多様な地域を抱え込んでいることに注目していました。ただ、それに配慮した行政運営がなされていないことにも問題を感じていました。

　合併によって行政区域は拡大しているにもかかわらず、自治体の職員の数は削減され、地域に出かけていく職員の数は減り、もっぱらパソコンの画面上の数字で地域を認識している。その結果、数字に表れない地域の実態、特に住民の暮らしへのきめ細かい配慮が欠けている。その弊害を除去するためには、異質多様な地域を包摂した合併を契機に問題を提起すべきと考えたのです。

　北遠や浜名湖畔の市町村と合併するのであれば、地域の個性・特徴を生かす都市づくりをすべきである。都市部の負担のみで農山村の地域振興を行うのではなく、それらの地域の魅力を引き出し、それが都市部にとって利益に繋がるような工夫を施すべきである。さらに既存の政令指定都市を見てみると、横浜市や北九州市などは都市内分権を積極的に進めており、都市の規模が拡大すれば都市内分権も必要とされることを感じていました。

　したがって合併に際して浜松市が提案した「クラスター型」「一市多制度」は、既存の政令指定都市がこれから目指すべき課題を先取りして実行することになります。それは地域の個性・特徴に配慮することで、地域の課題の解決のため、市民の参加と協力を促すために必要なことです。私は、「クラスター型」「一市多制度」であれば、北遠を含んだ合併に賛成することにしました。

　ところが既に紹介したように「クラスター型」「一市多制度」は合併後の市長選挙での争点となり、それを掲げた現職の北脇保之市長が「浜松はひとつ」「一市一制度」を掲げた対立候補の鈴木康友氏に敗れることになります。その背景には、浜松の経済界での行財政改革の視点からの「クラスター型」「一市多制度」への疑問があったようです。私も、当時の浜松市の行財政改革の委員会において、経済界の委員からそのことについては聞かされて

いました。

　浜松経済同友会が広域合併による「浜名湖市構想」を提案した時、当時の北脇市長は合併には消極的でした。その姿勢に浜松経済界の多くの人たちは批判的であり、次の市長選挙では応援できないとささやかれていました。当時、私は浜松市の幹部職員からの電話で、北脇市長が合併推進に転じたことを知らされ、驚いたことを覚えています。その理由を聞きましたが、「分からない」ということでした。

　浜松市から「クラスター型」「一市多制度」が提起されるのは、その後ですが、それに対する評価以前から、浜松経済界での北脇市長への不信感があったことは事実です。ただ私は、北遠の市町村との合併が、浜松市の負担を増やし、行財政改革にとってマイナスにならないように、「クラスター型」「一市多制度」に賛成し、浜松経済界の委員の見解とは異なることは明言していました。

　その理由は、先行事例である静岡市の中山間地への政策・施策を見ていたからですが、この「クラスター型」「一市多制度」が上手く機能する保障はありません。ただ検討に値する提案であり、それが簡単に否定されたことは予想外でした。「成功するかどうか分からない」けれど「とにかくやってみる」ことが「やらまいか精神」であり、それを「やめる」ことは「浜松らしくない」ことと思ってしまいました。

　私は旧静岡市と旧清水市の合併にも若干関わっていました。合併推進の青年会議所のメンバーから意見を求められ、合併に関わる両市の市長が出席したパネルディスカッションにもコーディネーターとして参加していました。平成の大合併が提起された初期の時点で、合併問題を検討する静岡県の研究会にも参加していました。しかし合併が具体的に動き始めると、新市のビジョンを重視する私の意見は受け入れられなくなりました。その後、それらの委員会から離れることになりますが、与えられた場所では合併についての見解は披露していました。

　静岡市と清水市の合併においても、私は両市の融合・一体化のために中間に位置する日本平周辺を「日本平区」として設置すべきと考えていました。さらに旧静岡市と旧清水市の山間地を「特別区」として、住民自治による自立的な地域振興・地域づくりに取り組める体制とすべきとも主張してきました。それは「都市内分権」の推進の立場からの発言であり、同時に浜松市で提案された「クラスター型」「一市多制度」も念頭に置いたものです。

しかし政令指定都市に移行すると、清水市はそのまま「清水区」となり、静岡市は「葵区」と「駿河区」に分割されただけです。その後の「区役所」との権限配分を見ても、「都市内分権」とはほど遠い内容となっています。浜松市が「クラスター型」「一市多制度」という「分権型」の政令指定都市を志向しているのに対して、静岡市は逆の「集権型」となっており、両市の違いは鮮明でした。

　この政令指定都市のあり方を巡る両市の違いは、それまでの両市の市政・市民性の違いに基づくものであり、どちらが優れているかどうかは興味あるところです。ところが浜松市は、政令指定都市に移行する段階で「クラスター型」「一市多制度」を否定し、「区」の数も削減する方向に転じます。それは「静岡型」に類似した方向を目指すものであり、明らかに「浜松の『静岡化』」と言えるものです。

　この方向転換の背景として考えられるのが、中心市街地における静岡市の「賑わいの維持」と対照的な、浜松市の「空洞化」の進行です。つまり「集権型」を志向した静岡市では中心市街地が賑わいを維持しているのに対して、新浜松市が「分権型」の都市を志向すれば、現在の中心市街地の「空洞化」が促進されるのではないかと危惧されたと思われます。新浜松市の人口の大半を占める旧浜松市の市民にとっても、「クラスター型」「一市多制度」は理解しがたい提案と思われたようです。

　しかし、行政組織における「集権」「分権」と都市構造・中心市街地の賑わいは必ずしも連動するものではありません。ただ、中心市街地の「空洞化」に悩む旧浜松市にとって、「分権型」の「クラスター型」「一市多制度」が中心市街地の「空洞化」問題と結びつけられるのは当然です。それは新たに合併する市町村への配慮であり、旧浜松市を中心とする都市部での市民参加のための提案としては受け止められなかったと思います。

　1970 年代に旧静岡市では、大型店の出店に対する中小小売業者の激しい反対運動が展開されました。その結果、旧静岡市では大型店の出店に対する厳しい規制がなされるようになり、1977 年に 35,000m^2 という大規模な出店を表明したイトーヨーカドーは、約 5000m^2 に規模を縮小され、ようやく 1986 年に開店するという状況になっています。この旧静岡市における厳しい出店規制は、当時、「静岡方式」と呼ばれ、消費者の利益を損なうものであるという批判が投げかけられました。

　これに対して旧浜松市では、郊外の大型店の出店は積極的に容認するとい

静岡市

開業年	名称	面積(㎡)
1986 年	イトーヨーカドー静岡店	13,686
1999 年	イオン清水狐ヶ崎 SC	20,123
1999 年	イオンタウン蒲原 SC	11,725
1999 年	エスパルスドリームプラザ	9,095
2005 年	セントラルスクエア静岡	28,600

浜松市

開業年	名称	面積(㎡)
2000 年	浜松プラザ	31,592
2002 年	イオン浜松西 SC	21,337
2004 年	イオンモール志都呂	65,322
2005 年	イオン浜松市野 SC	42,800
2007 年	サンストリート浜北	32,000
2008 年	プレ葉ウォーク浜北	44,000

図 4　浜松市と静岡市にある大型ショッピングセンターの比較

う姿勢を取り、それが都市の発展と消費者の生活利便性を向上するものとして肯定的に評価されました。そのために浜松市では郊外への大型商業施設の進出が活発に行われ、図 4 のように浜松市では 3000m^2 を超える大型店舗が 5 店舗あるのに対して、静岡市ではそれ以下の規模の店舗に留まっています。

　この大型ショッピングセンターの数・規模の違いは、両市の都市としての発展の度合いとされ、浜松経済の発展の象徴とも見なされていました。しかし経済が低迷し、人口が減少に向かうと、浜松のような郊外への大型店の出店は既存の中心市街地の「空洞化」を促進する要因として否定的に評価されるようになり、浜松市は「拡散型」の都市構造として批判の対象となり、逆に静岡市は「集約型」都市構造として賛美されるようになります。

　厳しい出店規制をした旧静岡市で中心市街地の「賑わい」が維持され、出店を容認した旧浜松市で中心市街地の「空洞化」が深刻化する事態となり、大型店の出店に対する両市の評価が逆転する現象が起きたのです。これは、「やめまいか精神」の旧静岡市が「やらまいか精神」の旧浜松市に勝ったということになり、旧浜松市が誇る「やらまいか精神」にとって大きな打撃となります。

　旧浜松市民の自信と誇りは打ち砕かれ、それが「クラスター型」「一市多制度」への批判的意識となったようです。それが今日の「浜松の『静岡化』」に繋がっていきますが、それは時代環境の変化によってもたらされたものです。つまり「浜松の『静岡化』」は、新たな時代環境へ適応する中で生じた現象であり、必然ということになります。そしてそれは、浜松の「やらまいか精神」が大きな転換期に直面していることを意味します。

しかし、ここで留意しておかねばならないのは、旧静岡市の中心市街地の「賑わい」は郊外への大型店の出店への規制だけによるものではないという点です。むしろ静岡市には、郊外に開発可能な広い土地が確保されなかったという理由の方が大きな要因です。それは静岡平野の狭さに起因するものであり、さらに旧静岡市の中心部が扇状地平野の中で最も安全な「扇頂」に位置しており、さらにそこ東西・南北の交通の要衝であったことが、中心部への求心性を高めています。

　これらは旧静岡市の地形的な特質に規定されたものです。旧静岡市の中心市街地への「求心性」は、郊外への都市化の進展が安倍川の流れに沿った南北の自然堤防に形成された集落に沿うものとなっており、それが結果として旧静岡市の交通体系を中心部から郊外へ放射線状に広がる求心的なものにしてきました。それが旧静岡市の中心市街地への人の流れを促してきたのです。

　つまり旧静岡市の平野部における地形的な特質があるからこそ、郊外への大型店の進出に対する激しい反対運動が生じ、行政による厳しい出店の規制に繋がったのです。さらに静岡市の場合、旧清水市や焼津市・藤枝市・島田市という中規模の都市が東西に連なっており、それがJRの東海道線で結ばれています。旧静岡市の駅前の中心市街地への人の流れは、郊外だけでなく、これらの都市からの鉄道を利用した人の流入によるものです。実際、旧静岡市の中心市街地の賑わいと対象的に、これらの都市では中心部の衰退が進んでいます。

　つまり静岡市の中心商店街は、鉄道で繋がっている東西の中小規模の都市からの集客によって「賑わい」が維持されているのであり、交通手段における鉄道への依存率の高さが大きな要因となっています。これに対して旧浜松市は、東の磐田市とは天竜川、西の湖西市とは浜名湖を挟むことで離れており、隣接する都市との交通手段においても、鉄道への依存率が低く、それが浜松市の駅前の中心市街地の「空洞化」を促進させたと言えます。

　このように旧静岡市と旧浜松市の中心市街地は、駅前に位置する点で同じでも、周辺の都市との距離・交通手段としての鉄道への依存度で大きく異なっており、それが両市の中心市街地の「賑わい」の違いの一因となっています。この点で浜松市における郊外への大型店の積極的な出店は、広大な平地が広がり自動車が主たる交通手段となっている浜松市の地域特性に応じたものです。大切なことは、郊外への大型店の出店規制が良いか悪いかではな

く、それが地域の特性に合致しているかどうかにあります。

　ただ、これまでは人口も増大し、経済も発展している状況の下での大型店の出店でしたが、現在は経済が低迷し、人口も減少する事態に陥っています。時代環境も大きく変わり、都市の拡大・膨張に歯止めがかけられるようになりました。政府の政策も、2006年の「まちづくり三法」の改正などにより、郊外への大規模店の出店促進から、既存の中心商店街の振興・再活性化に重点を置くようになりました。

　旧静岡市ような「集約型」の都市構造が好ましいとされ、旧浜松市のような「拡散型」都市構造に対しては「コンパクト化」が促されるようになっています。そうなってくると、これまで以上に地域の個性・特性に応じた「まちづくり」が重要になってきます。地域の「同質性」「同一化」を前提とした自治体の政策は、根本的な見直しを迫られることになります。その時点で直面するのが、平成の大合併の結果としての異質多様な地域の抱え込みという現実です。

　これまで静岡市も浜松市も、周辺の市町村との合併によって市域を拡大し、人口を増やしてきましたが、それは都市の発展による都市圏・生活圏の拡大に応じたものであり、地域特性の違いに大きな配慮を行う必要はありませんでした。ただ静岡市の場合、1969年の旧安倍郡六カ村との合併により、初めて異質な地域を取り込んだわけですが、その地域の特性に応じた旧静岡市の行政施策は国や県の施策を模倣した小規模な単独事業に留まっています。

　異質な地域の取り込みという点において、新静岡市にとって大きな課題は旧清水市をどう位置付け、扱うかという点です。特に旧清水市の中心市街地の「空洞化」の問題は、旧静岡市とは異質な問題であり、それへの対応は未知な課題となります。これに対して新浜松市の場合は、旧浜北市の周辺に人口と各種都市機能の集積が進み、副都心としての賑わいを見せており、「空洞化」が進む旧浜松市の中心市街地と対象的な状況になっています。

　つまり新静岡市の場合、合併相手である旧清水市が中心市街地の「衰退」が進んでいるのに対し、新浜松市の場合、合併相手の浜北市が副都心となり、中心市街地の発展が進行しているという違いがあります。しかし、同じ行政区域内に「活性化」と「衰退・空洞化」という異なる中心市街地を抱え込んでいるという点で共通しており、これからの両市の中心市街地問題への対応が注目されます。

そこで重要になるのが、それぞれの地域の個性・特性を踏まえた対策であり、特に地域住民の参加と協力が欠かせません。これまで地域で生じる様々な問題に対応してきたのは行政ですが、それは道路や交通の整備、生活から農業・工業の用水の確保、各種公共施設の建設などで主導権を発揮してきました。しかし地域の活性化や都市（地域）づくりでは、住民の参加と協力、市民の意識改革が重要になってきます。浜松市の場合、それは「やらまいか精神」の発揮となります。

　合併して政令指定都市となった新浜松市では、最初の総合計画から市民意識として「やらまいか精神」を前面に打ち出していますが、「やらまいか精神」が発揮された時代と現代を比べると、浜松経済界は明らかに変化しており、市民の創造力のランキングでは下位に落ち込んでいることは既に紹介したとおりです。にもかかわらず総合計画や行政施策では「やらまいか精神」の存在が自明・前提とされており、それが成功するかどうかが問題となります。

　これに対して静岡市の場合、これまでの郊外への大型店の出店への規制という対応が結果として中心市街地の「賑わい」の維持となったものの、同じ対応で旧清水市の中心市街地が活性化することは不可能です。ここでは、市民の参加と協力による、中心市街地の活性化のための積極的な取り組みが必要です。「やらまいか」という意気込みが、静岡市には求められるのであり、静岡市の市民意識・行政の姿勢の変革が課題となります。

浜松市の地域特性と「やらまいか精神」の三層構造

　広域合併によって浜松市の面積は 1558.06km^2 となり、全国で 2 番目の広さとなりましたが、注目すべきは「可住地面積」での広さです。可住地面積とは、総面積から林野・湖沼の面積を引いたものであり、居住への転用が可能な土地として、市域の実質的な広さを示すものです。この「可住地面積」で、浜松市は静岡市の約 1.4 倍となっており、総面積に占める可住地面積の比率でも、浜松市は 31.2 ％と静岡市の 24.2 ％を大きく上回っています（図5）。これは両市の市域の広さの違いが、総面積で見るよりはるかに大きいことを意味します。

　ところが都市的地域を意味する DID（人口集中地区）の面積で両市を比較すると、今度は静岡市の方が浜松市より広くなっています。総面積に占め

	浜松市	静岡市
総面積	1558.06km²	1411.90km²
可住地面積（可住地面積／総面積）	486km²（31.2％）	341km²（24.2％）
DID 面積（DID 面積／総面積）	85.69km²（5.5％）	104.48km²（7.4％）
総人口	796,114 人	699,087 人
人口密度	514.0 人／km²	507.3 人／km²
DID 人口（DID 人口／総人口）	477,316 人（60.0％）	625,240 人（89.4％）

図5　浜松市と静岡市の人口・面積比較
（平成 27 年国勢調査より）

るDID面積の比率も、浜松市は5.5％に止まり、静岡市の7.4％より低くなっています。また総人口で両市を比較すると、浜松市の総人口が約80万人に対して、静岡市は約70万人と10万人の差がありますが、DIDに住む人口では、静岡市の方が浜松市より逆に約15万人多くなっています。

　つまり面積・人口において浜松市が勝っているものの、都市としての面積・人口では静岡市の方が多くなっており、それだけ浜松市には農山漁村的な地域が多いことになります。これは、浜松市が北遠と浜名湖周辺の農山村的地域と合併し、静岡市が港湾・工業都市として発展していた清水市と合併したためであり、その結果、浜松市では農山村的地域の拡大、逆に静岡市では都市的地域の拡大となったのです。

　図6は、平成の大合併後の新浜松市の地形と「区割り」「合併前の市町村」を示すものです。地形から区分すると、「北部山間地（北遠）」と「天竜川扇状地」「三方原台地」「遠州灘沿岸」「浜名湖周辺」に分けることができます。それを合併前の市町村に当てはめると、中心に位置するのが旧浜松市となります。中心部は「三方原台地」の南端と南の平坦地の接する位置にあり、そこから東西南北に行政区域を広げています。

　この旧浜松市と新たに合併したのが、北遠の山間地にある天竜市・旧龍山村・佐久間町・水窪町・春野町であり、天竜川扇状地の「扇頂・扇央」に位置する浜北市、浜名湖の北部の三ヶ日町・細江町と、東南に位置する雄踏町・舞阪町となります。浜名湖周辺の自治体としては、西に湖西市と新居町がありますが、共に浜松市との合併には加わらず、2010年（平成22）に湖西市は新居町を編入合併しています。

　ここに合併後の「区分け」を当てはめると、北遠の山間地の市町村は「天

図6　現浜松市区域の変遷

竜区」としてまとめられ、天竜川扇状地の北の浜北市はそのまま「浜北区」となっています。これに対して浜名湖周辺の町村は浜松市の一部と共に「北区」と「西区」に分けられ、旧浜松市は中心部が「中区」、浜北市から南の天竜川扇状地が「東区」、それに遠州灘沿岸を加えたのが「南区」となっています。

　これを先に紹介した新静岡市と比較すると、北部に広大な山地を抱え、平地の多くが扇状地であること、さらに扇状地が隆起した台地・丘陵地が見られるという点で共通しています。しかし新浜松市には、西部に浜名湖という大きな湖の周辺に農山漁村があるのに対して、静岡市では東部に清水港を中心とした都市的地域が形成されていることが、両市の大きな違いとなっています。

　さらに扇状地の隆起の仕方も異なっており、浜松市では天竜川扇状地が全体として隆起して台地を形成し、その中央を天竜川が削ることで扇状地平野が形成されています。その結果、台地は東の「磐田原台地」と西の「三方原台地」に分けられ、その真ん中に天竜川扇状地が広がる地形になっています。これに対して静岡市では、隆起してできたのが安倍川河口の有度丘陵地であり、そこが海流によって削られ、その土砂によって三保半島が作られるという地形になっています。

　扇状地を含めた平野の面積で両市を比較すると、天竜川によって作られた

遠州平野が安倍川による静岡平野よりはるかに大きな規模となっています。これは、天竜川と安倍川の大きさの違いに起因します。実際、天竜川は諏訪湖と繋がっており、流路延長が213km（日本全国9位）・流域面積5090km²（日本全国12位）という大きな河川であるのに対して、安倍川は延長53.3km・流域面積567km²にすぎません。

この川の大きさの違いが下流域に形成される平野の規模の違いとなっているのですが、扇状地の頂点である「扇頂」から「河口」に至るまで距離で二つの平野を比較すると、遠州平野では約20kmであるのに対して、静岡平野では約5kmと短く、約4倍の違いとなっています。これが可住地面積における浜松市と静岡市の差となりますが、都市としての発展においては、中心市街地の地形上の位置が重要な意味を持ってきます。

遠州平野は天竜川が作り出した扇状地が隆起して台地を作り、その真ん中を天竜川が流れることで台地が二つになったことで出来上がりました。浜松市の中心部は西の台地である三方原台地の南端に位置しますが、これは天竜川が氾濫しても台地に遮られ、その濁流が直接押し寄せることはないためです。同時にここは、扇状地の地下を流れていた水が地表に出てくる「扇端」に位置します。

即ち、そこでは稲作が可能であり、集落も形成され、道路も作られることになります。実際、そこには古代から「浜松荘」という荘園が整備され、それが現在の「浜松」という地名になっています。そこで古代の地形と街道を合わせてみると、日本の都である奈良・京都と繋がる街道が浜松荘を通っており、浜松が街道の要衝となる条件が整っていることが分かります。

ただ、遠州平野における街道は浜名湖によって北と南に分かれており、浜名湖の北から扇状地の扇頂に繋がる街道と、浜名湖南の海沿いの街道の間は大きく離れています。それがひとつになるのは天竜川の東の「磐田原台地」の上です。そのために遠江国の国府は、天竜川の東の磐田原台地にある「見付」に置かれ、天竜川の西側・浜名湖に挟まれた地域は三方原台地と北の山地の麓に沿って集落が点在するだけの所となっていました。

つまり現在の浜松市の中心部は、古代において遠江国の中心部とはなり得なかったのであり、それは静岡市とはまったく異なります。既に述べたように静岡市の場合、その中心部は扇状地において最も安全・安心な扇頂に位置し、同時にそこに都と繋がる街道も作られていました。その結果、静岡市は古代から駿河国の国府が置かれている「駿河府中」と呼ばれ、歴史の古い都

市となります。

　静岡県の中部と西部の山間地は南アルプスですが、それはユーラシアプレートの下にフィリピン海プレートが潜り込むことによって、以前は海であったところが隆起して作られたものです。これは現在も続いており、年に4mmほどの隆起のスピードは世界で最も早いと言われています。この隆起する山に風が吹き付け、雲ができて雨を降らし、それが川となって山を削っていきます。

　この隆起のスピードと川に削られるスピードの違いが、浜松市と静岡市の地形の違いとなって現れています。静岡市の場合、隆起するスピードが優っているために、山は3000mを超える高さを誇るようになり、川は山に阻まれることで「閉塞型河川」となり、流路延長・流域面積も小さくなります。安倍川によって作られた静岡平野が比較的小規模なのはそのためです。

　これに対して浜松市は、天竜川による山を削るスピードが隆起のスピードを上回っています。山の北に位置する諏訪湖からの水の流れが天竜川となり、広大な遠州平野が形成されましたが、隆起の力によって扇状地が台地となり、それが川の流れで二つに分かれ、その中央に扇状地平野が再び作られていきました。こうして平地が台地と扇状地に分かれることになったのです。

　これに対して静岡平野では、安倍川の扇状地が隆起して有度山が作られ、それが海流で削られ、その削られた土砂が海岸線に堆積することで三保半島が形成されます。それが巴川の河口を包み隠すことで、天然の良港となり、それが巴川流域の清水平野と一体化することで清水市という都市を形成していきました。ちなみに港は、当初、巴川の河口から少し入った江尻にありましたが、明治になって現在の位置に移っています。

　これに対して遠州平野では、天竜川から遠州灘に流れ出た土砂が海岸に堆積され、そこに「遠州の空っ風」と呼ばれる強い風が吹き付け、長大な遠州灘の砂浜海岸が形成されます。周辺に広がる遠浅の海岸や浜岡砂丘・中田島砂丘に代表される砂丘は、遠州灘沿岸での港の建設を阻むことになり、沿岸漁業の障害となります。その結果、沿岸の集落では砂防林によって砂を防ぎながら、砂地での細々とした農業に従事することになります。

　実際、天竜川の河口では、上流から木材を運搬するなどの必要から、天竜川河口の西に湊がつくられましたが、土砂の堆積によって東に移動することを迫られました。ただ河口の東に作られた掛塚湊は、江戸初期から明治中頃

まで賑わいを見せますが、土砂が堆積した天然の堤に包まれた半円状の河口港であったために、遠州灘の高波や天竜川からの土砂の堆積に絶えず脅かされ、明治の鉄道の開通による海運・水運の衰退によって寂れていきます。

　結局、天竜川河口及び遠州灘沿岸の周辺は、港町として繁栄・発展することはなく、都市としての浜松は、海や港に依存することなく、内陸の宿場町として発展することを余儀なくされます。この点で静岡は、昔から清水の港から巴川を経由して中心部に物資の搬入が行われており、陸路だけでなく海路においても恵まれた立地環境となっています。即ち都市としての発展の条件は、浜松より静岡の方が恵まれていたということになります。

　にもかかわらず浜松が遠江国の中心になり得たのは、徳川家康が岡崎から浜松に拠点を移し、浜松城を改築してからであり、地形的・経済的要因というよりも政治的な要因によるものです。周知のとおり徳川家康は岡崎で生まれましたが、幼少期から人質として駿府で暮らし、岡崎に帰還したのは、桶狭間の戦いで今川義元が討たれてからです。そして徳川家康は、尾張の織田信長と同盟を結び、今川氏と対峙するために浜松城に入ることになります。

　もし徳川家康が今川氏との同盟を強化し、西の織田氏と対決する道を選べば、その拠点は天竜川の東の磐田原台地に置かれ、磐田見付が遠州の中心地としての地位を維持したはずです。しかし徳川家康は織田氏との同盟を選び、遠州に攻め込み支配下に置くことで浜松城に入ります。それは、東の今川氏と北にいる武田氏に対抗するためであり、尾張の織田からの支援が容易な天竜川の東に位置する浜松城に拠点を置いたのです。

　今川氏・武田氏が滅ぶと徳川家康は、三河・遠江・駿河・甲斐・信濃の五カ国を支配する大大名となり、豊臣秀吉の死後、関ヶ原の戦いで勝利し、江戸幕府を開くことで日本全体を支配することになります。このため浜松城は「出世城」と呼ばれ、徳川の譜代の大名が領主となり、浜松は東海道の宿場町かつ城下町として発展し、遠州の中心地としての地位を確立します。

　このように浜松が遠州の中心地になったのは、政治的な要因によるものですが、それを補完した経済的な発展は、江戸時代になって浜松が東海道の宿場町として整備されてからです。徳川家康が浜松城に入ったのは1570年であり、16年後の1586年には駿府城に移っており、浜松が東海道の宿場町となったのは、その17年後の1603年となります。そして浜松宿は、天保年間には本陣が6軒、旅籠が94軒もある、遠江国・駿河国を通じて最大の宿場となっていきます。

江戸時代における浜松の経済の発展を促したもうひとつの要因は、天竜川の扇状地で綿花の栽培が広まり、農家の副業として綿織物が始まったことで、「遠州織物」が特産物として有名になったためです。天竜二俣から浜北を経て浜松の東の笠井に至る南北の笠井街道は、近隣の農家から綿花や織物、その他の農産物などが集まり、「市」で賑わうことになります。そして幕末には、機業が盛んな上州舘林からきた藩主・井上正直の奨励で藩士の内職として織物が浜松の城下町で盛んになります。

　明治になると紡績工場も設立され、織機の発明や染色技術の向上などによって繊維産業が地場産業として定着します。これが浜松における「ものづくり」産業の基盤となり、そこから楽器やオートバイ、四輪自動車等の産業が生まれていきます。これらの地場産品・工業製品は、東海道を通じて全国に売られていきますが、それを支えたのが鉄道による物資の輸送でした。

　東西の大都市を繋ぐ東海道線の拠点駅である浜松駅には、「ものづくり」に必要な原料資源が搬入され、それを使って作った工業製品が浜松駅から送り出されました。1912年には鉄道院浜松工場が創設され、そこで蒸気機関車の修繕から製作まで行われることで、浜松における機械産業の礎の役割も果たすことになります。さらに浜松駅には、天竜二俣の西鹿島からの南北の鉄道線として遠州鉄道も設置されます。

　浜松が遠州の中心地になったきっかけは、徳川家康の浜松城への入城という政治的な要因によるものでしたが、その後の経済の発展によって、浜松は政治的な中心都市としてではなく、経済的な中心都市としての性格が強くなっていきます。これに対して静岡は、経済的な発展はあるものの、県庁所在都市であることによる大企業の支社・支店などの立地・集積に依存する度合いを強め、浜松とは対照的な都市となっていきます。

　経済都市としての浜松の発展は、浜松駅周辺を中心市街地として発展させることになり、その周辺の道路や鉄道沿いの土地は工場や商店・宅地に変わっていきます。やがて市街地は郊外に拡大・膨張し、それに合わせて旧浜松市は周辺の町村を編入合併し、行政区域を拡大していきます。その結果、1889年の浜松町の施行当時には、広い遠州平野の中の小さな点にすぎなかったのが、100年後の1991年には天竜川の西の遠州平野全体に広がり、2005年には北部山間地から浜名湖周辺まで含むようになっています。

　ここで注目すべきは、都市的地域であるDID（人口集中地区）の面積を見てみると、旧浜松市の中心とした円状に広がっており、一極型の都市構造

【DID（人口集中地区）変遷図】

資料：国勢調査

図7　浜松市の DID（人口集中地区）変遷図
（浜松市ウェブサイトより）

になっていることです（図7）。それ以外の DID は、北の浜北区と浜名湖南
の南区に線上に細く繋がっているだけです。これは、浜松市が旧浜松市中心
の「一極（一眼レフ）型の都市構造」であることを示すものです。

　これに対して静岡市の場合、DID は旧静岡市と旧清水市に分かれており、
それが相互に拡大・膨張することで繋がっていきますが、都市構造の基本型
としては「二極型（二眼レフ型）造」となります。したがって「中心市街地
問題」も、浜松では「一極型都市構造」における都市機能の配置が問題とな
り、「二極型都市構造」の静岡では旧清水市の中心市街地の衰退・空洞化が
問題となります。これらは同列に議論できるものではありません。

　そこで浜松市の中心市街地の空洞化の問題と焦点を絞ると、重要なカギを
握っているのが三方原台地であることが分かります。その存在や地域的な特
性や開発のあり方が、浜松の都市機能の面的配置に大きな影響を及ぼしてい
るのです。そこで三方原台地の歴史を調べてみると、遠州平野の中心に位置
し、最も大きな面積を占めていながら、不毛な荒れ地として長く放置されて
きた土地であることが分かります。

　そこは扇状地が隆起してできた土地のために、水は地下深く潜り込んでい
ます。土地も痩せた赤土であり、芒や笹が一面に生い茂るだけでした。度々
氾濫を繰り返す天竜川の横に位置しながら、水不足のために農業には不向き
であり、草刈りの場として利用されるだけの土地でした。広大で平坦かつ水

不足の台地と、すぐ横を流れる天竜川の有り余る水。この二つを繋げれば、三方原台地が肥沃の土地に変わることは確かです。

　荒れ地でありつつ、夢や期待を抱かせる土地。それが三方原台地であり、「やらまいか」という気持ちを起こさせることも確かです。そのために何度も開拓が試みられ、明治になってからは開拓団により茶の栽培も始められました。また遠州報徳運動の指導者である金原明善によって、大規模な開墾計画も立てられましたが、実現には至りません。茶の栽培も、価格の暴落などによって縮小・断念されてしまいます。

　失敗を繰り返しながら粘り強く開拓は続けられましたが、戦時中になると軍の演習などに利用されるようになり、台地の大半が軍用地にされてしまいます。軍需産業への転換を迫られた浜松市内の製造業の多くも、太平洋戦争の末期にはアメリカ軍による海からの激しい艦砲射撃にさらされ、焼失してしまいます。そして敗戦を迎え、戦災復興とともに三方原台地の開拓事業が再開されます。

　まず大陸からの引揚者などによって着手されますが、軌道に乗り始めるのは天竜川水系での治水・利水の事業が進展してからです。特に昭和23年から始まった「国営三方原干拓事業」では、浜名用水からのポンプ灌漑によって水田づくりを成功させ、全域での稲作が可能になります。この事業は、その後、秋葉ダムに取水口を求める「三方原用水事業」に引き継がれ、農業だけでなく、水道用水・工業用水としても利用されていきます。

　佐久間ダムの建設に代表される天竜川の治水・利水事業を進展し、遠州平野における水害の被害も減少していきます。それと同時に三方原台地における道路建設や工業・農業の基盤整備事業も進められ、東西の大都市を繋ぐ東名高速道路が台地の中央を横切ることになります。東名のインターチェンジの設置によって、その周辺に多くの工場が立地・集積していきます。

　この結果、三方原台地の南半分で都市化が進行し、旧浜松市の市街地は東西軸だけでなく南北軸にも広がり、面的な拡大が進みます。1980年代に入ると、三方原台地の北に位置する都田地区に「浜松テクノポリス」が作られることになり、そこに大学や各種研究機関、住宅も建設されていきます。こうして都田地区は、工業都市からの脱皮を目指す浜松経済の発展の新たな拠点となり、平成の大合併以降は、東の浜北区と連携することで副都心として機能しつつあります。

　しかしそれによって、浜松経済の中心は三方原台地の南端から北に移動

し、浜松駅周辺の空洞化を促進することになります。それはすでに物資の輸送が鉄道からトラックに移り始めたころから始まっていました。市街地が郊外に広がることで中心部が空洞化するという「ドーナツ化現象」は、旧浜松市においても生じてきたのです。郊外に工場が立地し、その周辺に多くの住宅が建ち始めれば、それに応じて大規模な商業施設も作られていきます。

　旧静岡市の場合、平野の規模が小さいために南北への開発は困難です。郊外の大規模な商業施設を建設する用地もありません。しかし静岡平野は、清水平野だけでなく大井川の下流域の大井川平野とも近い距離にあり、それぞれの中心都市が鉄道で繋がっています。その結果、隣接する小都市の古い中心商店街から多くの客を奪い取ることで旧静岡市の中心商店街は賑わいを維持します。これは、隣接する都市からの距離も離れ、平野の規模が大きいことで南北への開発が可能であった旧浜松市とまったく異なるものです。

　この旧静岡市と旧浜松市の地域性の違いは、両市の市民意識・風土にも投影されることになります。開発の余地が乏しい静岡市とは異なり、浜松市には三方原台地という水不足だが広大な平地があり、その横には氾濫を繰り返す天竜川が流れていました。この二つを繋げれば、肥沃の大地に変わるという期待や夢を抱かせる土地です。それは、厳しい自然であっても、立ち向かい克服すれば、素晴らしい生活を獲得できるという意識を起こさせるものです。

　こうして旧浜松市の自然や地形・歴史の中から「やらまいか精神」が形成されることになります。それを示したのが、図8となります。そこでは厳しい自然に立ち向かい「貧しさからの脱却」を図る意識の形成が基盤にあり、それが換金作物の生産と加工・販売で培われた勤勉・節約・貢献の遠州報徳運動の影響を受けることで、工業化の進行の中での起業や創業の精神、「やらまいか精神」として花開いたとされています。

　まず旧浜松市は、自然環境において決して恵まれたものでなかったことを指摘しておかねばなりません。何故なら、氾濫が繰り返される天竜川流域の平地は、人間の暮らす場所としては危険であり、台地と扇状地は水が地下深く流れることで農業に適していません。そのために人々は遠州平野を取り巻く山地や台地の小高い安全な場所に集落を形成して暮らしていました。実際、本州最古の化石人骨は、扇状地の中でも小高い場所である根堅遺跡から発掘され、三方原台地の南端には縄文遺跡である蜆塚遺跡もあります。

　つまり人々の暮らす場所は、広大な遠州平野を取り巻く小高い山地や台地

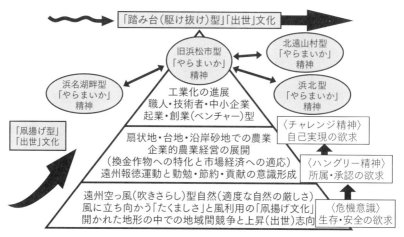

図8　浜松「やらまいか精神」の三層構造

の縁に点在しており、それが街道という線によって繋がれていたのです。奈良・京都という都と繋がる東海道は浜名湖の北と南に分かれており、それがひとつになるのは天竜川を越えた所にある磐田原台地でした。遠江国の国府が磐田原台地に置かれたのも、それが理由です。天竜川の東に広がる遠州平野の広さは意味をなさない状況でした。

　現在の浜松市の中心となっている三方原台地の南端は、浜名湖の南側の街道に沿った小さな集落にすぎず、そこには冬になると「遠州の空っ風」と呼ばれる北西からの冷たい風が強く吹き付けます。風が遮られる山間の小さな集落から広い吹きさらしの遠州平野に出ることは、過酷な自然に身をさらすことであり、冒険であったはずです。しかし、そこは戦国時代になると、遠州における政治的・軍事的対立における重要な拠点となります。

　吹きさらしであるということは、外に開かれていることでもあり、それによって多くの人々が浜松を訪れ、去っていきます。自然の風だけでなく、その時代の最先端の情報が「社会の風」として浜松に吹き付けることになります。そこに暮らす人々は、浜松城がつくられ宿場町として賑わうようになると、この時代における「社会の風」とも立ち向かって生きることを迫られます。

　それは、権力をめぐる政治的な争いに巻き込まれることにも繋がり、敗者にくみすると追い出されることになる可能性もありました。しかし勝者にな

れば、貧しさから脱却し、富と権力を得ることができるかもしれません。浜松に出かける・そこで暮らすということは、そこに吹き付ける自然と社会の「激しい風」に身を委ねたり、立ち向かったりして、そこで勝ち抜くことを目指すものです。実際、徳川家康が岡崎から浜松に移ってからの人生は、戦に明け暮れるものでした。

　吹きさらしの土地である浜松は、東西から敵が攻め込みやすい地形であり、北の山間地からも敵の侵入が可能です。実際、武田信玄は本隊を引き連れて、信濃から峠越えで遠州に攻め込み、三方原で徳川家康を打ち破っています。徳川家康が浜松に移ったのは、強くたくましくなるためであり、危険な地であっても、そこに拠点を移して戦い続けたのです。つまり浜松という地は、「強くたくましくなる」ための適地だったのです。

　この点で静岡市は、昔から「静かにのんびりと暮らす」ための適地と言えます。もちろん静岡市にも風が吹き付けますが、浜松と比べれば穏やかであり、頭を低くしてやり過ごせば、それなりの暮らしができます。徳川家康は、幼少期に駿府で暮らしていたために、それをよく知っており、江戸幕府を開いた後、隠居して駿府で暮らすことを選択しています。この点でも浜松と静岡は対照的な都市であると言えます。

　遠州平野の端に位置する山間の小さな集落で暮らす人々にとって、浜松に出かけるということは、今日の感覚では東京や名古屋などの大都市に出かけるのと同じように意識されたはずです。そこから出ていこうとする人々は、貧しいけれども耐え忍ぶことで安定した暮らしをするよりも、厳しい自然と社会の荒波に揉まれることで、何か大きなことをしたいと願った人たちです。

　その意味で浜松という土地は、最初から「何かをしたい」と思う人が外から集まってできた街と言えます。「やらまいか」とは、「やってやろう」「やろうじゃないか」という意味であり、それは浜松で生まれ育った人から発せられる言葉ではなく、外からやってきた「よそ者たち」の共通した意識・言葉でした。あるいは、そのような意識を持つ人々が多くいたから、そこで生まれ育った人も「やらまいか」という気持ちになったのかもしれません。

　土地にしがみつき、現状に満足するだけの人からは、決して発せられないのが「やらまいか」という言葉です。しかし、やる気になっても、浜松という土地で事を起こすことが必要であり、土地にしがみつき努力することが、「やらまいか」という言葉の中に含まれています。外から来ても、浜松を素

通りするだけなら、「やらまいか」にはなりません。土地に根付き、そこから舞い上がることが必要であり、それを象徴するのが「凧揚げ」です。

「遠州凧揚げ」は浜松まつりの中で重要な行事であり、端午の節句にちなみ長男（初子）の誕生を祝うものです。その起源は室町時代まで遡ると言われていますが、吹きさらしの土地にふさわしい伝統行事であり、今日に引き継がれています。即ち風に立ち向かい、風を利用して舞い上がることが「凧揚げ」であり、それが伝統文化として守られているのです。

凧は、強い風が吹くだけでは上がりません。凧が天高く舞い上がるためには、大地と糸で結ばれていることが必要です。大地と繋がることで舞い上がり続けるのが「凧揚げ」であり、土地に対する強い執着が必要です。それがなければ吹き飛ばされて、遠い地に飛ばされるだけです。「やらまいか」とは、浜松という土地に根付き、風に立ち向かう中から生まれた言葉であり、浜松という土地で事を起こすことと浜松に対する愛着心が、そこに含まれているのに注目すべきです。

浜松に対する愛着心とは、単なる出身地としての故郷に対する愛情・執着心とは異なります。浜松という土地で「何かができる」という期待・夢が前提にあります。それを生み出したのは、遠州平野の広さであり、そこを東西に貫く東海道からもたらされる情報です。特に三方原という未開拓の台地とその横を流れる天竜川の水流を見れば、誰もが夢や期待を抱いたはずです。そしてそれは、東海道を行き交う旅人からの情報によって補強されます。

遠州は「国学」が盛んな地として知られています。国学とは、古事記や日本書紀などの古典を研究して、日本固有の思想や精神を再認識しようとする学問であり、幕末の尊王攘夷の運動に大きな影響を与えました。その代表的な人物である賀茂真淵は遠州出身であり、遠州で生まれ育ちながら、日本という国全体に強い関心を持つことができたことに、「やらまいか」のもうひとつの意味があると思います。

つまり時代の最先端の情報に触れ、そこから刺激されて事を起こすことが「やらまいか精神」となります。決して自分の生活や立身出世、故郷の発展を願うだけの「やらまいか」ではないのです。外からの強い刺激・情報を得て、日本のために「やらまいか」という気持ちになるのです。それを象徴するのが、江戸時代の末期において小田原の二宮尊徳によって提唱された「報徳」の思想・手法が遠州において活発に取り入れられたことです。

これは「遠州報徳運動」と呼ばれていますが、「暴れ川」や「扇状地」が

多いために換金作物を植えるしかなかった東海地方の農家の間で、「分度＝節約」「勤労＝勤勉」の教えを広く普及させた運動でした。これによって「やらまいか」は、市場経済の中での企業経営的な方向性を得ることになり、近代化・工業化の中での起業・創業の「ベンチャー精神」に発展させることができました。

「報徳思想」の大きな特徴は経済と道徳の融和を訴えた点にあり、「節約」「勤勉」によって得たものを「真心＝至誠」をもって社会に「還元＝推譲」することが強調されます。それは神道・仏教・儒教など日本の伝統的な思想を取り入れたものであり、それが故に保守的な日本人の意識に浸透できたと考えられます。つまり近代の合理主義と前近代の伝統主義の融合が報徳思想の特徴と言えます。

浜松の「やらまいか精神」も、この報徳思想の影響を強く受けていますが、他の地域と比較すると近代合理主義の性格が強いのが特徴となります。その結果、他地域では農業・農村の範疇での運動に留まりましたが、浜松では近代化・工業化に適応することで、起業・創業の「ベンチャー精神」になり得たと言えます。それは吹きさらしの大地によそ者が集まり、伝統や既存の秩序にこだわらず事を起こすことに重点を置く心意気であり、報徳思想の浜松的なアレンジとも言えます。

図9は、この「やらまいか精神」が形成される歴史的過程を整理したものですが、図の上と下に浜松を通り抜けるふたつの風が描かれています。下が大地の上を吹き渡る自然の風「遠州空っ風」であり、上が東海道を吹き抜け

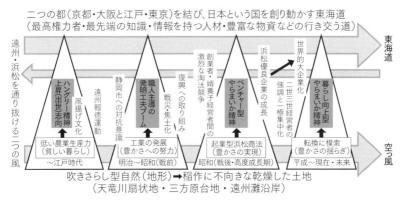

図9 「やらまいか精神」の形成過程

る時代・社会の風「様々な人物や情報・物資の往来」となります。前近代の
江戸時代まで、それは貧しい暮らしからの脱却を目指すハングリー精神とし
て生まれ、風を利用した上昇志向を象徴する伝統行事としての「凧揚げ」が
根付きます。

　幕末から明治にかけて「遠州報徳運動」が浜松にも盛んとなり、それを媒
介として明治以降の近代化・工業化の中での職人主導の「発明・工夫」が浜
松でブームとなります。無学ではあるが「やらまいか精神」に満ち溢れ、発
明・工夫の天才から、山葉寅楠・河合小市・本田宗一郎・鈴木道雄などの創
業者が現れ、高学歴で優れた経営能力を身に付けた婿養子に経営を引き継ぐ
ことで、これらの企業は世界的な企業に成長していきます。それが戦後復興
から高度成長期となります。

　浜松を代表する企業は、同じ浜松市内で経営活動を行いながら「群れをつ
くらない」、よそ者を平気で迎え入れる、その典型が「養子経営」であるな
どの共通点を持ちながら、互いに競い合うことで成長してきます。それが注
目されるようになったのは、高度経済成長が終焉し、ベンチャー企業による
知識集約型の新規産業が求められるようになった 1980 年代になってからで
す。そこから浜松商法としての「やらまいか精神」に焦点が当てられるよう
になります。

　しかし昭和から平成になり、リーマン・ショック以降、浜松の製造業は深
刻な不況に陥り、そこからの脱却に苦闘しています。既に述べたように浜松
の経済界は、戦後復興から高度成長期に至る時期と比較すると大きく変容・
変質してきています。歴史の中で構築されてきた三層の「やらまいか精神」
と、それを取り巻く環境が激変しているのです。にもかかわらず浜松の経済
界や行政は「やらまいか精神」の存在を前提とした取り組みに邁進してお
り、その変容・変質に気付こうとしていないようです。

　NHK の大河ドラマ「おんな城主 直虎」で注目されたこともあり、浜松市
は「出世の街」としてアピールしています。あれほど浜松で人気がなかった
徳川家康も、「出世大名家康くん」というゆるキャラとなって登場し、浜松
市の宣伝に貢献しています。浜松藩主から江戸幕府の老中に出世した人物
や、浜松で創業し世界企業に成長させた経営者が、「出世」の実例として盛
んに取り上げられています。

　しかし過去の成功事例だけを取り上げて、浜松が「出世の街」として胸を
張ることには違和感を持ってしまいます。浜松を「出世の街」として捉えた

場合、その「出世文化」には２つのタイプがあります。ひとつは、東海道を通じて外からやってきた人が出世して江戸・東京に行くというものです。いわば浜松を「踏み台」にして出世する、浜松の「駆け抜ける」ことで出世するタイプです。浜松藩主が幕府の老中に出世したり、本田宗一郎がいち早く浜松から東京に本社を移したりしたのもこのパターンに含まれます。

　もうひとつは、浜松という土地に根差して事を起こし、日本全国や世界から注目されるタイプであり、それを「凧揚げ型」と呼んでおきます。スズキ株式会社のように浜松に本社を置いて事業活動をしている経営者が、このタイプとなります。ただ、これらは「出世＝成功」した人物・企業であり、この背後に多数の敗者・失敗事例があることを忘れてはなりません。名も知れぬ無数の人たちが「風」に立ち向かい、努力したからこそ「上昇気流」が生じ、それを利用して一部の人が成功できたのです。

　「やらまいか精神」で事を起こす多くの人物・企業が輩出しても、その中で成功＝出世するのは一部です。そして、この成功事例は二つのタイプに分けられます。ひとつは浜松という土地に根付き、糸で繋がることで舞い上がる「凧揚げ型」であり、もうひとつは浜松という土地を踏み台にして舞い上がり、浜松から去っていく「踏み台（駆け抜け）型」となります。

　この二つのタイプは、多くの人や企業による激しい競争によって発生した「上昇気流」を利用した点で同じですが、風を利用して舞い上がる「凧揚げ型」こそが、浜松の「やらまいか精神」の基礎・基盤です。近年、浜松を「出世の街」として宣伝する試みがなされていますが、「凧揚げ型」と「踏み台（駆け抜け）型」は「出世文化」として区別すべきであり、「凧揚げ型」こそが浜松の出世文化の基本として重視されるべきです。

　出世＝成功した人は、草の根レベルでの無数の「やらまいか精神」に満ち溢れた人々の挑戦・失敗の上に成り立っています。その事実を認識し、一部の出世＝成功事例だけに目を奪われてはなりません。風に立ち向かい風を利用して舞い上がろうとする人々の努力が「上昇気流」を作り上げ、それが一部の人たちに出世＝成功をもたらしたのです。

　それと同時に、浜松の中心部での出世＝成功事例が北遠の山間地や浜名湖畔の地域に通用するものでないことにも留意すべきです。北遠や浜名湖畔には、旧浜松市型とは異なる「やらまいか精神」が存在するはずであり、それを見つけ出し育てていくことが求められます。さらに「やらまいか精神」の三層構造も、ピラミッド（三角形）の下層が空洞化すれば、頂点に位置する

出世＝成功の事例も出現しなくなることに留意すべきです。

　また経済の発展によって生活が豊かになり、人々が空っ風に直接さらされることもなくなると、貧しさからの脱却を目指すハングリー精神も希薄になってきます。現代において人々を「やらまいか」という気持ちにさせるものとは何か、それを明らかにして「やらまいか」を動機づける取り組みが、今、求められています。それが「やらまいか精神」の三層構造の基盤を強化することになります。

浜松市の「創造都市」構想と「音楽のまちづくり」

　平成の大合併によって浜松市は全国で二番目に広い都市となり、広大な山間地と浜名湖周辺の農山村を行政区域内に取り込むことになりました。これらの地域は、遠州平野の中心に位置する旧浜松市を中心として都市的地域とはまったく異なる地域特性と住民ニーズを持っています。当初、浜松市は「クラスター型」「一市多制度」という受け皿を用意して、これに備えていましたが、市長が交替することでこの受け皿はなくなりました。

　現在、区の数を2〜3に縮小することが検討されていますが、それは同じように広大な山間地を抱えている静岡市の行政制度に類似するものです。つまり、「浜松の『静岡化』」という事象が生じつつあるのです。ただ浜松は、旧浜松市を中心とする都市地域が絶対的な優位を誇る「一極型」の地域構造であり、旧静岡市と旧清水市という「二極型」の都市構造を持つ静岡市とは異なる地域特性を持っています。

　総面積・可住地面積・総人口で静岡市を上回る浜松市ですが、DID（人口集中地区）の面積・人口では静岡市より少なくなっています。つまり都市的地域に限定すれば、浜松市より静岡市の方が規模として大きいということになります。しかし反面、それは静岡市より浜松市の方が開発可能な土地が多いことを意味します。これからの浜松市の成長・発展の可能性としては、静岡市よりも優っていることになります。

　ですが両市を取り巻く時代環境は大きく変化しています。製造業を中心とした「ものづくり」産業の量的な拡大、都市の膨張・発展による規模拡大は、製造業の揺らぎや人口減少社会への移行によって困難になっています。時代環境の変化は、成長と発達・開発をひたすら追い求めてきた浜松市にとって不利に働き、成長・開発に抑制的だった静岡市に有利に働こうとして

います。

　時代の流れは、浜松的な拡大・膨張ではなく、静岡的な集約・集中の方向に向かっており、浜松市の未来は必ずしも明るいものではありません。浜松市は、それを浜松の市民性・風土である「やらまいか精神」で乗り切ろうとしていますが、その基盤・基礎は揺らいでいます。「やらまいか精神」の「空洞化」は、「浜松の『静岡化』」を完成させるものとなりますが、それは問題を解決させるわけではなく、むしろ深刻化に繋がります。

　しかし静岡市も、中心市街地の賑わいは維持されているものの、合併した旧清水市の中心市街地は衰退したままであり、山間地の人口減少に歯止めはかかっていません。女性や若者層の流出が続いており、静岡市の人口は70万人を切り、全国の政令指定都市の中で最下位となったことは既に指摘した通りです。「浜松の『静岡化』」が進行しても、それは浜松市が静岡市と同じような問題を抱え、衰退していくことを意味します。

　しかも「浜松の『静岡化』」は、浜松市が望んでいるものではありません。意図せざる結果として進行しているのであり、これまでの行政としての浜松市の対応は静岡市とは真逆のものでした。「区」の数の削減を除けば、それは今でも変わっていません。そして今、両市に求められているのは、困難に直面してもあきらめないで挑戦していく「やらまいか精神」を発揮することです。

　事態は「浜松の『静岡化』」であっても、求められているのは「静岡の『浜松化』」です。静岡では以前から浜松の「やらまいか」と同じ意味での「やらざあや」という言葉があり、「やめまいか」から「やらざあや」への市民意識の転換が求められています。同時に浜松でも、「やらまいか精神」を当然の前提とするのではなく、その変質、つまり「浜松の『静岡化』」を直視し、それを防ぎ、「やらまいか精神」を維持・復活するために努力すべきです。

　浜松市は合併の後、政令指定都市に移行した2007年（平成19年）に「第一次浜松市総合計画」をスタートさせており、それを「はままつ"やらまいか"創造プラン」と名付けています。目指す都市像は「技術と文化の世界都市・浜松」であり、キャッチコピーが「やらまいかスピリッツ！創造都市・浜松から。」となっています。ここで注目すべきは、「やらまいか精神」とともに「創造都市」が目標として掲げられていることです。

　「創造都市」とは、21世紀の都市モデルとして、1990年代から世界的に注

目されるようになったものです。これは、「文化・芸術」と「産業・経済」を「創造性の発揮」という点で結合させることを目指すものであり、1970年代から主流であったグローバル化の中で膨張する大都市・世界都市への対極に位置づけられます。それは、20世紀末にイタリアの地方都市の分析から導き出されたものであり、21世紀になって世界の多くの都市が「創造都市」を政策目標とするようになっています。

　日本国内でも、金沢市の経済同友会によって初めて取り上げられ、その後、横浜市の中田宏市長の下で「創造都市」が横浜の都市ビジョンに採用されています。そして2004年には、ユネスコによって「創造都市ネットワーク」が作られ、2017年10月31日現在、世界で180の都市が文学・映画・音楽・工芸・デザイン・メディアアート・食文化の7分野に加盟しています。日本では8都市が加盟しており、浜松市も2014年（平成26年）に「音楽分野」に加盟を実現しています。

　浜松市が都市ビジョンに「創造都市」を取り入れたことは必然です。何故なら浜松市では、1980年代の「浜松テクノポリス」への取り組みにおいて「知識」「情報」「技術」の重要性に着目し、その強化に努めていたからです。「創造都市」は、これからの社会において「知識や情報」が何よりも重要になることを説いていますが、それは浜松テクノポリスの考え方と一致しています。したがって浜松市が、それを都市ビジョンにすることは必然であり、当然のことです。

　実際、2013年（平成25年）に策定された「『創造都市・浜松』推進のための基本方針」によれば、浜松市は、「世界に誇る多くの起業家や産業技術を創出してきた創造都市」であり、「ものづくりは、製品・商品に限らず、発想や文化、ネットワークといった点においても新たな価値を創出する創造的な活動です」とあります。そして取り組みの方向性として「『浜松のものづくり』を原点とした創造産業の創出」が掲げられ、プロジェクトとされています。

　しかし浜松市の都市ビジョンでは、「創造都市」への具体的な取り組みとして、「ものづくりのまち」と並んで「音楽のまち」が強調されており、「ものづくりの伝統を活かした『産業創造都市』」と「音楽のまちづくりを核とする『文化創造都市』」が二本の柱とされているのが特徴となっています。この「音楽のまちづくり」とは、1981年（昭和56年）の旧浜松の「第二次総合計画基本計画」において最初に掲げられたものであり、同年の市制

70周年の企画行事で「浜松音楽祭」が開催されたことから始まるとされています。

　そして1984年には、浜松の音楽文化を代表するイベントである「吹奏楽コンサート」が開始され、1986年には財団法人浜松文化協会が設立され、そこを主体に「音楽のまちづくり」が進められていきます。それは、1991年（平成3年）の「第三次浜松市総合計画」での「音楽文化都市構想」の提起に引き継がれ、「世界の音楽文化が薫る都市づくりの推進」が目標として提起されます。ちなみに同年、市役所の中に「音楽振興課」も設置され、市制80周年の行事として様々な行事が開催されています。

　この「音楽のまちづくり」と深い関わりがあるのが、1995年（平成7年）に完成したアクトシティ浜松です。浜松駅と回廊で繋がっているアクトシティ浜松は、市有施設と民有施設の複合施設群ですが、中心に位置するアクトタワーはハーモニカをモチーフとする外観になっており、「楽器の街」から「音楽の街」への浜松のイメージ転換を意識させるものとなっています。

　実際、アクトシティ浜松の中の市有施設には、音楽のイベントに適したホールや浜松市楽器博物館、音楽祭の開催や若手音楽家の育成などを行う「アクト音楽院」などがあり、「音楽のまちづくり」の中心的な役割を果たしています。現在、この市有施設の運営は財団法人浜松市文化振興財団に委ねられており、民間企業に委託している民有施設の運営とは切り離されています。

　それと同時にアクトシティ浜松の目的は、中心市街地の空洞化を防ぐための駅周辺の再開発の起爆剤となることにあり、中心市街地活性化のための都市型産業の集中・集積も目的としています。この施設が完成した時はバブル崩壊の時期であったため、民有施設の稼働率は低く、周辺の再開発事業も停滞したことから、その成果・効果に疑問が投げかけられていましたが、2000年以降、再開発事業も進められ、稼働率も向上しつつあります。

　このアクトシティ浜松と並んで浜松市における中心市街地の活性化の取り組みとして注目されるのが、2000年に開学した静岡文化芸術大学です。もともとは静岡県立大学浜松キャンパスであり、短期大学であったのが、浜松市の要請によって四年制大学として設置されたものです。建学の精神として「実務型の人材の育成や社会への貢献」が掲げられており、「文化政策」と「デザイン」の二つの学部があり、大学院も併設されています。

　既に述べたように浜松テクノポリスは浜松市の郊外・三方原台地の北の都

田地区に作られましたが、それは中心部から遠く離れた郊外に大学や各種研究機関・住宅を作ることであり、浜松市の中心市街地の空洞化の加速化を懸念させるものです。またそこは、知的な労働に従事する研究者・技術者が定住する生活空間としては問題があるとみなされ、浜松市の都市政策は中心市街地の活性化に重点を移すようになります。

その結果、推進されたのがアクトシティ浜松の建設や静岡文化芸術大学の設立となります。浜松における「音楽のまちづくり」や「創造都市」の提起も、この延長線上に位置付けられます。それは、それまでの浜松市に欠けていたもの、弱点を補うという性格のものでもあり、「ものづくり＝工業都市」「男性ブルーカラー中心」「武骨で荒々しい」という浜松市の従来のイメージを払拭しようとするものとなっています。

「創造都市」を目指す浜松市において、「産業創造都市」とは既にある「ものづくり」という伝統に立脚したものです。これに対して「音楽のまち・浜松」が目指すのは「文化創造都市」であり、これまで欠けていたものを作り出すという点で前者とは全く異なるものです。しかし、それは世界の都市政策の主流となった「創造都市」の目的・性格とも合致するものであり、「創造都市」とは浜松市のために提起され、準備されていたといっても過言ではありません。

「創造都市」の研究には、イタリアの中規模都市であるボローニャをモデルとするジェイン・ジェイコブスと、アメリカのピッツバーグやニューヨークをモデルにしたリチャード・フロリダの二つがあります。ボローニャをモデルとした研究では、都市における職人企業の集積とネットワークが注目されているのに対して、ピッツバーグやニューヨークをモデルとした研究では、芸術や文化の担い手を「創造階級」として捉え、彼らの活動によって生まれる「創造産業」が都市を活性化することを強調しています。

この研究を日本に紹介した佐々木雅幸氏などは、「内発的な発展論」の立場からボローニャに似た日本の都市として金沢市に注目する一方で、大都市における空洞化への対策として横浜市の都市再生ビジョン「文化芸術創造都市」を評価しています。これを浜松市に適応すると、職人による「発明・工夫」から始まった産業の集積は前者の「内発的な発展」となり、空洞化対策としてのアクトシティ浜松や静岡文化芸術大学の設置は文化・芸術の担い手を育てるという点で後者のタイプとなります。

しかし欧米で生まれた都市理論を日本に適応するだけでは、浜松市の「創

造都市」への取り組みを方向付けることはできません。ボローニャや金沢市は歴史の古い都市であり、浜松市より静岡市に似ています。浜松市は、近隣から「よそ者」が集まってできた町であり、伝統産業もありますが、産業の中心は近現代に誕生した事業を導入したものです。その意味では「内発的」とは言えませんが、地元企業が主体となっている点では「内発的」と評価することも可能です。

　浜松市は「地域の人材と資源を活用した内発的発展」と評価できますが、創業者が地元出身であっても、それを大企業に育て上げたのは外からやってきた「婿養子」が多いことを、どのように評価するかは問題です。また浜松市は、「ものづくり」が中心の近代工業都市であり、多くの中小企業・職人企業が集まっていますが、その多くは地場企業から成長した世界的な大企業によって、下請け系列企業に組織化されています。

　その意味で浜松市は、近年、企業城下町的な性格も持つようになり、単純に中小零細企業・職人企業が集積した都市とは言えません。文化・芸術においても、その担い手を育成し、創造産業に発展させる取り組みは始まったばかりであり、それが成功するかどうかは、これから判定されることです。欧米で生まれた都市理論を日本に当てはめるだけの研究では、これからの浜松市の都市としての発展方向を決めることはできません。

　この点で問題としなければならないのが、最初に紹介した浜松の市民レベルでの「創造力」の低さです。始めたばかりといっても、浜松市が「創造都市」を目標に掲げて既に 10 年以上経過しています。その取り組みは、全国の都市の中でも早い方であり、「創造都市」を実現できる条件も整っていたはずです。にもかかわらず「都市創造性ランキング」で浜松市は 19 位という結果になっており、日本全国の大都市の中で下から 3 番目という有様です。何故、このようなランキングとなったのか、そこから考える必要があります。

　浜松市が「創造都市」を目指す上で三つのキーワードがあります。ひとつは「やらまいか精神」であり、もうひとつが「ものづくり」、最後が「文化・芸術」です。その関係は、図 10 のように整理されます。まず「吹きさらし型」の自然の中での暮らしから、風に立ち向かい、それを利用して舞い上がろうとする「やらまいか精神」が生まれます。それが幕末から明治にかけて職人を中心とした「ものづくり」に向けられ、浜松市は「工業都市」として発展していきます。

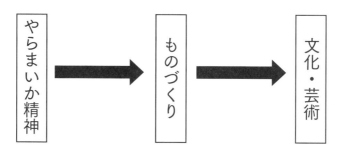

図10　浜松型「創造都市」の三つのキーワード

　浜松市が「工業都市」として花開いたのは、戦後の復興期と高度成長期です。戦前から繊維産業・楽器産業が盛んでしたが、戦後の復興期にオートバイの生産が始まりました。それが軽四輪自動車の生産に発展し、輸送用機械産業が浜松の製造業の中心的な存在となります。しかし工業製品の生産に特化した浜松市は、やがて壁に直面することになります。日本が高度成長によって経済大国になり先進国になると、必然的に人件費が高騰し、より付加価値の高い「ものづくり」に移行しないと国際競争で生き残れなくなりました。

　この流れを受けて、浜松市は浜松テクノポリスに取り組み、アクトシティ浜松を建設しました。また、静岡文化芸術大学も設置されましたが、それは知識情報社会への移行の中で「文化・芸術」が生み出す「創造産業」が先進国の基幹産業となっていたからです。上図の「やらまいか精神」から「ものづくり」までは、浜松で生み出されたものであり、地域の伝統資源・人材を活かしたものですが、「文化・芸術」は浜松市で欠けているものであり、それを外から補い、作り出す必要があります。

　そこで、この三つのキーワードに即して、それぞれが抱えている問題・相互の関連性について考えてみます。まず「やらまいか精神」ですが、それが浜松市の「創造都市」構想の最大の特徴となっています。それは浜松という街が形成されてきたころから、「吹きさらし型」の自然に立ち向かうことで生まれてきたものです。それが明治以降の近代化・工業化の中で「ものづくり」に向けられ、「工業都市」としての浜松市の発展をもたらしました。

しかし「やらまいか精神」は、厳しい自然に立ち向かい、貧しさからの脱却を目指す心意気から生まれたものであり、図11のように、その出発点は「生存・安全の欲求」の充足にあります。しかしそれは、生活が豊かになることで充足されると、その欲求も希薄化します。その代わりに重要になってくるのが、「信頼できる友達が欲しい」「社会に認めてもらいたい」という「所属・承認の欲求」であり、それは激しい競争社会の中で肥大化していきます。

　この段階まで来ると、物質生活における危機意識は弱くなりますが、精神生活におけるハングリー精神は逆に強まっていきます。さらに誰もが大企業に就職し、出世競争より安定した暮らしを望むようになると、その精神面でのハングリー精神も希薄となっていきます．起業・創業の経営者が減少し、「婿養子」経営者に代わって二世・三世の経営者が多くなると、競争よりも協調による安定を志向するようになります。

　こうして「やらまいか精神」の空洞化が始まり、それが「都市創造性ランキング」における19位という浜松市の位置に繋がります。したがって浜松市の市民意識・風土として「やらまいか精神」の存在を前提とすることは危険です。その空洞化・形骸化を警戒し、「やらまいか精神」を維持し、高めていく取り組みを強化すべきです。しかし留意すべきは「やらまいか精神」だけでは、創造性や創造力は高まらない、身に付かないという点です。

　「やらまいか」とは「やってみよう」ということであり、一歩を踏み出し、始めることにすぎません。「踏み出す」「始める」ことで直面するのは、情報を収集して知識を身に付けることの大切さであり、そのための努力が求

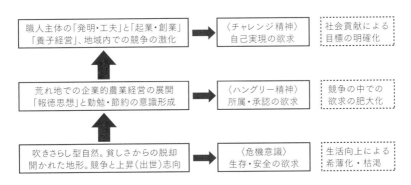

図11　浜松型「やらまいか精神」の形成と変容

められます。しかし知識や情報は得るだけでは意味がありません。それを利用・活用して社会に役立たせる必要があります。そのための知恵・行動力・組織力が求められ、その中で創造性・創造力も高められていきます。

　この点で確認しておかねばならないのは、「ものづくり」とは本来「新たな価値を創出する創造的な活動」であり、浜松市においても「やらまいか精神」で「ものづくり」に励むことで、それなりの創造性・創造力を培ってきたことです。ただ問題は、それだけでは新たな時代・環境に対応できなくなり、これまでとは異なる、より高いレベルの創造性・創造力が求められるようになったという点にあります。

　図12は、企業の中で行われる「ものづくり」の過程を示したものです。この中で、「生産・労働」は「企画・開発」「製造・工場」「販売・営業」の三つに分けられます。「企画・開発」で考えられたものが、「工場」で「製造」され、「販売」によって消費者に届けられます。「営業」とは「販売」をしながら、消費者にニーズを把握し、「企画・開発」に伝える役割も担っており、単なる「販売」とは区別されます。

　ここで大切なことは、「ものづくり」とは「頭を使って作る＝企画・開発」と「機械や装置を使って作る＝工場・製造」に分けられることです。そして「何が売れるのか」「消費者が求めているもの」が分かっている場合、「安くて良いもの」を作る工場・製造が重要視され、販売部門が強化されます。「ものづくり」に関わる知識・情報としては、「生産技術の効率化」に貢献す

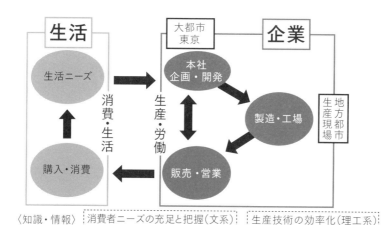

図12　「ものづくり」の過程

る理工系のものが重視されます。

　しかし「何が売れるか」「消費者が求めているもの」が分からなくなると、「消費者ニーズの把握と充足」に関わる文系の知識や情報に関心が向けられ、企画・開発と営業が重視されるようになります。この違いは、「ものづくり」における発展途上国と先進国の違いに重なり、同時に発展途上国から先進国に仲間入りした日本における「ものづくり」の歴史的な変化にも照応しています。

　何故なら、発展途上国の場合、先進国で作られ使われているものを、自国で安く、より良い品質で作ることに専念しており、そこでは生産技術の効率化に貢献する理工系の知識や情報が大切にされます。しかし経済が発展し、先進国に仲間入りするようになると、先進国の「ものまね」「後追い」ではやっていけなくなり、「何が売れるか」「消費者が求めているもの」を考える文系の知識や情報が重要視され、企画・開発部門が強化されます。

　この「ものづくり」に関わる二つの機能は、企業規模が小さい段階では一体化していますが、企業規模が大きくなるにしたがって分離していきます。そして大企業になると、本社や企画・開発部門は大都市である東京に置き、工場・製造部門は用地と労働力が安い地方や海外に移す企業が多くなります。その結果、東京には多くの知識や情報が集まり、それを分析・研究する機関や組織も集中・集積します。国内の地方や海外は、単なる生産現場にすぎなくなります。

　浜松市の場合も、欧米で作られ輸入されたものの模倣から「ものづくり」が始まり、「安くて良いもの」を作るために知識や情報が重要視されました。それをサポートするために、現在の静岡大学工学部の前身である浜松高等工業学校が 1922 年に設立され、数多くの先駆的な技術者・研究者を育て上げています。つまり浜松市は、戦前から「生産技術の効率化」に貢献する理工系の大学や研究機関の整備・充実に努めており、そこでの「創造力」は高いレベルになっています。

　しかし浜松の企業が世界企業に成長すると、最先端・最高水準の「ものづくり」のために、企画・開発部門の強化が課題となります。それに気付いたホンダはいち早く本社を東京に移します。これに対して浜松に本社や拠点を置く企業は、浜松市に対して企画・開発機能をサポートする都市づくりや基盤整備を強く求めるようになります。これが、浜松市を「テクノポリス」からアクトシティ・文化芸術大学へ、さらに「創造都市」に向かわせた最大の

要因となります。

　静岡文化芸術大学の設立も、企業の企画・開発の機能強化に必要な文系の知識や情報を提供するためです。実際、文化・芸術とは人間の生活に関わるものであり、消費者ニーズの中で重要性を増している部分です。しかしここで問題になるのが、この文化・芸術と浜松の伝統であり得意分野である「ものづくり」の関係性であり、「文化創造」と「産業創造」の連携の問題です。

　現在、浜松市における「文化創造都市」に向けた取り組みの中心は、「音楽のまちづくり」となっており、ユネスコの「創造都市ネットワーク」でも浜松市は「音楽分野」に加盟しています。それは浜松市が楽器の生産地として世界的に有名であり、熟達した技術を持つ職人も多いからであり、それを踏まえた上で楽器という「もの」を生産する街から、楽器という「もの」を消費する「音楽のまち」への転換を目指すからです。

　しかし浜松における楽器の生産は既に戦前から行われており、戦後には浜松市の主要産業となっていることを考えると、1980年代から始まった「音楽のまちづくり」は遅いと言わざるを得ません。その中で注目されるのは、日本楽器・ヤマハによる「音楽教室」です。その始まりは1954年（昭和29年）にヤマハ銀座ビル内で開講された「音楽教室」であり、それが1959年（昭和34年）に「ヤマハ音楽教室」となり、現在に至っています。

　これは「消費者に商品の使い方を教え、需要を新しく作り出す」効果を持っており、「教室商法」と呼ばれています。この教室商法は、ヤマハのライバルであるカワイ楽器も採用し、ミニバイクが登場したときの「婦人のためのバイク教室」の開催にも引き継がれます。つまり浜松企業は、「生産＝ものづくり」から「消費＝ものづかい」まで踏み込んだ経営を行っており、それが「浜松商法」の特徴であることに注目すべきです。

　ヤマハの販売網は小・中学校の教科書販売がルーツといわれており、オートバイでは自転車屋を組み込むことできめ細かい販売網を作り上げ、それを四輪自動車の販売網にしたのがホンダやスズキと言われています。この楽器産業における「教室商法」も、オートバイ・軽自動車の「きめ細かな販売網」も、消費者・生活者に限りなく近いところで展開されており、「ものづくり」だけでなく、その使い方＝消費に及ぶ販売方法も、浜松企業の伝統として今日においても引き継ぐべきです。

　ところが浜松における「音楽のまちづくり」の取り組みを見ると、浜松で作られた最高水準の楽器を使って、一流の音楽家が演奏するというイベント

の開催が目立ちます。高いレベルの「文化・芸術」を市民に提供し、それによって浜松市民の文化水準を向上させようとする試みです。それは「音楽文化の向上」として大切なことですが、「浜松らしさ」を考えた時、普通の市民の日常生活レベルでの「音楽文化の普及」も重要と思われます。

　図13 は、私が考える浜松をイメージした「音楽のまちづくり」の全体構造です。左に「楽器産業」があり、高級品から大衆的なもので幅広い楽器が生産され、販売されています。その楽器は、人の手で演奏されますが、演奏家には「高度な技術を駆使するプロ」から「楽しむだけのアマチュア（音楽愛好家）」まで含まれます。そして、そこで生まれる音楽も、「大衆的なもの」から「洗練されたもの」まであり、階層的な構造となっています。

　「音楽文化の階層構造」において、高級楽器を使ってプロの演奏家が奏でる音楽は「ハイカルチャーな高次元の音楽」であり、それを作り出す音楽クリエーターとサポーターによって「音楽産業」が構築されます。この「音楽産業」は、今日では「コンテンツ産業」に区分けされ、巨大な市場規模を誇る成長産業となっています。「創造都市論」では、それが「創造産業」とされ、その成長と発展による都市の活性化が期待されています。

　「音楽のまちづくり」として行政が力を入れているのは、浜松で生産された高級楽器を一流の音楽家によって演奏するイベントの開催です。この背景には、浜松は楽器を生産しているけれども、それを演奏＝消費する「音楽文化」では劣っているという認識があります。浜松市という都市において「音楽文化」を向上させ、そこから「創造産業」としての「音楽産業」を創出・

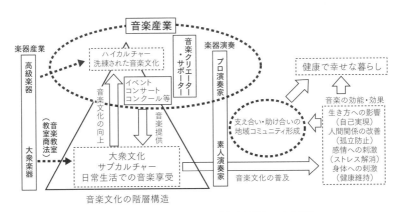

図13　「音楽のまちづくり」と「音楽産業」の全体構造

育成させたいという狙いがあります。確かに現在、「音楽産業」の中心は大都市・東京ですが、地方都市・浜松市にそれが育てば東京一極集中の是正にも貢献できます。

しかし「音楽産業」は「洗練された音楽文化」によってのみ形成されている訳ではありません。むしろ日常生活の中で音楽を楽しむという「大衆的な音楽文化」の普及によって、巨大な市場規模を誇る「音楽産業」が誕生したと言えます。高級な音楽文化だけであれば、それは近代以前から支配階級の楽しみとして存在しており、それが産業になり得たのは音楽文化が大衆の生活に浸透していったからです。

大衆的な音楽文化の普及によって、高級な音楽文化もレベルアップし、それが再び大衆的な音楽文化の普及を促進しています。大衆的な音楽文化は、一流の音楽家・演奏家を育てる役割も担っており、音楽文化の向上によるハイカルチャーな音楽文化の構築にも貢献します。音楽文化の向上と普及は同時に追求されるべきであり、それによって「音楽産業」も発展していきます。

浜松市では「音楽のまちづくり」のために様々なイベントやコンサート、コンクールが開催されています。それは行政が企画する大規模なものと、市民参加によるものに分かれますが、前者は音楽文化の向上を目的としており、後者は音楽文化の普及を目指すものと言えます。しかし両者は浜松における音楽文化の向上と普及において一体化しており、同時に追求されるべきものです。

音楽が好きな市民を増やすことは音楽文化の普及であり、それは階層的な音楽文化の底辺を広げることになります。それによって音楽文化の向上も実現しますが、音楽文化の普及は人間生活の様々な問題解決に役立つことに注目すべきです。何故なら音楽は、音楽文化のレベルにおいて低いと評価されても、それを楽しむことで暮らしに役立つ様々な効果・効能を生み出すからです。

図13では、それを「身体への刺激による健康の維持」「感情への刺激によるストレスの解消」「人間関係の改善による孤立の防止」「生き方への影響による自己実現」の四つに整理しています。それは「音楽産業」の範疇を超えるものとなりますが、心身の健康をサポートする「健康産業」、ストレスをなくし幸せをもたらす「幸福産業」の創出・振興となり、これらは立派な「創造産業」となります。

音楽の歴史を振り返ってみると、宗教の誕生と同時に生まれており、宗教

的な儀式や呪術に音楽が用いられてきたことはよく知られています。それは音楽が人間の精神を鼓舞したり、一種のトランス状態を引き起こしたりするからであり、医学の分野でも治療の効果を上げるものとして注目されてきました。そして今日では、それを心身の病気の治療に利用しようとする「音楽療法」が介護・福祉の分野で普及しつつあります。

音楽療法とは「音楽を聞いたり演奏したりする際の生理的・心理的・社会的な効果を応用して、心身の健康、向上を図ること」であり、歌唱や演奏を行う「能動的音楽療法」と、音楽を聴いて瞑想する「受動的音楽療法」の二つに分けられます。この療法が注目されるようになったのは、第二次世界大戦、特に朝鮮戦争における傷病兵の治療に大きな効果を上げたことからであり、現在、世界に広まっています。

浜松市は「浜松方式」と呼ばれる救急医療体制が整備されていることで有名であり、それは医師会・病院・救急隊・行政の協同により全国に先駆けて整備されたものです。しかし医療と連携すべき介護や福祉では、まだ「浜松方式」と名付けられるだけのものが整備されていません。そこで「音楽のまちづくり」と連携させた介護・福祉の仕組みを作れば、全国だけでなく世界的にも有名になるはずです。

現在、浜松市の医療や介護施設で音楽療法は盛んに行われていますが、それを「音楽のまちづくり」のひとつとして位置付けてサポートする動きになっていません。しかし、これからは介護・福祉の分野における音楽療法の普及・強化と「音楽のまちづくり」の取り組みを連携させるべきです。それは、政令指定都市の中で最も健康寿命が長い浜松市の特性と合致するものであり、さらに「支え合い助け合う地域コミュニティの実現」「健康で幸せな暮らし」に繋がっていきます。

私は現在、静岡市の山間地の限界集落で暮らしていますが、10年前から周辺の集落の高齢者を自分の車に乗せて買い物にいくという「買い物ツアー」を行っています。静岡市の中心部の大型商業施設に行くのですが、往復で3時間近くかかるので車内に昔の懐かしい流行歌を流すと、大変喜んでくれました。高齢者が口をそろえて言っているのは、最近のテレビは面白くない、若い人たちの音楽はさっぱり分からないということです。

そこで昔の流行歌と映画を上映する会を開催すると、多くの高齢者が詰めかけ、その評判が静岡市の街中まで広がり、老人クラブなどから依頼され、町内の小さな集会所で昔の流行歌と映画を楽しむ会を行うことになりまし

た。そこで痛感したことは、多くの高齢者は聴きたい音楽が聴けない「音楽難民」となっていることです。若い人は様々なツールを使って自分が好きな音楽を聴けますが、高齢者はテレビやラジオから流される音楽に耳を傾けるだけであり、自分の好みに合った音楽を選んで楽しむことはできません。

　高齢者の多くが求めている音楽は洗練された上品なものではなく、昔を思い出し元気にしてくれる音楽です。クラシックなどの西洋音楽を楽しむ高齢者もいますが、高齢者に圧倒的に人気なのが昔の流行歌であり、演歌などです。ところが浜松市における「音楽のまちづくり」の取り組みにおいて、それらが積極的に取り上げられることはありません。普通の人の暮らしに密着し元気にしてくれる音楽は「低レベル」と見なされているようで、それを広める取り組みは行政レベルの企画ではなされません。

　それは楽器産業の発展にも要因があるようです。戦前から戦後にかけて浜松は楽器といえば「ハーモニカ」が有名でした。それは安価でありながら人間の喜びや悲しみに密着した楽器です。しかし産業の発展によって安価で大衆的な楽器は途上国に委ねられ、浜松での楽器の生産は高付加価値の高級品の生産に重点を移行させていきます。ハーモニカを生産する企業は、浜松ではごく少数となり、浜松の楽器としては忘れ去られようとしています。

　浜松の楽器メーカーが高級な楽器の生産に重点を移すと、高級な楽器を一流の音楽家が演奏する「洗練された音楽」だけが重要視されるようになります。そこに重点を置いたイベントやコンサートが行政主導の企画で開催され、それを鑑賞することが浜松の音楽文化の向上とされていきます。そして、安価で大衆的な楽器を使う生活に密着した音楽文化には目が向けられなくなります。

　「音楽のまちづくり」は、音楽文化の向上を目指す音楽振興の行政部局が担い、音楽の効能・効果を生活に応用することは他の行政部局の所管として無視されてしまいます。この結果、「音楽のまちづくり」においても成長・向上だけが重視され、生活に密着した底辺やすそ野を広げる努力が弱くなります。「音楽のまちづくり」と称しながら縦軸の音楽文化の向上に重点が置かれ、音楽の多様な効果・効能を活かす、横軸に沿った音楽文化普及の取り組みが弱くなってしまいます。

　それは上昇することだけに専念し、すそ野を広げる取り組みが遅れることを意味します。そして、浜松の「やらまいか精神」の空洞化に繋がっていきます。何故なら「やらまいか精神」とは、既存のものに満足できない人たち

が新たなことをやろうとする意識であり、底辺・すそ野から生まれるものです。彼らの多くは、周辺からは「変わり者」「はぐれ者」「嫌われ者」とされていますが、そこから新たなものが創造されます。

　したがって「やらまいか精神」は、静岡市のような歴史が古く既存の秩序・文化が強固なところでは育ちません。「やらまいか」と思っても、それが既存の秩序・文化を破壊すると警戒されるからです。まだ評価されていないものを「やらまいか」として取り組むことが許容されるのは、浜松のような歴史が浅く、よそ者を平気で迎え入れる都市か、大都市の中にできた「隙間」に限られます。

　多くの失敗・リスクを抱えながら挑戦するのが「やらまいか」であり、誰しもが評価する「清く正しく美しく」という文化に「やらまいか精神」は馴染みません。「やらまいか精神」の原点に立ち返れば、そのことが見えてくるのですが、ただ上昇することだけを追い求めると「やらまいか精神」に基づく成功事例だけに目が向けられ、それが美化され、「清く正しく美しい」ことだけが追い求められます。

　その結果、「やらまいか精神」を培ったすそ野が狭くなり、「やらまいか精神」の空洞化が生じてしまいます。浜松市が直面しているのは、この事態であり、それが「音楽のまちづくり」にも表れていると言えます。浜松で「音楽のまちづくり」に取り組むのであれば、「やらまいか」という気持ちにさせてくれる、その後押しをしてくれる「音楽」にこそ注目すべきです。

　「やらまいかミュージック」があるとすれば、それはどのようなものなのかが究明され、発掘・育成されるべきです。そのために若者にとってのロックミュージックや高齢者にとっての演歌などが、もっと重視されるべきです。駅前の路上で音楽を奏でる街角ミュージシャンこそ「やらまいか精神」に満ち溢れた存在であり、「変わり者」「はぐれ者」「嫌われ者」であっても、彼らが才能を発揮できる環境を整えるのが「浜松らしさ」です。

　この点で浜松の「音楽のまちづくり」では、外からアーティストやミュージシャンを招いても、彼らが定住するには至っていない点が課題とされています。つまり浜松が「創造都市」を目指していても、それを担う創造階級（クリエイティブ・クラス）が浜松に定住してくれないのです。それは、彼らの多くが隣接する大都市・名古屋や東京で暮らしており、イベントやコンサート程度であれば日帰りで容易に浜松に来れるからです。

　創造階級（クリエイティブ・クラス）が定住する条件は「暮らしやすさ」

であり、同時に「自由に創造活動ができる環境」と言われています。彼らの多くが浜松に拠点を置き、日常的に活動する必要性を感じないのであれば、そのような環境が整っていないことを意味しています。「創造都市論」で提起されている創造階級の誘致・集積は、言葉として述べることは簡単ですが、その実現は容易なことではありません。

転換期の浜松市政と「総合計画」

　平成の大合併の後、浜松市は政令指定都市に移行した 2007 年（平成 19）に「第一次浜松市総合計画（はままつ やらまいか 創造プラン）」を策定します。それは 3 年後に見直しがなされ、2011 年（平成 23）の「第二次浜松市総合計画」となります。そして 2015 年（平成 27）に、現行の「浜松市総合計画」（策定）に引き継がれ現在に至りますが、その内容を表したのが図 14・15 となります。

　それは「基本構想」「基本計画」「戦略計画」の三つに分かれ、「基本構想」は「一世代（30 年）先の未来の理想の姿」を示す「浜松市未来ビジョン」となっています。計画の期間は 2015 年から 2045 年までとなっており、そこ

基本構想（三十年）	一世代先の未来の理想の姿 浜松市未来ビジョン	「都市の将来像」…「市民協働で築く（『未来へかがやく創造都市・浜松』）① 技術も文化も国際色豊かなクリエイティブシティ【創造都市】② 小さな歯車が重なって大きな "こと" を動かす【市民協働】③ 新しさを生む伝統を未来へつなぐ【ひとづくり】
		「1 ダースの未来」① 創る　② 高める　③ 活かす　④ 巡らす⑤ 繋ぐ　⑥ 認め合う　⑦ 支え合う　⑧ 育む⑨ 実る　⑩ 働く　⑪ 変える　⑫ 結ぶ
基本計画（十年）	第一次推進プラン	「都市経営の考え方」1. 市民協働で高める地域力　2. 未来まで続く持続可能なまち3. 未知の感動を生み出す創造都市　4. 想定外にも対応できる自立・自律したまち5. 世界とツナグ・地域とツナグ
		「まちづくりの基本的な考え方」……「コンパクトでメリハリの効いたまちづくり」
		「分野別計画」1. 産業経済　2. 子育て・教育　3. 安全・安心・快適　4. 環境・エネルギー5. 健康・福祉　6. 文化・生涯学習　7. 地方自治・都市経営
戦略計画・毎年度（単年）…戦略計画 2015　戦略計画 2016　戦略計画 2017　戦略計画 2018		

図 14　浜松市総合計画（2015 年〜2045 年）

「1ダースの未来」（一世代先の未来の理想の姿）	① 【創る】…「見たこともない」感動をつくる。	"ものづくり" と "文化" で感動。"うまい" で感動。他にはない "ウリ" で感動
	② 【高める】…自然の恵み×浜松スパイス＝付加価値∞。	大地の恵み×ものづくり産業×ICT（情報通信技術）。森の恵み×デザイン×循環。海や川の恵み×ブランド×商い。
	③ 【活かす】…日当たり良好、未来に無駄なし。	地の利を生かしたエネルギー。無駄を省いたエネルギー。自ら生み出し、賢く使うエネルギー。
	④ 【巡らす】…エコ（ecological）＝エコ（economical）。	豊かな自然環境と共存する暮らし。世界が羨望する豊富な水資源。一人当たりのごみ排出量は減少。
	⑤ 【繋ぐ】…「都会」と「田舎」。両方あって丁度良い。	「まちなか」は、創造都市・浜松の顔。ほどよい田舎暮らしが出来る「中山間地」。
	⑥ 【認め合う】…似ていない。だから、うまくいく。	多文化共生が国際的な人財をつくる。心の国境を感じさせない都市。
	⑦ 【支え合う】…安心で選ばれる。安全だから選ばれる。	支え合いがあるから安心。つながりがあるから安心。充実した医療体制だから安心。
	⑧ 【育む】…子どもは将来を担う地域の宝。みんなで愛情を注ぐ。	子育ての達成感を地域でシェア。地域の見守りで出生率は上向き。世界に誇る浜松育ち。
	⑨ 【実る】…若きに引き継ぐ、カッコいい老い方。	自分らしく自立したカッコいい老い方。いつまでも快適で質の高い生活を。長寿が喜ばれる世の中へ。
	⑩ 【働く】…「やってみたい」を自由にチャレンジ。	働くことにチャレンジ。働くことをサポート。働きやすい環境を整備。
	⑪ 【変える】…都市（まち）だってスリムになりたい。	住まい方を変える。居住エリアを変える。乗り方を変える。公共施設を変える。
	⑫ 【結ぶ】…もはや遠距離は、妨げではない。	働き方にICT。学び方にICT。暮らしにICT。遊びにICT。

図15　浜松市総合計画における「浜松市未来ビジョン」

では都市の将来像として「市民協働で築く『未来へかがやく創造都市・浜松』」が掲げられ、それを具体化した「一ダースの未来」が提示されています。

　「基本計画」は、「基本構想」での未来ビジョンを受けて、その実現を目指す「第一次推進プラン」となっています。それは「『今、行政は何を行うべきか』『今、市民にできることは何か』を考えるために、次世代に責任をもてる『今』を創造し、平成27年度から平成36年度までの10年間の総合的

な政策を定め」る計画であり、そこには「都市経営の考え方」「まちづくりの基本的な考え方」「分野別計画」が提示されています。

　「都市経営の考え方」として示されているのが「①市民協働で高める地域力　②未来まで続く持続可能なまち　③未知の感動を生み出す創造都市　④想定外にも対応できる自立・自律したまち　⑤世界とツナグ・地域とツナグ」であり、「まちづくりの基本的な考え方」では「まち」を「都心部・市街地・郊外地・中山間地域」の四つに分けて「コンパクトでメリハリの効いたまちづくり」が提案されています。

　「分野別計画」では、図16のように行政分野が「産業経済」「子育て・教育」「安全・安心・快適」「環境・エネルギー」「健康・福祉」「文化・生涯学習」「地方自治・都市経営」の7つに分けられ、それぞれに「政策の柱」と「基本政策」（部局レベルの政策）が提示されています。なお「総合計画」の中での「戦略計画」とは、毎年策定されるものであり、毎年度の予算の「重点テーマ」と「重点施策」が定められています。

　ここで、これまでの浜松市の総合計画の変遷と現行の総合計画の内容を踏まえれば、浜松市政の特徴は次の三つにまとめることができます。第一は、都市ビジョンとして「創造都市の実現」を掲げ、追求してきたことです。第二が、政令指定都市への移行後の市長選挙で現職が敗れ、新市長に変わることで「ビジョン」「政策」の転換が行われたことです。そして第三が、「やらまいか精神」の「空洞化」であり「浜松の『静岡化』」の問題です。

　まず第一の「創造都市」ですが、これは「第一次浜松市総合計画」の都市ビジョンに組み入れられています。総合計画の名称は「はままつ やらまいか 創造プラン」とされ、「都市の基本理念」として「新たな価値や人材を生み出す創造都市の確立」が加えられ、「都市の将来像」として「技術と文化の世界都市」を掲げられています。そして「各分野の将来像」の中に「世界に誇る産業創造都市」と「個性、感性、世界性がきらめく文化創造都市」が提起されます。

　ここで問題となるのが「創造都市」が「世界都市」と並列されていることです。何故なら「世界都市」とは、政治・経済・文化の世界的な中枢機能が集積しているグローバル都市を指すものであり、1970年代に流行したものです。これに対して「創造都市」は、「世界都市」の影の部分である「暮らしにくさ」や「地域固有の伝統文化の破壊」などを批判して、1980年代に登場したものであり、両者は対極の位置にあるからです。

分野	政策の柱	基本政策（部局レベルの政策）	
1. 産業経済	輸送機器に次ぐ新たなリーディング産業の集積。 来訪者が魅力ともてなしを実感、リピーターの増加。 付加価値の高い農林水産業。	世界の一歩先を行く産業・サービスの創造。 作業から経営に！農林水産業。	政策（課レベルの政策）
2. 子育て・教育	仕事と子育てが両立できる環境。 子どもたちが生きる力を身につける。	育ちを支え、若者の自立を応援 市民協働によるひとづくり。	
3. 安全・安心・快適	危険から自分を守る意識。 居住エリアの集約化・コンパクトなまちづくり。	自然災害から生き残る。 安全・安心で持続可能社会。 市民が集う活力ある都市。 生活基盤づくり。消防・緊急体制。上下水道。	
4. 環境・エネルギー	ごみ減量・資源化、環境負担少ないライフスタイル。 再生可能エネルギー、自給率。	環境共生・持続可能な社会。 再生可能エネルギー導入、省エネ、自給率向上。	
5. 健康・福祉	地域での支え合いの仕組みづくり。 病気予防・健康寿命の延伸。	つながりをつくる社会実現。 健康と生活守る医療の充実。	
6. 文化・生涯学習	新たな文化や産業の創出。 多様な歴史文化、スポーツの喜び。	生活、歴史・文化スポーツ。	
7. 地方自治・都市経営	協働による質の高い市民サービス。 公共インフラの整備維持に民間活力導入。	市民と共に未来をつかむ都市経営。 市民主体の地域社会実現。 都市経営の基盤づくり。 財政運営、財産管理、財源確保	

図 16　浜松市創造計画における分野別計画

　両者は、グローバル化と知識情報化に対応した 21 世紀の都市のあり方として提起され、知識や情報を重視するという点で共通しています。しかし都市ビジョンとしては、「世界都市」では大都市としての規模の大きさが重視され、目線は「上に」「外に」向けられています。これに対して「創造都市」では、都市規模よりも市民の「暮らしやすさ」が重視され、目線は「下に」「内に」に向けられています。

　このように両者は都市ビジョンとしては対極に位置するものですが、浜松市の第一次総合計画では「世界都市」と「創造都市」が矛盾・対立することなく、同時に掲げられています。それは、都市の拡大と膨張の中で「創造都市」を捉えた結果と思われます。実際、当時の浜松市にとって「規模拡大」

とは平成の大合併であり、成長と発展のために「創造都市」が掲げられ、そ
れが「世界都市」に集約されたようです。

　「第一次浜松市総合計画」で提起された「創造都市構想」のもうひとつの
問題とは、それが「産業創造都市」と「文化創造都市」に二分され、両者の
連携が進まないことです。浜松市が「産業創造都市」を掲げるのは、浜松市
が「ものづくり」の都市であり、より高次な技術と知識を使った新たな「も
のづくり」を追求するためです。それは、既に存在している「産業・技術」
に一層の磨きをかけるというものです。

　これに対して「文化創造都市」は、これまで浜松市に欠けているとされた
「芸術・文化」を地域に根付かせるためであり、それを「産業・技術」と融
合させることで新たな「創造産業」の創出・育成を狙っています。「産業創
造都市」が「あるもの磨き」であれば、「文化創造都市」は「ないものねだ
り」であり、「あるものを磨く」ことによって「ないものを手に入れる」と
いう点で両者の連携が重要な意味を持ってきます。

　しかし、浜松市における「創造都市」への取り組みを見てみると、「産業
創造都市」と「文化創造都市」が二本の柱とされる一方で、「文化創造都市」
としての「音楽のまちづくり」の取り組みが先行・主導しています。つまり
楽器産業と音楽文化の連携・融合として「音楽のまちづくり」が位置付けら
れ、それがユネスコの「創造都市ネットワーク」への「音楽分野」での加盟
となっています。

　しかし浜松市の産業は楽器だけでありません。他の産業の分野でも「産
業・技術」と「文化・芸術」の連携・融合は必要であり、音楽分野以外でも
「創造都市ネットワーク」への加盟を目指すべきです。さらに「音楽のまち
づくり」の取り組みにおいても、音楽文化の向上を目指す活動がメインに
なっており、「産業・技術」と「文化・芸術」の連携・融合にまで至ってい
ません。

　この計画は、前市長の下で策定されたものですが、政令指定都市への移行
直後の市長選挙で現職市長が敗れることで、新市長によって総合計画の見直
しが行われます。市長選挙において大きな争点となったのは、現職の市長が
掲げた「クラスター型」「一市多制度」に対して、対立候補が「ひとつの浜
松」を掲げたことであり、総合計画の見直しも「ひとつの浜松」という視点
で行われます。

　「ひとつの浜松」とは、現職の市長が掲げた「クラスター型」「一市多制

度」への批判として提起されたものです。それが市長の交代の要因の一端となったのは、「クラスター型」「一市多制度」が旧浜松市の中心市街地の空洞化を促進するように受け止められたからだと思われます。実際、合併や政令指定都市への移行という新たな局面には「ひとつの浜松」というスローガンの方が説得力で優っています。

　さらに注目すべきは、合併・政令市への移行の時期がリーマン・ショックと重なっており、製造業中心の浜松産業界の低迷、旧浜松市の中心市街地の空洞化の進展などの問題が深刻化する時期でもあったことです。これらの問題に敏感であったのが浜松の経済界であり、それが拡大・膨張を志向する行政への不信に繋がりました。合併直後に発足した第一次行財政改革推進審議会の会長には、スズキ株式会社会長の鈴木修氏が就任し、厳しい行財政改革の要求を突き付けています。

　そこでは「今後、どうやって新市が自立し、生き残るか」が最大のテーマとされ、「小さく筋肉質な政令指定都市」の実現が提起されました。これは明らかに浜松市の政策の転換を求めるものであり、浜松経済界の現職市長からの離反、対立候補への支持に繋がります。こうして浜松経済界の支援を受けて新市長に当選した鈴木康友氏は、さっそく総合計画の見直しに取り組むことになりました。

　そこでは、「共生・共助でつくる豊かな地域社会の形成」と「『ひとつの浜松』による一体感のあるまちづくり」が市政運営の基本であると表明され、「クラスター型都市・浜松」は削除、「世界都市」という言葉も消されます。代わりに強調されたのが無駄を徹底的になくす行財政改革と「市民協働のまちづくり」であり、「市民協働で築く未来へかがやく創造都市・浜松」が新たな「都市の将来像」として掲げられます。

　「創造都市」という目標は引き継がれていますが、新たに提起された「市民協働」は、第一次計画では「各分野の将来像」で「協働で築く安全・安心都市」として使われていただけです。それが第二次計画では「都市の将来像」に組み込まれ、現行の総合計画にも引き継がれています。これには、目標としての「創造都市」がやや輝きを失いつつあるため、「市民協働」によって「創造都市」の輝きを回復させるという意図があるように思われます。

　それと同時に「市民協働」の重視は、行政としての浜松市の姿勢が「目標追求」から「課題解決」へ重点を移行させつつあることを感じさせます。こ

れまでの浜松市は、高度な「ものづくり」の技術を誇る経済界が先導し、それを行政による道路交通や用水の確保などのインフラ整備がサポートする形で都市としての発展・繁栄を達成しており、市民はその後を追う、あるいはその恩恵を得る位置でしかありませんでした。

　しかし経済界も行政も、その限界を自覚せざるを得なくなり、市民の力を借りざるを得なくなった事情が、「市民協働」という言葉の背後に隠れています。現行の総合計画の「都市の将来像」の冒頭の言葉は「未来の浜松をつくるのは、私たち市民です」であり、浜松市の発展を「経済界や行政の主導」から「市民の主導」へ転換させることを示唆しています。それはまた「目標追求重視型」から「課題解決重視型」への市政の転換と重なります。

　市民の自発的活動の重要性が認識されたのは、阪神淡路大震災を体験してからであり、1998 年（平成 10 年）NPO 促進法の施行を契機に、各自治体で「市民活動促進」の条例が作られます。浜松市でも、2003 年（平成 15 年）に「市民協働推進条例」が制定されています。しかし「市民協働」とは、地域の課題を市民と行政が協力して解決することであり、「まちづくり」の手段であっても、それ自体が目標となるものではありません。

　「行財政改革」も、「市民協働」と同じように、「目標の実現のための手段」としての意味合いが強いものです。それは市民に対する経済界や行政からの問題提起であり、危機管理の手法としては有効であっても、市民に夢や希望を与えるものとはなりません。実際、現行の総合計画の「基本計画」における「都市経営の考え方」では、最初に市民協働によって地域の課題を解決する地域力を高めることが提起されており、「地域の課題の解決」が目標、「市民協働」は手段となっています。

　市民にとって大切なのは日々の「暮らし」であり、市民が「まちづくり」の活動に参加するのも、日々の暮らしの中で生じる様々な問題を解決し、暮らしをより良くしたり、幸せな暮らしを実現したりするためです。それを自分の問題として理解・認識することが必要であり、行政から提示され、「まちづくり」への参加が強制されるものではありません。市民自身が、地域の課題の解決を自己の責任として自覚しなければ、自主的・自発的な参加とはならないのです。

　ところが多くの自治体では、行財政上の問題で解決できなくなった問題を一方的に市民に押し付け、市民の動員・利用することで解決することを「市民協働」と呼ぶ傾向があります。「まちづくり」に市民の参加と協力を促す

ためには、市民が関心を持っていることに行政が敏感に反応し、それを地域の課題として認識してもらうことが前提となりますが、それを怠ったまま市民の責任と役割だけが強調される「市民協働」が横行しています。

この点で浜松市総合計画の中での「市民協働」でも、「行政情報の積極的な提供」と「各主体との協力・連携体制」が強調されるだけで、市民が関心を持つ暮らしに関わる情報の取得への関心が希薄なようです。行政や企業が抱える問題・課題には敏感に反応し、「上から目線」での市民の動員・利用には積極的でも、市民が暮らしの中で直面している問題・課題には鈍く、市民の立場・目線に立った問題提起としては弱い印象です。

これは、これまでの浜松の経済界・行政主導の発展に起因するものであり、市民の暮らしは経済界や行政の活動の結果としてしか意識されてこなかったためと思われます。「市民協働」とは、大きな責任と役割を担ってきた経済界と行政が困難に直面した時、それを助けるために市民に参加と協力を呼び掛けるものに過ぎず、市民の暮らしの現状から提起されているとは思われていないのです。

浜松における総合計画の変遷から感じる第三の問題が「やらまいか精神」の空洞化です。第一次総合計画では「やらまいかスピリッツ！創造都市・浜松」がキャッチコピーとされており、「やらまいか精神」が浜松の市民性として前面に打ち出されていました。それは第二次総合計画に引き継がれましたが、扱いは少し小さくなり、さらに現行計画では、そのキャッチコピー自体が姿を消してしまいました。

現行計画において「やらまいか精神」は、「基本構想」の中にある「創造都市」の項目で「産業面では、先人たちの“やらまいか精神”が受け継がれ」と紹介されています。しかし、「ひとづくり」に関するところでは「やらまいか精神」についての言及はありません。また「基本計画」の中の「都市経営の考え方」でも、「やらまいか精神」は「異なる文化を受け入れる寛容な市民性」と並列して言及されているだけです。

明らかに浜松市の総合計画の中で「やらまいか精神」という言葉の使用は少なくなっており、その代わり多く出てくるのが「市民協働」となっています。実際、「第三次浜松市教育総合計画（はままつ人づくりプラン）」では、「市民協働による人づくり」が「未来創造への人づくり」と共に「浜松市の教育理念」とされるまでになっています。「やらまいか精神」より「市民協働」の方が重視されており、それが現在の浜松市政の特徴となっています。

確かに「やらまいか精神」は先人たちが作ったものであり、それを受け継ぐことは大切です。しかし「やらまいか精神」は、浜松市ではよく知られていますが、全国的にはそれほど知られていませんし、それが受け継がれているという証拠もありません。したがって「やらまいか精神」を浜松の市民性・市民風土として自明なものとすることには抵抗があります。

　しかし「やらまいか精神」は、これまで見てきたように浜松の自然や歴史の中から形成されてきたものであり、浜松の経済の発展を支えてきた"スピリッツ"として最も浜松らしく、「創造都市」にとっても必要不可欠なのものです。その精神を持ち続けている浜松市民が一部であっても、重要性に変わりはありません。むしろ「やらまいか精神」の再生・復活こそ強調されるべきです。

　したがって浜松市の総合計画において「やらまいか精神」についての言及が少なくなり、「人づくり」でも強調されないことに疑問を感じざるを得ません。それは「やらまいか精神」の空洞化という現実を受け入れ、肯定しているようにも思われます。そして「やらまいか精神」を抜きにして「人づくり」「市民協働」が叫ばれることに危機すら感じてしまいます。それが市民の自主性・自発性の低下になると危惧するからです。

　では浜松市は、これからどのような都市ビジョンを描いて、どのように「まちづくり」を進めるかについて、私なりの意見を言わせていただきたいと思います。図17は、現行の「浜松市総合計画」の「基本構想　浜松市未来ビジョン」の「都市の将来像」をまとめたものです。ここで目標は「市民協働で築く『未来へかがやく創造都市・浜松』」であり、そのための手段が「市民協働」となり、担い手を育成するのが「ひとづくり」ということになります。

　目標である「創造都市」は、総合計画では「産業創造都市」と「文化創造都市」の二本柱によって追求され、そのための手段である「市民協働」は「市民」「企業」「行政」の三つの主体によって担われます。「ひとづくり」とは、この「市民協働」と「創造都市」の担い手を育成することになります。そして、大切なことは、これらが「市民生活（暮らし）」の上で展開されるということです。

　「創造都市」も、「市民協働」も、「ひとづくり」も、最終的には市民の生活（暮らし）を良くすることが最終目的であり、「市民生活（暮らし）」という視点から評価され、見直されるべきです。浜松における「やらまいか精

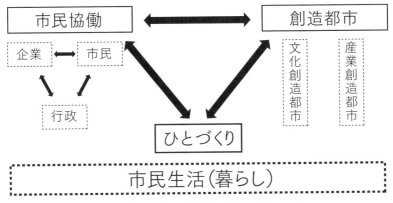

市民協働で築く『未来へかがやく創造都市・浜松』

市民協働 ⟷ 創造都市

企業 ⟷ 市民

行政

ひとづくり

市民生活（暮らし）

文化創造都市　産業創造都市

図17　浜松市総合計画における「都市の未来像」

　神」は、「ものづくり」において発揮されましたが、そのきっかけは「暮らし」の中にありました。山葉寅楠がオルガンの修理を行ったのも、オルガンという楽器が豊かな暮らしに必要だと思ったからです。

　織機を作っていたスズキがオートバイの生産に乗り出したのは、釣り好きの創業者が釣り場までの遠い距離を自転車に乗って向かう際、これにエンジンを付ければもっと早く短時間に行けると思い付いたからです。「やらまいか精神」も、最初は「暮らし」の中のニーズに気付き、それを充足するための努力において発揮されたものです。暮らしの中から生まれた「やらまいか精神」がまずあり、そこから情報を収集し知識を身に付け、創造力を発揮して「ものづくり」を行ってきたのが、浜松市の歴史です。

　したがって今、浜松市に求められているのは、浜松市の特徴である「やらまいか精神」の原点・出発点に立ち返り、そこから「創造都市」の足元を固め、すそ野を広げる取り組みです。大切なことは「暮らし」の中での「やらまいか精神」の形成であり、それを「創造産業」の創出に繋げていくことです。それは「創造都市」を「市民の暮らし」の視点から捉え直し、そこから市民エネルギーの再構築を試みることになります。

　図18は、生活水準の向上による市民の意識変化を表したものですが、生活水準が低い段階では「貧しさからの脱却」「生活の安定」が優先されます。浜松における「やらまいか精神」も、貧しい生活から抜け出そうとする

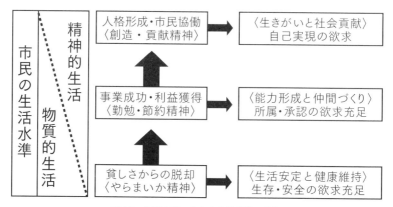

図18　生活水準の向上と市民意識の変化

強い意志から生まれたものです。しかし経済が発展し生活が豊かになってくると、「自然の厳しさの克服」や「貧しい暮らしからの脱却」という欲求は低下していきます。

　しかし人間の欲求は、物質面での最低限の生活が保障されるようになっても、精神的な面での所属・承認の欲求は強くなってきます。それは「仲間が欲しい」「どこかの組織に所属したい」というものから「自分を認めてほしい」「目立ちたい・有名になりたい」「自分の能力をもっと高めたい」などというものまであり、そこからも「やらまいか精神」が形成されてきます。

　生活水準の向上によって消費者のニーズは変化し、市民の意識や欲求内容も安全・安心から、所属・承認へと重点を移していき、最終的には生きがいと社会貢献を目指す自己実現の欲求充足に高まっていきます。したがって貧しい暮らしの中から生まれた「やらまいか精神」も、生活が豊かになるにつれて、所属・承認・自己実現を目指すものに変わっていきます。

　しかしそれは、「暮らし」の変化に対応するものであり、「やらまいか精神」が「暮らし」の中から生まれることに変わりありません。ただ「暮らし」の中で高まってくる所属・承認・自己実現という欲求は、「創造都市」において求められる「創造力」や、総合計画で強調されている「市民協働」と深く関わっており、「産業・技術」や「文化・芸術」も「暮らし」の中の高次な欲求（ニーズ）の充足を目指すものとなっています。

　この点で、2013年（平成25年）に策定された「『創造都市・浜松』推進のための基本指針」での「日常生活に存在する創造性に市民が"気づく"こ

とが重要」という指摘は大切です。そこでは「"気づき"と"活動"の繰り返し・積み上げにより創造都市を実現」することが強調されており、「日常生活における料理やショッピングといった普段の行為も創造性を源泉とする活動であり、日々の生活自体が創造的な発想と活動によって成り立っています」とあります。

図19は、それをまとめたものですが、「都市の潜在力」の上に「創造的環境の整備」があり、そこで「"やらまいか精神"と称される市民風土を刺激し、市民一人ひとりのイマジネーション（感性）を高める」ことになります。その中で「市民が地域社会の様々な課題に対して『創造性』を意識するようになり、様々なアプローチによって解決を試みる」（意識・発想の変革）

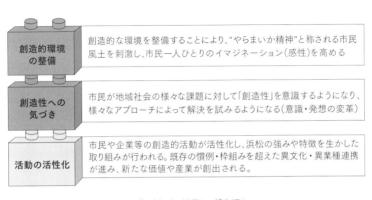

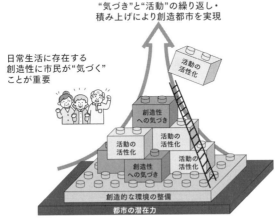

図19 「『創造都市・浜松』推進のための基本指針」のイメージ（「『創造都市・浜松』推進のための基本方針」より転載）

が「創造性への気づき」となります。

そして「市民や企業等の創造的活動が活性化し、浜松の強みや特徴を活かした……既存の慣例・枠組みを超えた異文化・異業種連携が進み、新たな価値や産業が創出される」のが「活動の活性化」となります。この「創造都市へのアプローチ」は、市民の「暮らし」における「"気づき"と"活動"の繰り返し・積み上げにより創造都市を実現する」ことを提起しており、全く正しいものです。

この視点に立てば「音楽のまちづくり」の取り組みも、音楽の多様な効果・効能を「暮らし」に活かす活動が積極的に行われるべきです。「創造都市」のための活動は、「暮らし」の中の様々な問題に対応して行われるべきであり、「産業創造都市」と「文化創造都市」の二つに集約させる必要はありません。「暮らし」を良くし、消費者ニーズを充足させるために「産業・技術」と「文化・芸術」を結びつける努力を行うべきです。

そのために「企業」「市民」「行政」が協力すべきであり、それが「市民協働」となります。その際、浜松の企業は「ものづくり」から一歩踏み出して、それを「売る」ことにおいて独自性・創造性を発揮してきました。それが「ヤマハ音楽教室」に代表される「教室商法」です。高価なピアノを買ってもらうためには、まずピアノの弾き方を教え、ピアノを演奏することの楽しさを知ってもらう。それはまさに「音楽文化の普及」の活動です。

それは、より高度な消費者のニーズを満足させることであり、新たな生活文化の創造にもなります。生産された「もの」は生活の中で消費され、それが新たな欲求としてのニーズを生じさせます。この新たなニーズを満足させるために、新たな「ものづくり」が始まります。生産は消費によって完結し、消費から生産が始まるのです。消費されなければ、生産されることもありません。

「創造都市」においては、創造階級（クリエイティブクラス）が生み出した「創造産業」が都市の基幹産業となることが期待されていますが、それは「創造産業」で提供されるものを消費する人々が多くいることによって可能になります。文化・芸術も、それを楽しむ人や、そのためにお金を支払う人がいるから、提供者の生活が成り立つのです。音楽も同じです。音楽を楽しむ人がいて、音楽産業が成立するのです。

ところが浜松市における「創造都市」の取り組み、「音楽のまちづくり」を見ていると、創造階級（クリエイティブクラス）である音楽家のみに関心

を集中させ、そこに近づくことに力を注いでも、それを人々の日常生活に広げること、暮らしをより良くするために利用することには十分な関心が向けられていません。洗練された音楽文化を市民に提供することは大切ですが、音楽の階層構造において下位に位置付けられている大衆的な音楽も同じように大切にされるべきです。

　また浜松における「音楽のまちづくり」を見てみると、行政が開催する大規模なイベントと市民が参加する小規模な活動に二分され、そこに浜松に拠点を置く楽器メーカーの姿・役割が見えてきません。浜松の楽器メーカーが「教室商法」という独創的な手法を編み出したにもかかわらず、それが浜松の「音楽のまちづくり」に十分活かされていないように思われます。「音楽のまちづくり」に楽器メーカーがもっと貢献できるように工夫すべきです。

　そのためには、楽器メーカーにとっても新たなビジネスチャンスになることが必要です。例えば多様な音楽の効能・効果の活用に注目すれば、医療・介護の「音楽療法」と提携して、高齢者や障害者が楽しめる新たな楽器の開発や販売に取り組むことに繋がります。最近、子育てに役立つ音楽や睡眠・瞑想に効果がある音楽なども注目されており、認知症の予防や症状改善に役立つ音楽や楽器も開発されればヒット商品になるでしょう。

　「教室商法」とは「ものづくり＝生産」から「ものづかい＝消費」に経営を展開させたものであり、それは浜松の主力産業である輸送機械にも適応させることができます。自動車やオートバイの「生産」から「消費」に視線を広げれば、自動車やオートバイを移動手段とする生活文化のあり方が問題となるはずです。それを浜松の「まちづくり」に活かそうとするならば、「自動車・オートバイ文化創造都市」が提起されることになります。

　図20で示されているように、広大な面積を擁する浜松市で生活するためには、移動手段として自動車やオートバイは必要不可欠です。ましてや浜松市は、その生産拠点であり、その利用が広まることは必然です。マイカーの普及による「マイカー社会」が到来しますが、それはマイカーを持つ人と持てない人、自動車やオートバイに乗る人と乗れない人とのギャップを引き起こします。それを埋めるのが公共交通であり、私的交通との連携が「まちづくり」において課題となります。

　浜松市が直面する問題として、この「マイカー社会」のひずみが昔から指摘されています。それは「自動車（オートバイも含む）文化」の問題でもあります。その問題に取り組み、新たな「自動車文化創造都市」を浜松市の

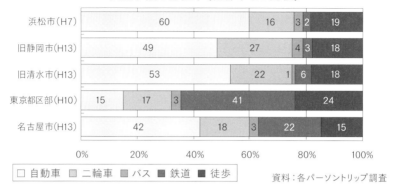

交通手段の分担率（他都市との比較）

	自動車	二輪車	バス	鉄道	徒歩
浜松市(H7)	60	16	3	2	19
旧静岡市(H13)	49	27	4	3	18
旧清水市(H13)	53	22	1	6	18
東京都区部(H10)	15	17	3	41	24
名古屋市(H13)	42	18	3	22	15

資料：各パーソントリップ調査

※浜松市は新市の枠組みで集計

図20　交通手段の分担率

「都市ビジョン」に取り込むことも可能です。それは、浜松市を単なる「ものづくり＝生産（工業）都市」から「ものづかい＝消費（生活文化）都市」に発展させるのものであり、そこで世界から評価されることを目指すべきです。

　この点で、これまでの浜松市の「創造都市」の取り組みは、浜松市に「あるものを磨く」より、「ないものをねだる・取り入れる」ことに重点を置きすぎていると言わざるを得ません。静岡文化芸術大学を開学させ、浜松という都市になかった文化芸術を接ぎ木して育てようとしても、それが浜松という都市に「あるもの」と合わなければ失敗してしまいます。

　言葉を変えて言うならば、それは「産業」と「文化」の連携・統一による「創造」の問題です。浜松市には、昔から浜松固有の産業に密着した「文化」があり、それは楽器以外の「ものづくり」にも共通しています。したがって「文化創造」の取り組みを「音楽」に限定する必要はありません。多種多様な「ものづくり＝生産」の中で形成された「文化」に着目し、それを「ものづかい＝消費」に広げられるかどうかを判断すべきです。

　現行の浜松市総合計画の中で、次に気になるのが「基本計画」の「創造都市」の中で「やらまいか精神」と並んで「異なる文化を受け入れる寛容な市民性」が強調されていることです。外国人労働者の比率の多さを意識しているからかもしれませんが、「寛容」という言葉が使われていることに奇異な印象を受けます。何故なら「寛容」という言葉には、「異質だが受け入れて

やる、許容する」という上から目線を感じさせるからです。

　これまで浜松市は「よそ者を受け入れること」を「開放性」と表現したことはあっても、「寛容性」とは言っていません。浜松という都市は、「吹きさらし型」の自然の上の街道沿いにできた宿場町であり、近隣の「やらまいか精神」にあふれた「よそ者」が集まってできた都市です。「よそ者」であっても、それを意識しないで入り込めたのが浜松という街です。ところが総合計画では、それを「受け入れてやる」という上から目線で捉えています。

　「よそ者」でも長く定住すると土着化します。すると後から入ってくる人を「よそ者」と感じるようになり、浜松の市民は「受け入れる人」と「受け入れられる人」に分裂してしまいます。それは時間の流れによって生じる必然的な変化であり、「土着の旧住民」と「外来の新住民」の違いは他の都市でも普通に見られる現象です。これも「浜松の『静岡化』」の現れですが、危惧されるのは浜松の地域性である「開放性」が低下することです。

　実際、最近の浜松では、「第一のよそ者」である養子経営者が少なくなり、「第二のよそ者」である女性経営者の比率が少ないままです。そして「第三のよそ者」としての外国人の経営者はほとんど見られません。それは、「よそ者」が自由に活躍できなくなりつつあることを意味します。今、浜松市に求められることは、寛容の心でよそ者の「受け入れる」のではなく、それを「歓迎する」意識で行うべきです。

　現在、浜松市でも人口減少は進んでおり、これからの時代は多くの人たちを呼び寄せ、定住・定着してもらうことが必要です。今、世界で日本観光がブームになり、インバウンドと呼ばれる外国人が多く訪れています。彼らを「寛容」の心で受け入れるのであれば、浜松は外国人から忌避されることになります。「よそ者」は「歓迎」して受け入れるべきであり、それは外国人労働者に対しても同じです。

　「よそ者」の受け入れは、「創造都市」の実現や「人材養成＝ひとづくり」にとっても必要です。欧米先進国における優れた「文化」は、才能のある若者を外から招き入れ、その場・地域で才能を開花させることで作られてきました。ところが日本では、大きな業績を上げた人の出身地であることを誇りとしています。

　「文化・芸術」の先進国では、どこの出身であるかより、どこで才能が開花したかを重視します。浜松市が「文化・芸術都市」を目指すのであれば、優れた能力があれば、それを見いだし招待し、浜松で才能が開花するように

支援すべきです。その役割を担う人たちはパトロンと呼ばれており、浜松市は自らがパトロンとなる、あるいはパトロンとなる市民や企業を育てるべきです。そのためにも「よそ者」は、「寛容」ではなく「歓迎」して受け入れるべきです。

　浜松市の総合計画の「基本計画」では「沿岸部や都市部、中山間地域の多様性を有する『国土縮図型』の政令指定都市」となったことが指摘され、「まちづくりの基本的な考え方」として「コンパクトでメリハリの効いたまちづくり」が提起されています。そこでは「まち」が「都心部」「市街地」「郊外地」「中山間地」の四つに区分され、その地域特性に応じた「将来の理想の姿」が提示されています。

　これまでの浜松市は、都市化によって同質化した町村や、将来の同質化を目指す町村との合併を繰り返して規模拡大を行ってきました。しかし平成の大合併は、同質化が困難な周辺市町村との合併になっています。異質多様な地域を含んだ行政区域となっており、浜松市が初めて直面する事態となっています。「国土縮図型」と表現されているこの事態は、既に静岡市で生じていたものであり、「浜松の『静岡化』」を示すもののひとつです。

　高次の都市機能が集積し、人口密度も高い「都心部」と、過疎化によって人口が減少している「中山間地」は、地域性も住民の意識・ニーズもまったく異なります。「ひとつの浜松」というスローガンが提起され、それが市長の交代の要因のひとつとなったことは、異質多様な地域を抱え込んだ旧浜松市民の戸惑い・不安が大きいためであり、旧浜松市民にとって合併は「寛容」な心での「中山間地の受け入れ」と意識されたようです。

　「ひとつの浜松」とは、浜松が「ひとつ」と言えなくなった事態を認めていることであり、異質多様な地域が連携・協力することで「ひとつになる」ことを目指すものです。ただ「ひとつになる」方法は、二つに分けられます。一つは「同質化」「一体化」を目指すものであり、もう一つは「多様性」「独自性」を認めるものです。これまでの浜松市の合併は、前者の「同質化」でしたが、これからは「多様性」を認め尊重することが求められます。

　世界の国々を見ても「ひとつになる」ことが重視されているのは、国民や国内が異質なものや多様性によって分裂・対立している国ばかりです。確かに異質な地域や文化を抱え込めば、その違いを克服して「ひとつになる」ことが求められます。しかしそれが、多数で支配的な地域・階層・文化による少数派の抑圧や否定であれば、分裂・対立を激化させるだけで「ひとつにな

る」ことはできません。

　浜松市の場合、「都心部」「市街地」「郊外地」「中山間地」という居住地の違いと同時に、多様な「外国人」との意識・文化の違いを克服するという課題があります。「外国人」も、安価な労働力として過酷な労働を担う人たちと、高度な知識・技術・文化を身に付け「創造都市」のために呼ばれた人たちに分かれます。両者は共に浜松市に貢献する人たちですが、浜松市民の対応が異なれば、「ひとつの浜松」は一層困難になります。

　そもそも「創造都市」とは、異質多様な人々が互いの個性を尊重しながら自由に競い合うことで成り立つ都市です。「ひとつになる」ことが強要されるようであれば、「創造都市」としての資格すらなくなってしまいます。

2018 年 5 月 29 日

【著者紹介】

小櫻　義明 (こざくら・よしあき)

1945年、広島県生まれ。1974年、京都大学大学院経済学研究科博士課程単位取得退学。大学での研究分野は「経済学 地域政策論」。同年、静岡大学人文学部経済学科へ赴任し、「静岡地域学」を生涯のテーマとする。以来、専門分野にこだわることなく、アカデミズムに背を向け、自治体の政策・施策・事業の研究調査を行い、静岡県や静岡市などの自治体の各種の委員も数多く歴任。

地域住民による「地域づくり（まちづくり・むらおこし）」にも強い関心を持ち、静岡県内の地域づくり団体の交流や、先進事例の視察・調査を行い、助言者・講師としても活動。さらに自らの講義内容を実践に移すべく、静岡市の過疎山村の限界集落で住民と共に「むらおこし」も始める。2007年、妻や妻の母の介護を行うため、大学を早期退職。地域の民生委員・児童委員を3期（12年）務め、地域福祉のボランティア活動や高齢者向けの活動に従事する。

定住する過疎集落では、地元野菜の販売やソバなどの軽食の提供する「磨墨庵」（現在は営業停止）の運営や、農家の自宅の縁側でお茶とお茶請けを提供する「縁側お茶カフェ」を企画。車の運転ができない高齢者を対象にした「買い物ツアー」や「出前福祉朝市」、老人クラブでの「懐メロ・映画サロン」なども実施する。妻の死後、2年間は引きこもり状態だったが、現在は回復し、自身の研究の取りまとめを行っている。

「静岡地域学」事始

～静岡県・静岡市・浜松市の特性と課題～

＊

2023年7月29日　　初版発行

著者・発行者　　小櫻義明

発売元　　　　　静岡新聞社

〒422-8033　静岡市駿河区登呂3-1-1

電話　054-284-1666

印刷・製本／藤原印刷株式会社

＊

ISBN978-4-7838-8071-4　C0036